本书由“中国博士后科学基金资助项目”（2011M501371）资助出版

上海《立报》史研究（1935—1937）

李时新　著

暨南大學出版社
JINAN UNIVERSITY PRESS

中国·广州

图书在版编目（CIP）数据

上海《立报》史研究（1935—1937）/李时新著. —广州：暨南大学出版社，2012. 12
ISBN 978 - 7 - 5668 - 0438 - 9

Ⅰ. ①上… Ⅱ. ①李… Ⅲ. ①报刊—新闻事业史—研究—上海市—民国 Ⅳ. ①G219. 245. 1

中国版本图书馆 CIP 数据核字（2012）第 297750 号

上海《立报》史研究（1935—1937）
著　　者：李时新

出 版 人：徐义雄
策划编辑：杜小陆　史学英
责任编辑：史学英　沈双喜
责任校对：卢凯婷　黄　斯

地　　址：中国广州暨南大学
电　　话：总编室（8620）85221601
营销部（8620）85225284　85228291　85228292（邮购）
传　　真：（8620）85221583（办公室）　85223774（营销部）
邮　　编：510630
网　　址：http：//www. jnupress. com　http：//press. jnu. edu. cn
排　　版：广州市广海照排设计中心
印　　刷：广东省农垦总局印刷厂
开　　本：787mm × 960mm　1/16
印　　张：16. 5
字　　数：274 千
版　　次：2012 年 12 月第 1 版
印　　次：2012 年 12 月第 1 次
定　　价：38. 00 元

序

20世纪30年代中期的上海《立报》是我国现代新闻史上办得极为成功的一份杰出的小型报。《立报》由著名报人成舍我和萨空了先后主持，从1935年9月20日创刊，到1937年11月24日宣布停刊，只出版了两年又66天时间，其发行量一度高达20余万份，超过了当时全国性大报《申报》的日发行量。上海《立报》出版的时间虽然不长，但她却像一颗美丽的彗星，划破沉沉的夜空，发出了耀眼的光芒，在中国现代新闻史上留下了浓墨重彩的一笔。

这部《上海〈立报〉史研究（1935—1937）》是作者花了近两年时间写成的。其间，为了搜集第一手资料，作者曾多次到上海图书馆查阅报刊。寒冬腊月，春节临近，作者仍埋首于图书馆，制作卡片，复印资料，反复阅读和揣摩，终于“吃”透了《立报》。在广泛搜集资料的基础上，作者又条分缕析，深入探求，辛勤写作。为了把握《立报》的特点，作者还将同一时期出版的几份著名报纸也纳入阅读范围。比如，作者深入阅读了《晶报》，了解了《晶报》的撰稿队伍、内容风格和发展变迁。有比较才有鉴别，两相比较，《立报》独特的风格、较高的品位和清新的格调也就不言自明了。

《上海〈立报〉史研究（1935—1937）》属个案研究、实证研究的范畴，很有意义。本书对《立报》写得很“细”，从背景叙述，到内容分析与新闻的呈现方式，再到经营管理和社会影响等，都分析得很到位。具体说来，本书有如下三个特色：一是资料丰富、翔实。作者通过大量援引同时期的新闻史料，突显了《立报》的个性特征。二是分析深刻，见解独到。作者力求从原始资料出发，秉承客观公正的研究立场，独立思考，提出观点，避免了人云亦云。三是结构较为合理。作者根据《立报》的特点，以其发展历程为主线，同时突出其重要方面，完整地呈现了《立报》

的面貌。

报刊史研究是一桩苦差事，时新在辛苦备尝之后，终获成果，值得祝贺。但愿他继续保持和发扬刻苦、勤奋、拼搏、进取的精神，在新闻史研究领域取得更丰硕的成果。

刘家林

2012年12月中浣

于暨南大学羊城苑寓所

目　录

序　/1

绪　论　/1

第一章　上海报业状况与《立报》的创刊　/4

第一节　上海报业状况　/4

第二节　《立报》的创刊　/13

第二章　《立报》的内容特色　/27

第一节　《立报》的编辑阵容　/28

第二节　《立报》的新闻采访与编辑原则　/33

第三节　《立报》的内容特色　/38

第四节　《立报》版面的衍化与《立报·晚刊》　/81

第三章　《立报》的经营、收益与待遇　/88

第一节　《立报》的经营与管理　/88

第二节　《立报》的收益与待遇　/119

第四章　《立报》的重大新闻报道　/127

第一节　营救爱国人士——“七君子”事件报道　/127

第二节　促进联合抗日——“西安事变”报道　/135

第三节　保卫大上海——“八·一三”抗战报道　/142

结　语　/150

参考文献　/159

附录一：《立报》大事记　/164

附录二：《立报》创刊词、纪念文章和相关文章　/166

附录三：《立报》重要评论、新闻报道和副刊文章　/220

附录四：成舍我早期的两篇新闻学论文　/253

后　记　/258

绪　论

《立报》是成舍我于1935年9月在上海创办的小型报，它以报格高尚、意旨深远、内容短小精悍，轰动上海乃至全国报坛，在中国近代新闻史上书写了浓墨重彩的一笔。追溯《立报》的历史可知，受战争形势的影响，《立报》多次辗转办报，几经停刊和复刊。从创办地点来看，《立报》可分为三个时期，即上海初创时期（1935年9月20日至1937年11月24日）、香港复刊时期（1938年4月1日至1941年12月）和上海复刊时期（1945年10月1日至1946年8月15日）。比较而言，上海初创时期的《立报》最具声色，备受社会瞩目。香港复刊时期，由于在文化差异较大的华南地区出版，特别是成舍我的政治立场发生偏转，原有人才相继离散，《立报》黯然失色。上海复刊时期，此时正值上海金融秩序混乱、劳资纠纷频发、同业竞争激烈的时期，虽然《立报》力求恢复初创时期"动"的精神和锐气，但受制于人员结构，其监督政府、大胆放言的立场已然无存，《立报》销路不畅，亏累严重，最后被迫售与他人。总体看来，《立报》的辉煌历史还是发生在初创时期，无论是其办报的专业水准、影响力还是其社会贡献，都是其他时期所无法比拟的。

《立报》是由十几位报人集资创办的民间报纸，按照企业化的方式经营，赢利是其重要的目标之一，但《立报》的独特之处在于：一是"在商不言商"。一般报纸在开办之初都设有广告科，专事广告招揽。广告人员则依靠其社会关系和交际技巧来拓展业务。而《立报》却反其道而行之，声称"在未销达十万份之前不载广告"①，打破了报界历来"内容与广告并举"或"先广告后内容"的办报套路，似乎并不在乎经济损失。二是办报宗旨高远。以小报为例，小报旨在谋利，但其谋利方式通常是揭人隐私、

① 《立报》广告，载《申报》1935年9月10日第一版。

制造谣言、传播色情，以低级趣味和耸人听闻网罗读者，急功近利之态昭然。反观《立报》，它竭力避开一般小报的庸俗无聊，将办报与国家观念联系起来，宣称“要想树立一个良好的国家，我们就必先使每一个国民，都知道本身对于国家的关系”①。这种致力于国家观念建设的高度确乎让其他报纸（包括历史悠久的大报）望尘莫及。然而，正是这样一张注重民众利益和国家利益的报纸，在商业上也取得了非凡的成就。

毫无疑问，《立报》是将社会责任与商业原则完美结合的典范。为什么《立报》能够在开办半年后销量高达10万份，两年后又涨到20万份的情况下，始终保持其健康的品格和良好的“报”、“读”关系？这确实是值得深入探究的问题。

近年来，学界对成舍我和《立报》的研究不断升温，但也存在一种偏向，即不少论者将《立报》的迅速崛起和成就简单地归因于成舍我个人，以致人云亦云。考其原因在于，成舍我是《立报》的主要发起者和创办人，在担任社长期间又提出了“大报小办”和“报纸大众化”的全新办报理念。这样一来，成舍我自然成为论者关注的焦点，也就顺理成章地成为论者探寻《立报》成功原因的首要考虑因素。我们当然不能否认成舍我在《立报》所起的他人无法替代的作用，但是一旦我们进入《立报》的历史细节，就会发现问题比我们想象的要复杂。

纵览《立报》的历史，其初创时期可以分为两个阶段：

第一阶段：从1935年9月20日至1936年6月30日。此时《立报》刚刚创立，受同人推举，由办报经验丰富的成舍我暂时主持《立报》。成舍我建立报馆组织构架，制定各项规章制度，进行人事安排，逐步推行自己的办报理念。一年届满，《立报》已入正轨，成舍我按照约定将总经理之职交与严谔声，返抵北平，继续执掌“世界报系”和北平新闻专科学校（即“新专”）。

第二阶段：从1936年7月1日至1937年11月24日。这一时期，由萨空了主持②，成舍我不定时回馆视察。《立报》继续推行成舍我的办报理念，加强与读者的联系，开展社会服务，运用多种新闻手段，大力宣传抗战。

---

① 成舍我：《我们的宣言》，载《立报》1935年9月20日第一版。

② 萨空了真正全权掌管《立报》始于1936年9月。

综上，如果说成舍我在第一阶段奠定了《立报》发展的基础，那么，在第二阶段，萨空了、严谔声、恽逸群、谢六逸等报人则将《立报》的发展推向了高潮。报人曹聚仁称成舍我、萨空了和严谔声为"《立报》三杰"[①]，不无道理。这实际上强调了除成舍我以外其他人所扮演的重要角色。

历史研究应该是对历史事实的朴实表述而不是对历史的人为建构。随机捡拾一块历史碎片，然后放大，无疑会扭曲历史真相。我们并不否认成舍我在《立报》的灵魂人物地位，但在《立报》的发展史上，也应该依据历史事实赋予萨空了等人以相当的地位。这也是本书的要旨之一。

基于此，本书拟分五个部分对此及相关问题进行阐述：

第一章从大报和小报两个报纸群分析上海报业存在的问题及其为其他报纸创造的市场机会，同时探讨《立报》的筹备和创刊及其对市场机会的把控。

第二章主要从评论、新闻、副刊和图画四个方面分析《立报》的内容特色及其对"报纸大众化"和"精编主义"的贯彻，同时阐释《立报·晚刊》的创办和停刊对《立报》版面衍化的直接影响。

第三章讨论《立报》的经营、收益和待遇。《立报》在大力提升报纸质量的基础上，通过采取一系列行之有效的经营管理措施，获得了丰厚的收益；但《立报》向来采取低薪政策，员工的收入和待遇都很菲薄，而这并没有影响他们的工作热情，正是他们不计报酬的敬业精神将《立报》推向了成功的顶峰。

第四章通过分析《立报》的三个重大新闻报道（"七君子"事件报道、"西安事变"报道和"八·一三"抗战报道），揭示《立报》既注重披露事件真相，宣传抗日，又注重透过报道培育读者的国家观念和民族意识。

结语部分探讨和总结《立报》"报纸大众化"的开创意义、社会责任与商业原则完美结合的特点以及《立报》成功不可复制的特性。

---

① 曹聚仁：《上海春秋》，北京：三联书店，2007年，第170页。

第一章　上海报业状况与《立报》的创刊

《立报》在上海的成功创办得益于《立报》主持人对上海报业的深刻理解和上海报业的迟钝保守。上海有大报和小报两种类型的报纸，两种报纸各有短长。《立报》采用大报重视国内外重大新闻的做法，舍弃其内容繁复、编排刻板、售价高昂的不足，汲取小报版式小、篇幅短、编排活泼、语言浅近、报价低廉的长处，摒弃其过于注重娱乐、投合低级趣味的缺点，成为一张介于大报和小报之间、既严肃又活泼的"第三种报纸"，即小型报。这是《立报》基于对上海报业的认识而在报纸内容和报纸价格上的一次革命。此外，《立报》又针对上海报业过于注重营业、缺少读者观念的通病，提出了"为大众福利而奋斗"① 的办报宗旨，从而将自己与上海报业区分开来，为自己开辟了新的读者市场。综括言之，正是"大众立场"、"大众内容"、"大众价格"和"唤醒民众"即"报纸大众化"②的办报理念使《立报》在较短时间内脱颖而出。而上海报业由于历史负担，安于现状，缺乏开拓精神和敏锐把握时代风向的能力，也为《立报》超越上海诸报提供了机会。

第一节　上海报业状况

20 世纪 30 年代是上海报业全面发展的时期。由于拥有适宜的政治环境、便利的运输条件、成熟的市场经济以及先进的印刷技术，上海报纸的数量和种类持续增长，形成了多类型、多语种、多刊期、多时段发行的报

---

① 成舍我：《我们的宣言》，载《立报》1935 年 9 月 20 日第一版。

② 出于论述的需要，笔者会在之后的行文中根据不同的语境强调其中某个或某几个方面。

纸网络。据有关资料统计，1932 年上海有日报 41 家，1936 年已达 57 家。[①]在这些报纸中，有《申报》、《新闻报》、《时报》、《时事新报》、《民国日报》（后为《民报》）、《晨报》、《中华日报》等知名大报，也有《大晚报》、《新夜报》、《大美晚报》、《新闻夜报》、《社会晚报》等新兴的晚报，还有《晶报》、《小日报》、《福尔摩斯》、《罗宾汉》、《社会日报》等老牌和新创的小报。此时期，无论是商业性报纸还是政党报纸，也不论是大报抑或是小报，为了确保经济独立或者适应形势的发展，大都实行了企业化经营，彼此竞争激烈，从而推动了报纸业务的改进。

以大报为例，多数报纸开始重视评论写作，试图发挥引导舆论的作用；同时，各报都不惜重金购买电报和通讯稿，派遣特派员调查和报道各个行业的状况，指派专职记者采访本埠新闻；另外，改进报纸编排方法，尝试综合编辑法，变直行标题为长短行标题，使用插图等；除刊登文艺、小说、小品文字的副刊外，各报还增辟各种特刊，多者每日一种，每周循环，涵盖电影、时装、医药、银行等各个方面，出现了报纸杂志化的趋势。[②]

小报产生于 19 世纪末，是一种迥异于大报的报纸种类。小报谓之“小”，一是形式小巧，一般为四开，只有对开大报的一半大小；二是文章简约，大多三四百字，回避重大事件，专注里巷琐闻，热衷娱乐消息；三是笔调滑稽尖刻，或含沙射影，或婉而多讽，或嬉笑怒骂，自娱娱人，格调参差不齐；四是售价低廉，不到大报的一半。小报甫出世，便以活泼、风趣、休闲和廉价的特性受到读者的追捧。小报始则专载花界艳事和游戏文章，继之以政界人物为评骘或报道对象，由“谈风月”转向“谈政治”，冷嘲热讽，风行一时。20 世纪 30 年代初，小报陆续摒弃原来偏重娱乐消遣的做法，触及社会现实，实行革新。[③]

这是上海报业颇为进步的方面。然而，综观上海报业，无论是大报还是小报，仍存在不少的问题。

---

① 分别参见《十年》，上海：申时电讯社，1934 年，第 260 页；许晚成：《全国报馆刊社调查录》，上海：龙文书店，1936 年，第 1 页。

② 《一年来之上海新闻事业》，载《时事大观》（民国二十二年至二十三年），上海：时事新报馆，1934 年，第 265 页。

③ 张君良：《海上小报泛论》，载《十年》，上海：申时电讯社，1934 年，第 173 ~ 175 页。

一、大报

首先，在编辑方面。大多数报纸仍然因袭分栏编辑法，再加上编辑制度不完善、编辑人员责任心不强，不时可见同样的新闻在不同的时间重复刊登，或者同样的新闻在不同的版面（如电讯、要闻、本埠新闻诸版）同时出现等问题。另外，"有事必录，录而必载"，一些公告式新闻或演讲稿经常不经过任何取舍或裁剪而充斥报端，表面看来洋洋大观，其实并无多少实质内容。以上这些做法不仅浪费了大量不能国产、只能进口的白报纸，而且影响了读者阅读的便利——读者在看完一个新闻事件的所有报道之后仍然不知所云。① 还有，编辑为了增加广告的曝光率，总是将新闻与广告穿插编排，每版仅刊载少量的新闻，其余均付诸广告，少有纯粹的新闻版面。出于研究的需要，作家林语堂随机考察了《申报》1936 年 5 月 30 日的版面（共 28 版），发现该报 8 个版的新闻分散在 13 个版上，其中第七版至第九版的国际新闻版仅刊登了一个版左右的新闻，平均每版只有三分之一的新闻。② 这样，如果读者想看完所有的新闻，必须不辞劳瘁地翻阅十多个版，既浪费时间又耗费精力。③

其次，在评论方面。"评论乃一报之灵魂"，没有哪一家报纸能够否认评论的重要性。然而，由于国民政府历来对言论施行严厉统制，商业性报纸出于风险考虑，要么付之阙如，完全放弃了言论的责任和义务，如《时报》；要么聊备一格，态度游离不定，如《申报》和《新闻报》。《申报》在 20 世纪 20 年代后期为避免卷入复杂的党派纷争，素以"局外人"的身份对待政治问题。"其表现一报精神与本能之每日社评，对国事竟不着一字，日惟拉杂国际琐屑，发之为文，此搪塞其社评地位之空白。"④ 30 年代初，由于内忧外患日益深重，史量才的思想发生了积极的变化，《申报》也由不偏不倚转而旗帜鲜明地发表自己对时局的看法。这些评论取材重

---

① 吴成：《非常时期之报纸》，上海：中华书局，1938 年，第 16 页。

② 林语堂：《中国新闻舆论史》，上海：上海人民出版社，2008 年，第 147 页。

③ 报人赵君豪指出："销路最广之《申报》、《新闻报》，每日发行报纸，通常六大张，计廿四面之多，除新闻而外，广告尤极繁密，读者若详为阅读，一无遗漏，非三四小时不可，然而在事实上不可能也。"参见赵君豪：《中国近代之报业》，上海：申报馆，1938 年，第 171 页。

④ 晓露：《今日报纸之评论与图画》，载《铁报》1930 年 8 月 19 日第二版。

大，内容精警，笔锋犀利，受到读者的赞扬。1934 年 11 月史量才被国民党特务暗杀后，《申报》深受打击，在一些重大问题上态度又模棱两可，再度进入犹疑状态。① 而政党报纸则囿于管理体制和自身地位的限制，主观色彩浓厚，缺乏公众立场。如《民国日报》“唯党政当局之马首是瞻，从未一发其对党政有所不满之论调”②。这一时期，在众多大报中，只有《时事新报》差强人意，对于现实问题放胆直言。1935 年 5 月，由于“福建事变”的牵连，《时事新报》被迫改组，也丧失了评论的锐气。因此，有读者评论道：“自从《申报》受过警告，《时事新报》改组之后，上海报界的舆论一时都噤若寒蝉，老实说，我们已经看不到有几篇社论是‘凭良心说话’，而不愧叫做‘舆论’的。”③ 诚非虚妄之言。

再次，在广告方面。广告是报纸收益的重要来源。上海报纸多采用广告本位的经营原则，这样就不可避免地导致广告泛滥成灾，不可把控。由于广告拥挤，新闻篇幅常常被挤占，新闻沦为填充广告缝隙的材料。有读者抱怨“每一大张新闻纸，展开一看，其中新闻不过数条，其他都是广告，我们看报便要到广告内去找新闻”。林语堂也屡次批评“《申报》编法对于广告地位似乎无一不可退让，而对于新闻地位，则悉可通融”④。1934 年 12 月，复旦大学新闻学系学生随机对当月 12 日《申报》、《新闻报》、《时事新报》和天津《大公报》四家报纸的广告和新闻篇幅进行统计，发现四家报纸的广告在所有版面中所占比例分别为 58%、58.6%、43.8% 和 51%，各占约 16 版（总计 28 版）、19 版（总计 32 版）、7 版（总计 16 版）和 8 版（总计 16 版）的版面。⑤ 以《申报》和《新闻报》的广告面积而言，相当于每版有近 60% 的版面为广告所覆盖，其总量几等于《时事新报》或《大公报》全部的篇幅。不仅如此，《申报》和《新闻报》的一些副刊、特刊、增刊本身就是为吸纳广告量身定制的，徒有虚名。有读者就对一家报纸的副刊“广告化”深表不满：“近来报之取材，每况愈下，

① 宋军：《申报的兴衰》，上海：上海社会科学院出版社，1996 年，第 184 页。

② 晓露：《今日报纸之评论与图画》，载《铁报》1930 年 8 月 19 日第二版。

③ 一屏：《〈立报〉论》，载《留东学报》1936 年第 2 卷第 5 期。

④ 语堂：《所望于〈申报〉》，载《宇宙风》1935 年第 1 期。另见语堂：《〈申报〉的医药附刊》，载《宇宙风》1936 年第 18 期。

⑤ 谢小鲁：《我国各大报纸面构成之分析及其批评》，载《新闻学期刊》，复旦大学新闻学系，1935 年，第 146 页。

‘报屁股’已成了宣传机关，没一篇不含广告意味。请翻开十八日某报屁股，为电影公司做广告者占了大半。看报的人，花了雪亮滚圆的大洋钿，难道做电影公司的推销员吗?”①

广告的另一个问题就是虚假，夸大，格调低下。为了获利，报纸对所有广告来者不拒，很少审查广告内容是否真实，表现手法是否合适，也不考虑不良广告可能对社会和自身造成的负面影响。由于上海盛行骄奢淫逸的生活方式，不少人身染不洁之病，真假难辨的药品和良莠不齐的医院诊所因而大行其道，刺激了医药广告的发展。这些广告占据了报纸的重要版面。《生活日报》总编辑邹韬奋批评说，上海报纸“可怪的是竟将特刊的地位当广告卖，大发行其‘淋病专号’，满纸‘包茎之害’，‘淋病自疗速愈法’，替‘包茎专家’大做广告，替‘花柳病专家’大吹牛，‘一经着手，无不病根悉除’，‘方法之新颖，手段之老到，可谓无出其右’，于每篇文字下面还要用‘编者按’的字样，大为江湖医生推广营业，好像报馆所要的就是钱，别的都可不负责任”②。对于这种贻害社会、有损报格的做法，有人忍无可忍，大声呼吁广告要伦理化，提醒报纸谨严选择广告，排斥一切虚伪夸大的广告，甚至号召读者以停止订阅的方式抵制报纸的不良行为。③

最后，在发行方面。上海报纸的发行范围非常有限，主要及于相对富庶的上海本埠和江苏、浙江等周边地区（特别是京沪、沪杭沿线）。《申报》和《新闻报》号称全国性报纸，发售十多万份，但较之其他报纸，其覆盖区域也只是相对有所扩大，愈往外围，销量愈少。笔者将《申报》1935年的销量分布和《新闻报》1931年的销量分布进行比较，取其销量排名靠前的十个地区，发现两者竟然惊人地相似（见下表）。由此可以推断，多年来两家报纸只是固守原有的地盘，几无任何扩展。可以说，尽管十多万份的销数为两报创造了巨量的财富，但其社会价值仍很薄弱。稽其原因，在于两报的商业性质。

① 城北：《报屁股之广告化》，载《大报》1931年11月21日第二版。

② 韬奋：《大报和小报》，载《大众生活》1935年11月16日，转引自穆欣：《韬奋新闻工作文集》，北京：新闻出版社，1985年，第28页。

③ 唐克明：《广告伦理化与中国的广告》，载《青年界》1935年第7卷第3期。

《申报》和《新闻报》部分地区销量分布比较表

1935 年《申报》销量分布		1931 年《新闻报》销量分布	
上　海	56 050	上　海	61 080
江　苏	34 950	江　苏	37 537
浙　江	14 300	浙　江	18 750
安　徽	12 400	安　徽	13 701
江　西	8 650	山　东	3 859
河　南	6 800	河　南	3 595
山　东	6 250	江　西	3 069
湖　北	6 050	湖　北	2 509
福　建	3 050	湖　南	1 550
广　东	2 100	福　建	879

注："1935 年《申报》销量分布"引自《〈申报〉概况》(民国二十四年五月)之"本报各地销数统计"；"1931 年《新闻报》销量分布"引自《〈新闻报〉概况》之"《新闻报》各地销数表（1931.9）"，上海市档案馆，档案编号：Y8－1－20－14。

广告是报纸收入的主要来源，由于上海工商业深受国内时局和国外环境的影响，时荣时枯，跌落起伏，因此报纸的广告价格非常低廉。"中国最大报同样篇幅的广告价，连日本（某大报）的十分之一还收不到"；相比欧美大报，差距更加明显。[①] 这样，为了提高赢利水平，报纸只能通过增加报纸张数来容纳更多的广告，获取更多的广告收益，这不可避免地又造成报纸成本的浩大（如纸张、油墨、印刷、运输等）和发行收入的亏蚀。为减少损失，报纸将售价定在相对偏高的价位。这个价位对有产者而言不过是九牛一毛，但对于生活在社会底层的市民阶层（如工人、普通职员、小学教员等）则是巨额的支出。

1929 至 1934 年，上海市社会局对 305 户工人家庭的生活程度进行跟踪调查。统计显示，在 305 户户主中，受过小学教育者为 100 人，受过初中教育者为 20 人，这些人基本能够识文断字，读书看报，然而总共才有 16 户订有报纸，仅占总户数的 13%，可见订阅率之低。事实是，这些家庭的日常生活主要靠家庭成员的充分就业和必要的举债来维持，刚刚接近温

① 政之：《作报与看报》，载《国闻周报》1935 年第 12 卷第 1 期。

饱线。[①] 报人成舍我在20世纪30年代初出国考察欧美报业一年，通过调查和比较中国和英国平民的收入和购报能力，得出结论："英国报纸，如《每日邮报》，每份每日七便士，以英国工作，平均每星期工资三磅（三磅共七百二十便士）计算，阅报一份，仅占其收入百分之一；中国则每报月售大洋一元（同一时期《申报》每月订费一元三角左右——笔者注），以工人月薪十五元计算，即须占十五分之一，相差至此。即使教育发达，一般人都能识字读报，在经济上，仍将无此能力。不但工人，即月入三十元的小学教员，对此每月一元的报费，也将无力负担。"[②] 这表明，当时中国报纸的普及率不高主要还不是识字问题，而是购买力或者说报价问题。可以说，报纸还只是少数有产阶层的"日用品"（如《申报》之于学界人士，《新闻报》之于商界人士），而于广大民众仍是可望而不可即的"奢侈品"。这也难怪《申报》、《新闻报》多在江浙沪一带盘旋了。

二、小报

20世纪30年代，小报经过三十多年的发展进入革新阶段。小报革新缘于小报日益严重的危机、大报的小报化以及社会环境的变迁。[③] 首先，小报社会形象差，内容低劣。不少人投身小报界，怀抱游戏心态，"不过借此谈谈风月，出出风头，甚或专作标榜之工具"[④]。为了博取读者的注意，小报常常相互攻击造谣。而有些人干脆将报纸当作发泄私愤的工具，致令读者深恶痛绝。[⑤] 小报还有一个痼疾是取材猥琐。关注勾栏是晚清小报的主要内容，继起的小报步而因之。随着上海娱乐生活的变迁，开花榜、说勾栏变成了捧角评花，香艳文字绵绵不断。有人就斥责小报"引诱一般血气未定之少年，诲淫诲盗"[⑥]。小报的整体素质确实太低下了，"佳

---

① 张仲礼：《近代上海城市研究（1840—1949年）》，上海：上海文艺出版社，2008年，第642、644页。

② 成舍我：《世界新闻事业的发达与中国报纸的前途》，载《民众周报》1931年第182期。

③ 此小节部分内容参照了李时新：《"大报小办"与"小报大办"——近代上海报业发展的两种取向》，载《湖北大学学报》（哲学社会科学版），2010年第37卷第3期。

④ 半规：《小报之过去现在未来谈》，载《上海滩》1930年5月4日第三版。

⑤ 圣徒：《勖小报同业》，载《铁报》1930年6月1日第三版。

⑥ 倪古莲：《小报之功过》，载《福尔摩斯》1928年7月27日第一版。

者殊少，劣者居多”，抑且“佳者被劣者受累”[①]。无聊、造谣、色情、消遣品，这就是社会对小报的一般看法。小报的社会形象如此，其社会影响力就更无从谈起了。然而，正当小报痼疾深重之时，一些大报出于经营的考虑，反而“以小报向以足资笑谭、无关紧要为宗旨”，聚神会力，大量登载社会新闻而“小报化”了。[②] 对于一些有理想、有追求的小报而言，这不啻为乘势崛起的绝好机会。此外，由于农村破产，商业衰败，政局不宁，读者的兴趣发生了迁移，转而关注涉及切身利益的社会、民生或政治问题。时刻以读者需要为转移的小报也开始灵活应对，相机行事。

小报的革新早在20世纪20年代末就已揭开了序幕。1926年底至1928年，一种宣扬吃喝嫖赌、内容不堪入目的“横报”甚嚣尘上。小报界对此展开了严厉的批判，掀起了一场驱逐横报的“自清运动”[③]。这也是小报首次对内容进行自我审查和清理。之后，一些小报在取材和革新思路上提出了自己的主张。如《福报》宣称“不登花稿”、“不刊妓女小照”、“不载淫秽文字”[④]，打破了小报传统的办报套路。《铁报》对小报革新鼓吹尤力，指出“大报化实为小报之正鹄”，小报不仅“足以为人民喉舌，为国家民族舆论机关，与大报之职责无殊”，同样也可以登载大报登载的新闻、评论、常识、文艺等内容，强调小报就是“大报之缩写”[⑤]。可谓深中肯綮，指明了小报改革的方向。

小报革新的浪潮始于《社会日报》。三日刊小报有趣但低俗，日刊大报庄重却呆板。鉴于此，《社会日报》想在两者之间闯出一条新路来。1929年11月《社会日报》创刊，但由于人力和财力所限，不久停办。1930年10月《社会日报》复刊，日刊仍旧，采用直形报式，确立了“报格要力求正派”、“立论要主持正义”[⑥] 的办报方针；为充实内容和节省纸张及排印费，将原来的对开改为四开；在版面结构上，外版以政治新闻和社会消息为主，内版为副刊。当时正值“九·一八”事变爆发，《社会日报》一改以往小报漠视时政的做法，密切关注政局变化，大胆发表言论，

---

① 张超：《教育界招待小报界记》，载《笑报》1927年11月17日第二版。
② 圣徒：《小报化》，载《铁报》1930年6月14日第三版。
③ 秦绍德：《上海近代报刊史论》，上海：复旦大学出版社，1993年，第149页。
④ 农花：《本报百期小志》，载《福报》1929年4月13日第四版。
⑤ 圣徒：《大报化》，载《铁报》1930年6月4日第三版。
⑥ 陈灵犀：《〈社会日报〉杂忆》，载《新闻研究资料》1981年总第9期。

受到了读者的追捧，销数不断上升。总之，《社会日报》无论是在办报宗旨、刊期还是版面编排等都异乎以往的三日刊小报，其成功也激起一批小报争相效尤。当然，也有许多小报按兵不动，仍旧以低级趣味取悦读者。[①]

然而，革新后的《社会日报》还存留着旧式小报的不少痕迹。比如，武侠小说、社会言情小说、娼门小说、戏剧小说等小说品类铺天盖地，小品栏目林林总总，争奇斗艳。此外，还有多人合作续写的集锦小说[②]，前后一连刊载了十多篇，虽说洋洋洒洒，不过是迎合读者胃口的游戏之作。这些琳琅满目的文字很难说有多高的格调，且冲淡了其指导舆论的努力，反映了《社会日报》在革新阶段初期亦新亦旧的过渡性特征。《社会日报》也坦陈："我们也深知文字不能不注重趣味，而低级趣味是要不得的。不过为积重的原故——但我们却又不承认积重是绝对难返的，不过在积重之下求返，是比较烦难一点，非下一般苦功夫，从事于潜移默化不可。……凡是普通识字的人，他们都能读小报，而未必都能看得懂新小说，所以新作家的思想意识，固然值得倾服，以言文艺大众化，则窃以为未必，尚不及小报文字来得容易受大众欢迎也。"[③] 总之，像一般小报一样，趣味性和休闲性内容在《社会日报》中仍然占据着重要的地位。

综上，一方面，大报重视新闻采访，注重报道国内外重大事件，副刊品种齐全，内容丰富，但言论飘忽不定，消息庞杂，编排刻板，篇幅冗长，报价高昂。另一方面，小报适应市民日常生活，文章短小精悍，语言浅显风趣，售价低廉；然而，虽然经过了一番革新，但不问时政和民生、内容娱乐化、格调低下的老问题并没有根本改观。这就是上海报业的一般状况。

要进入市场，就要了解市场。对于《立报》而言，大报和小报的长处正可为我所用，而两者的短处恰好为自己提供了市场缝隙，可以进行差异化竞争。这种在办报宗旨、编辑和采访等方面不同于上海报纸的做法，一言以蔽之，就是"报纸大众化"，它很快为《立报》打开了市场并使之迅速崛起。

---

① 张君良：《海上小报泛论》，载《十年》，上海：申时电讯社，1934 年，第 175 页。

② 集锦小说又称点将小说，由几个或十几个作家合作完成，其做法是一个作家在篇末的字句中嵌入下期作家的名字，即由这个作家续写下篇，这样轮流写作，直至敷衍成一部完整的小说。

③ 灵犀：《从踏进小报界说起》，载《社会日报三周年纪念册》，上海：社会日报社，1934 年，第 7 页。

第二节　《立报》的创刊

一、《立报》的筹备

1934年7月23日，成舍我在南京所办的《民生报》因揭发汪精卫的部下政务处长彭学沛贪污舞弊，被南京警备司令部查封，成舍我被捕。汪精卫下令《民生报》永久停刊，成舍我不得以任何名义再在南京办报。9月1日，成舍我最终获释。《民生报》的夭折使性格倔强的成舍我萌生了再办一份民间报纸的想法。

大约在1935年3月，上海新闻界好友在黄埔江边的水上饭店为成舍我接风。① 几位同行聊起《民生报》的停刊和上海的报业状况，提议成舍我在上海创办一张小型报，这与成舍我的想法一拍即合②。他们初步就办报原则、内容特点、馆址和设备、资金来源和广告招揽等各个方面进行了详细而深入的探讨，并达成了共识，包括：报纸必须“立场坚定，态度公正”；重视重要新闻和独家特讯的采访；报馆设在交通便利的市区；营业部、印刷部和编辑部等部门集中办公，以便于管理；先充实内容，销量达到十万份后，再增张刊登广告③；预定资本总额10万元，第一年赔本，第二年收支相抵，第三年盈余。④

---

① 成舍我所撰《上海〈立报〉奋斗的经过》（载香港《立报》1938年11月24日第二版）说明发起的时间是1935年5月，其多年之后的回忆文章《从上海到香港——想起十年前手创的〈立报〉》（载《新闻天地》1952年总第229期）又说是1934年10月。现从《立报》1935年9月10日在《申报》发布的广告《发刊要旨》之说，即1935年3月。

② 发起人之一严谔声后来回忆早有创办小型报的意向。他说，中国的报纸未能成为“普遍的大众的读物”，主要原因在于“报纸本身未能谋所以适合读者之需要，如篇幅太多，售价太昂，与大多数人民生活不太适宜”。因此，“欲谋中国新闻事业之长足进展，必求有以冲破旧范畴，另创一通俗的精编的小型新闻纸，以适应多数国民之需要”。因而，与南京、上海和北平新闻界诸友筹办《立报》。参见小记者：《小型报纸之将来》，载《绸缪月刊》1939年第2卷第2期。

③ 成舍我：《从上海到香港——想起十年前手创的〈立报〉》（下），载《新闻天地》1952年总第229期。

④ 成舍我：《上海〈立报〉奋斗的经过》，载香港《立报》1938年11月24日第二版。

在此，成舍我基于以往的经验和观察，提出了“报人办报”的原则，也就是“报馆资本，必须全部出自以新闻为职业的同业朋友，不要与任何党派，发生经济关系，也绝不要接受任何方式的政府津贴”①。对于报馆资本要以新闻从业者为限，成舍我早在1932年4月燕京大学新闻学系“新闻讨论周”的演讲中就进行了深入的阐述。通过考察欧美资本主义报业，成舍我发现，欧美的报纸完全由所有者和投资者控制，这些报业大王只知投机发财，毫不顾及社会公众的福利，而报馆职员和读者根本无从过问。因此，他主张，为了避免类似事件在中国重演，私人经营的报馆，其资本“唯以在报馆任有工作者为限”，“非工作人员而不得坐分红利”②，避免“商人办报”造成的弊害。至于不与政府和任何党派发生经济关系，则来自于成舍我对当时中国报业近两年的观察。他说，由于社会风气和政治风气堕落，“国内报纸，绝大多数，不屈服于硬的威吓，即屈服于软的收买。若干具有政治背景的，更充分表现，有党派，无是非”③。因此，为了摆脱资本因素和政治因素的牵制，为了恪守“立场坚定，态度公正”的办报原则，应该实行“报人办报”。事实上，“报人办报”还有一个优点，那就是一定程度上避免了报馆的内争：由于报人是为了一个共同的理想而聚合的，共同投资，共同经营，志同道合，避免了“商人办报”因办报宗旨、思想认识和专业水准不同而引起投资人与报人的冲突。就像总编辑萨空了所强调的，“办报如果不是独资，而须集资时，股东的社会科学方面认识，竟非先求一致不可，不然这报社的前途就很难乐观”④。成舍我的“报人办报”原则排除了报馆内耗的可能，起到了维持报馆稳定的作用。

此外，成舍我还力主自备轮卷印刷机，这与他经营《世界日报》的一段经历有关。《世界日报》由于印刷设备陈旧，版面常常零乱模糊，而且因为印刷效率很低，影响了出报时间。报纸销数越多，印刷设备不能适应报纸发展的问题就越严重。1935年成舍我重新购置设备，终于解决了印刷

---

① 成舍我：《从上海到香港——想起十年前手创的〈立报〉》（下），载《新闻天地》1952年总第229期。

② 成舍我：《中国报纸之将来》，载刘家林等：《成舍我新闻学术论集》（上），广州：暨南大学出版社，2012年，第34页。

③ 成舍我：《从上海到香港——想起十年前手创的〈立报〉》（下），载《新闻天地》1952年总第229期。

④ 萨空了：《科学的新闻学概论》，载祝均宙、萧斌如：《萨空了文集》，上海：上海科学技术出版社，2002年，第194页。

上的老大难问题。因为推迟了齐稿时间，报纸内容更加充实。[①] 鉴于此，在创办新报时，为了避免重蹈覆辙，成舍我未雨绸缪，主张置办先进的印刷机。

总之，一次偶然的聚餐，成为一张报纸诞生的发起人会议。《立报》的筹备工作就此紧锣密鼓地开展起来。不久，10 万元的股份就全部认定。

5 月初，成舍我购置了两部卷筒印刷机，同时在望平街租到一幢房子并修葺一新。[②] 一家小型报竟然拥有自己的轮转机，这在上海报坛可谓绝无仅有，也成为人们津津乐道的一条新闻。

6 月 2 日，各位发起人再次召开会议。经过商议，取消原来拟定的报名“力报”（因为已经有人使用），改名“立报”，“殆取‘己欲立而立人’之意，且抱‘独立不羁、鹤立鸡群’之旨”。会议还决定引进成舍我新近创立的“坐排制度”，即改变手民（排字工人）以往站立检字的排字方法，将经过改造的字架置于桌前，手民坐于椅上，双手检取铅字。[③] 这样，就减少了手民来回奔波的劳累，减轻了劳动强度，提高了排字效率。同月，成舍我开始到处网罗人才，他在北平延揽张恨水，又赴南京聘请张友鸾，并向多位新文艺作家约稿。[④]

8 月 9 日、10 日和 12 日，各位发起人再次聚首，先后举行了《立报》筹备会、股东会和成立会。根据资金使用情况，《立报》资本最终调整为 8 万元，分 16 股，每股 5 千元，成舍我、田丹佛和严谔声占较多股份，其余由钱沧硕、吴中一、管际安、吴迴范、萧同兹、严服周、朱虚白、胡朴安和程沧波认购。会议选举田丹佛、成舍我、严谔声、萧同兹、钱沧硕、管际安和吴中一等为董事，胡朴安和程沧波为监察；议定严谔声为总经理，田丹佛为经理，成舍我为常务董事；聘定张友鸾为总编辑，张恨水为副刊编辑；印刷和营业等人员从成舍我创办的北平新闻专科学校的毕业生中挑选。会议决定《立报》为四开一张，每期二万六千余字，同时力请成舍我

---

① 吴范寰：《成舍我与北平〈世界日报〉》，载张友鸾等：《世界日报兴衰史》，重庆：重庆出版社，1982 年，第 136 页。

② 白露：《严谔声成舍我创办〈力报〉》，载《晶报》1935 年 5 月 18 日第二版。

③ 其具体方法为：“特制铅字架，略如斜面之写字台。而其铅字之部位，也不照新民盘式，而略参照舒式中文打字机铅字盘，中间为常用字（即排字人称作廿四盘头），两旁为备用字（即排字人称作部位字），每盘字数，则如《申报》之每人一架制，再减少若干个，俾手民虽坐在椅上，而双手仍能撮取架角铅字。”参见《〈立报〉不须立着排》，载《晶报》1935 年 6 月 8 日第三版。

④ 露轩：《〈立报〉人才集中》，载《晶报》1935 年 6 月 20 日第二版。

暂时驻沪一年，代理总经理一职，为《立报》的发展奠定基础。[①]

8月31日，《立报》的登记申请得到内政部和上海市政府批准。[②] 一切布置妥当，《立报》定于9月20日正式出版。自9月1日起，《立报》每晚试版，均用楷体铅字排印，不断磨合和改进，为面市做最后准备。[③]

《立报》向来抱定“多准备，少说话”的方针，力戒张扬。但就在试版的同时，《立报》正式开启了声势浩大的宣传攻势。“不鸣则已，一鸣惊人。”从9月16日开始，《立报》先后五次在久负盛名的老牌小报《晶报》上刊登广告，开始了宣传的预热阶段。广告云：“消息总汇　时代先驱　报纸大众化　以日销百万为目的　五分钟能知天下事　一元钱可看三个月　立报九月廿日出版”，言简意赅地将《立报》的办报方针和新闻丰富、价格低廉的特点宣达读者，特别是“日销百万”的口号在《申报》和《新闻报》号称销售15万份的背景下起到耸人听闻的作用。

9月10日，《立报》又以一个整版的篇幅在《申报》大做广告。首先映入眼帘的是覆盖整个版面的硕大的红色字体“以日销百万为目的　立报定本月二十日出版”，然后是以这些字体为背景、环绕《发刊要旨》和《三大特色》两篇文章（均排成倾斜的长方形）的四句口号：“用最新式最进步的方法　使人人都能读爱读必读”、“实行大众化”、“因阅读便利　故日常工作繁忙的人们读了可以节省时间”、“因定价低廉　故不景气压迫下的人们读了可以减少浪费”，突出了《立报》的内容特点和阅读价值。特别是最后两句语句对仗，朗朗上口，易于诵记。《发刊要旨》则从创办人的角度阐述了创办《立报》的缘由、宗旨和意义，突显其“大众化”的办报理念。

以最新姿态，使报纸功能，普及全国大众，此为本报创刊之唯一旨趣。本报同人，服务报业，多者廿余年，少亦十年以上，深感我国多数报纸，售价过高，篇幅太多，所载材料，又恒与最大多数民众，利害无关，以致读者领域与全国人口，多寡相去，乃几至无可比拟。夫报纸发达，为近代文明国家最大推进器之一。若使我国报纸之销行，长此蜷伏盘旋于现

① 栖棬：《人才集中之〈立报〉出世》，载《晶报》1935年8月17日第二版。
② 《上海市政府公报》1935年第160期。
③ 白露：《望平街情报》，载《晶报》1935年9月11日第一版。

存状态之下，数量最大者，亦无法打破十数万份之纪录，则最大多数民众，务必无法认识国家与个人之关系。数十年来，内忧外患，纷至沓来，而多数国人，仍若熟视无睹，迄造成今日空前之国难者，推溯本源，殆即在此。同人等认定，欲复兴民族，必先使每一国民，皆能了解本身对于国家之责任；为欲达到此目的，则定价低廉、阅读便利、日销百万之大众化报纸，实有乘时崛起之必要。因于今年三月决议发起，以此志愿，誓为最先之尝试。惟因欲大量生产，及布置妥当起见，筹备迄今，始告完竣。现决于本月廿日发刊，用敢略述梗概，敬告国人，编制大要，并述如次。

当大报矻矻终日，忙于营业，小报捧角说妓，沉迷趣味时，《立报》却要担负起培养国民国家观念的责任，两相对照，《立报》的远大抱负和非凡气魄确实令人耳目一新，不能不让人刮目相看。

接着，《三大特色》从读者的角度详细介绍了《立报》在“携读”、“印送”和“内容”三个方面的具体情况，回答了读者最为关切的问题。

携读方便。在未销达十万份之前，不载广告。以后收容广告，再递增篇幅。目前暂日出一小张，以最新式字体排印，每日可以容纳纯粹读料二万五千字以上。凡所刊载，均经严格之精选。其与最大多数人民无切身关系，或不感兴趣者，虽一字亦不浪费；否则搜本溯源，不厌求详。故篇幅虽仅一张，可读资料，实远在日出若干大张者以上。携带便利，在电车、公共汽车及短程阅读，尤最为舒适。

印送迅速。自备高速度轮转机两部，每小时可再出报二十万份。各种字体，无不齐备，印刷精美。每日准上午六时出版，本埠以汽车及脚踏车分送，外埠则将陆续设法由航空寄递。将来并拟仿欧美大报办法，每隔若干小时，改版一次，重要新闻，随到随刊。

内容一般。评论，短小精悍，每日最少三篇以上，说大家要说的话，决无任何背景，及为任何金钱势力所左右。新闻，特派员遍布全世界，凡当日国内外大事，为大众所需要阅读者，无不刊载。文字全用语体，务使人人易解。新闻选择，力求正确，谣言谰语，概所摒绝。图画，共分新闻照片、讽刺画、连环画、历史画四种，逐日刊登，由鲁少飞、叶浅予、曹涵美诸名家，担任绘制，俾引起读者兴趣，而达到图画与文字并重之原则。副刊，共分三种，一《言林》，由复旦大学新闻学系主任谢六逸先生主编；二《花果山》，由张恨水先生主编；三《点心》，由前北平民国学院及平民学院新闻系主任吴秋尘主编。每种依社会上各级读者不同之需要，而分别其内容，兼收并蓄，以满足任何读者最高尚之兴趣为止。并已分聘名家，担任撰者。

《立报》最后向读者展示了其强大的创办人（股东）阵容：严谔声，新声通讯社社长；严服周，新声通讯社南京分社主任；萧同兹，中央通讯社社长；钱沧硕，中央通讯社社长上海分社主任；管际安，《民报》总编辑；程沧波，《中央日报》社长；张友鸾，前南京《新民报》总编辑；胡朴安，《民报》社长；吴中一，新声通讯社副社长；沈颂芳，《新闻报》记者；朱虚白，前南京《朝报》总编辑；成舍我，北平《世界日报》社长；田丹佛，前汉口《中山日报》总经理、南京复旦通讯社社长。[①] 这些人要么执掌国家新闻媒体，要么任职著名民营新闻媒体，皆为一时英彦，显示了《立报》潜在的社会影响力以及“报人办报”的特质。

就在出版当日，《立报》又将《晶报》和《申报》上的两幅广告略作编辑，在《新闻报》上以两个版面的套红广告重新刊出，宣告“现已于今日上午五时首次发刊”，气势更加宏伟。“报纸创刊，登载这样庞大的广告，可以说是破天荒的事。”[②]

总之，《立报》一系列有主有次、有声有色、不断加码的宣传，产生了预期的耸动听闻的效果，“使沪、宁、苏、杭一带读者油然生先睹为快之感想”[③]。

二、《立报》的创刊

1935 年 9 月 20 日，《立报》创刊。之所以选择这一天，是因为《立

① 原来的股东吴迴范为沈颂芳代替。另，张友鸾本身并没有出资，乃是成舍我将自己的一些股份划到其名下，而名列股东。参见张友鸾：《报人成舍我》，载张友鸾等：《世界日报兴衰史》，重庆：重庆出版社，1982 年，第 5 页。

② 贺逸文、夏芳雅、左笑鸿：《北平〈世界日报〉史稿》，载张友鸾等：《世界日报兴衰史》，重庆：重庆出版社，1982 年，第 150 页。

③ 张常人：《成舍我创办上海〈立报〉的前前后后》，载文昊：《他们是怎样办报的》，北京：中国文史出版社，2005 年，第 107 页。

报》在试版期间发生了震动上海的“顾竹轩案”。顾竹轩是上海帮会头子，掌管天蟾舞台、三星舞台、大江南旅馆等企业。在大世界游艺场经理唐嘉鹏被杀案中，顾竹轩涉嫌指使他人谋杀，被巡捕房逮捕并送交法院。当时各报慑于帮会势力，不敢发表这一消息。20日正是法院开审之日，总编辑张友鸾决定抓住这个难得的机会报道此事，造成轰动效应，使《立报》一炮打响。这则新闻以《暗杀案所牵涉　顾竹轩案　今天上午法院开庭》为题，披露了唐嘉鹏被杀案的侦讯经过和顾竹轩被指控、即将受审的情况。不巧的是，由于排印工人技术生疏，印刷不够清晰，再加上出报时间延迟，这条置于头版显要位置，同时配发顾竹轩照片的新闻未能引起市民的足够注意，只卖出了六七千份，与预期相差甚远。尽管如此，当天的《立报》仍初步展现了其与众不同的特征。

以创刊词而言。创刊词是报纸向社会郑重宣示其宗旨和性质的重要文字，是对自己的个性特征的深度解说。《立报》特意将创刊词《我们的宣言》（以下简称《宣言》）安排在头版头条位置，同时将标题印成鲜艳的红色。这篇两千两百多字、占了近二分之一版面的《宣言》对上文的《发刊要旨》作了进一步的阐发。《宣言》指出，中国正陷入内忧外患之中，而广大国民却不知道国家为何物。“我们要想树立一个良好的国家，我们就必先使每一个国民都知道本身对于国家的关系。”《立报》的使命就是传播国家观念。而要达到这个目标，就必须实行“报纸大众化”，做到“日销百万”。《立报》认为“报纸大众化”有三个衡量标准：一是“能读”，文字浅近，报价低廉；二是“爱读”，报纸反映民众生活，重视民众利益，读者对报纸爱不释手；三是“必读”，民众养成了稳定的阅读习惯，觉得“读报真和吃饭一样的需要，看戏一样的有趣”。“报纸大众化”既是《立报》奋斗的目标，也是《立报》行动的指南。正是因为始终不渝地实践“报纸大众化”，《立报》才与其他报纸拉开距离，于较短时间内在经营和引导舆论上获得佳绩。

从外形和版面布置上看，《立报》兼采大报和小报的特点与面貌。大报为对开，大多分8栏（栏高6.4厘米，如《申报》）或12栏（栏高4.3厘米，如《时事新报》），报头位于第一版右上角，其余部分皆为广告；第二版及其他版面则是要闻和分类编排的各种新闻和副刊等，广告一般与新闻混合编排。小报为四开，只有单张大报的一半大小，多为8栏

（栏高 4.4 厘米，如《早报》）或 10 栏（栏高 3.4 厘米，如《小晨报》），报头在第一版顶上中间，报头两旁为广告、“广告刊例”或“订报价目”，下面为“馆址”等，第一版其余部分及第四版为广告，第二版和第三版为时评、新闻、逸事、掌故和小品等文字，穿插编排。《立报》在外形上与小报很相似，也为四开，但分为 12 栏（栏高 3 厘米），又借用了大报的样式。套红印刷的报头置于第一版顶上中央，左侧是时事漫画《打铁打铁日夜工　今年生意真兴隆》（美国正在打造意大利定制的武器），右侧是新闻照片（图片说明：“阿根廷巴西总统相见时拥抱以示亲爱　两总统夫人亦在彼等身后拥抱”），报头下面是“馆址”、“今天”（包括“气象报告”和“读者日历”）以及“报价”，既模仿了小报的报头设计，又独创一格（如图 1－1）。

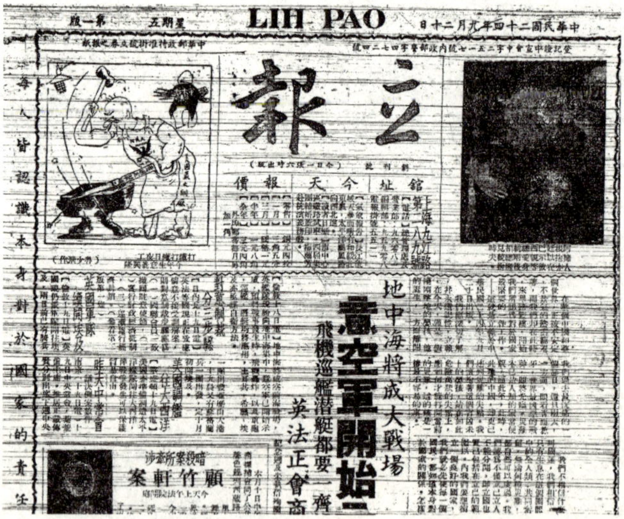
第一版　星期五　LIH PAO　中華民國二十四年九月二十日

立報

館址　今天　報價

每人皆認識本身對於國家的責任

地中海將成大戰場

意空軍開始

飛機巡艦潛艇都要一齊

英法正會商

暗殺案所牽涉

顧竹軒案

图 1－1　《立报》1935 年 9 月 20 日第一版上半版及创刊词《我们的宣言》

此外，《立报》还在四个版的显眼位置，分别刊登了四句竖排的标语，比如“每人都认识本身对于国家的责任　然后才可达到民族复兴的目的”（第一版左侧）、“永远不增价　终年不休刊　凭良心说话　拿真凭实据报告新闻”（第二版右侧）、“欢迎直接定阅　三月只收报费一元　请电九六零八一　即可每早准时送到”（第三版左侧）、“只要少吸一枝烟　你准看

得起 只要略识几百字 你准看得懂”（第四版右侧）。这些标语将《立报》创刊的意义、办报原则以及推销信息传达给读者。《立报》的标语采用口语化的表达，生活气息浓厚，这是其他报纸很少采用的宣传方式。

在内容构成上，《立报》一是学习大报，重视国内外新闻和副刊；二是借鉴小报，满足市民的娱乐需求，但注意提升趣味层次；三是重视两者都忽视的评论。这样，就形成了评论、新闻和副刊并举的内容格局，亦即第一版和第二版上半版为评论和国内外要闻，第二版下半版为针对文化界人士的副刊《言林》；第三版上半版为本市新闻，下半版为针对市民阶层的副刊《花果山》；第四版上半版为文教、体育新闻，下半版为针对有闲阶层的副刊《点心》。这正是成舍我后来指称的“大报小办”的体现。

寄予厚望的“顾竹轩案”报道未能产生预期的效果，《立报》创刊当日便意外受挫。当日的庭审也没有多大新闻价值，《立报》只是在次日报道《有新证据发现 顾竹轩还要侦查 改二十七日再审》。读者反应平淡。

9 月 27 日，“顾竹轩案”再次开庭，在庭审过程中，法庭忽然传来看守所犯人吵闹的声响，引起法庭一阵骚动，半个多小时后方才恢复正常。这一次，《立报》抓住了机会。

次日，《立报》在第一版以两百多字的篇幅刊出消息《顾竹轩案昨开庭 庭外大叫嚣 旁听奔逃秩序乱 看守所闹监?》，以近乎耸人听闻的手法报道这段与“顾竹轩案”并无多大关联的庭审插曲，勾起读者的好奇心。《立报》还在消息的最后提醒读者“昨天开审详情，请看今日本报第三版”，并在报眼配发顾竹轩受审的照片；同时刊发短评《守秩序》，批评一些人毫无秩序观念，以讹传讹，张皇失措，破坏了法庭庄严肃穆的气氛。第三版则以半个版面详尽报道《昨二特法院开庭 顾竹轩案审讯详记》，绘声绘色地描述审讯经过。“顾竹轩案”本来一直广受社会关注，庭审时听众如潮，十分拥挤。《立报》的这条新闻一经刊出，立即在社会上引起反响，销数猛增十倍，达 7 万多份，《立报》终于一炮打响。[①]

自此以后，《立报》继续对“顾竹轩案”进行追踪报道，不放过每次审讯机会。1935 年 11 月 1 日和 1936 年 7 月 4 日，《立报》通过连续转版的方式，分别用一个版和一个多版的篇幅全文登载《顾竹轩案判决书》

---

① 张友鸾等：《报人成舍我》，载张友鸾等：《世界日报兴衰史》，重庆：重庆出版社，1982 年，第 7 页。

（见图1－2）和《顾竹轩上诉判决书原文》，如此大胆地处理新闻，甚至连《立报》自己也津津乐道，引以为傲。[1] 1936年12月18日，《立报》刊出新闻《顾竹轩昨日恢复自由　在狱中十五个月零八天》，结束了一年三个月、总共近40次的“顾竹轩案”报道。

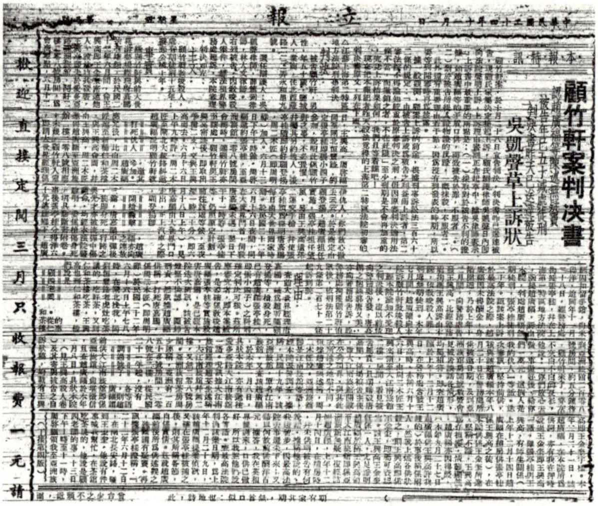
立報

顧竹軒案判決書

吳凱聲草上訴狀

歡迎直接定閱三月只收報費一元請

图1－2　《立报》1935年11月1日第三版上半版《顾竹轩案判决书》

“顾竹轩案”报道在《立报》的发展史上具有重要的意义。首先，《立报》以该案第二次庭审为突破口，通过独家报道，迅速扭转了创刊当日出师不利的局面。一般说来，读者往往会对新出的报纸寄予很高的期望，如果报纸不能马上抓住读者，读者的注意力就会发生转移，之后很难再挽回。第一次报道受挫后，《立报》趁读者的热度还没有消减，即刻准备几天之后的第二次庭审报道。最后，《立报》运用多种新闻手段进行了独家报道，一下便激起了读者的好奇心，赢得了读者的好感，从而使读者数量大幅攀升。

其次，《立报》并没有因为报道的成功而止步，而是利用读者的好奇心，紧抓不放，备述其事。比如，顾竹轩有无患精神病，法院传审新证人，顾竹轩的判决和上诉、吸毒和行贿等等。案情跌宕起伏，令人目不暇

① 保衡：《拿真凭实据报告新闻：一年来的采访工作》，载《立报》1936年9月20日第六版。

接。《立报》运用消息、本报特写等报道手法进行不厌其烦的报道，不断刺激读者的神经，使读者大快朵颐，欲罢不能，巩固了《立报》的销量和知名度。

最后，《立报》拥有很强的新闻敏感，相信一条牵涉帮会头目的社会新闻所具有的轰动性，但帮会势力强大，无恶不作，上海报纸都不敢报道；《立报》却无所畏惧，每审必报，即使受到威胁，也不停止，证明其不为外部势力所左右并非浮辞空言，树立了《立报》敢于碰硬的形象。

由此看来，一张“为大众福利而奋斗”的民间报纸，尽管动机纯正，意旨高远，但并不必然为读者所接受。报纸必须首先适应读者的阅读心理，让读者认识和亲近自己，这样才有机会达成自己的目标。《立报》显然深得个中三昧。

三、上海报界的反应

上海的大报和小报为《立报》的办报模式提供了参照，而当《立报》以独立于大报和小报的小型报样式进入上海报坛时，又“搅皱一池春水”，引起了上海报界的各种反应。

《晶报》创刊于1919年3月，是一家有十多年历史的小报，历来重视上海报业的品评和报道。《晶报》十分关注《立报》这份别具特色的报纸，对《立报》的筹备、创刊和运营等进行了较为及时和客观的报道。然而，作为一家在创办之初引发三日刊办报热潮，在20年代销量位居上海报纸前列的小报，《晶报》仍旧将娱乐消遣性内容奉为圭臬，被动应付小报的革新运动，静观《立报》的发展壮大。《立报》停刊后，《晶报》似乎醒悟过来。1938年1月，《晶报》将曾任《立报》总编辑的朱虚白延为主笔，仿照《立报》的版式进行变革，以求摆脱危局，但只学皮毛，无果而终。①

《社会日报》是一张新近出版的小型报，它虽然率先打破了《晶报》开创的三日刊期，但改革步伐十分保守，因而较少关注以“激进姿态”出现的《立报》，对《立报》颇多疑惑和误解。它对于《立报》除了副刊“还须注意电讯、通讯、评论等一切大报所取的材料”觉得“有点例外”，

---

① 参见李时新：《〈晶报〉对〈立报〉的模仿及其败因探究》，载《阅江学刊》2011年第3卷第1期。

甚至认为《立报》的评论“将捉取任何报纸的劣点而加以批判”[①]，以为《立报》仍是一张倚重副刊文字、靠打笔战吸引读者的小报——这正是《晶报》等旧式小报惯用的手法。

《社会日报》还对《立报》的办报理念提出异议。《立报》批评小报“专去搜集趣味的材料，迎合着社会的心理”，《社会日报》颇不以为然，反驳说，无论是过去的小报，还是现在的小报，都是注重趣味的，就是《立报》也在征稿条件中赫然刊着“有趣味的”四个字，认为《立报》自相矛盾。[②] 事实上，《立报》并不是一般地反对趣味，而是反对低级趣味，崇尚“最高尚之兴趣”。其副刊《点心》要求来稿符合“有意义的、有利益的、有趣味的”三个条件，其意即在此。《社会日报》还质疑《立报》“拿真凭实据报告新闻”，认为“太过火”。它说，并非任何报道都能“拿出凭据”，报纸刊登失实的新闻是不能避免的。其实，《立报》此说不过是极力强调新闻的真实性而已，与《社会日报》的理解完全不相及。看得出，《社会日报》多少有些吹毛求疵，这种心态可能来自两者对趣味性的不同理解和态度：《立报》向来反对小报的过度趣味化，而《社会日报》主张“趣味是小报构成的必要条件”。

30年代中期，《社会日报》主持人的思想发生转变，开始向《立报》看齐，通过向左翼作家约稿，其内容发生了很大变化，报务也日益发达。《社会日报》最终挤进了一流小报的行列，获得了很高的声誉。[③]

《世界晨报》是一家态度严肃、富于改革精神、想有所作为的小报。早期，它并没怎么看重同样想有所作为的《立报》。然而，当晚它四年行世的《立报》创立不久便声名鹊起时，它开始关注对方了。《世界晨报》对《立报》的报道并不多，主要包括赢利状况、与小报的关系、公益活动以及主编的个人生活等，但都是从负面角度切入，且不乏攻击和猜测。比如，“《立报》在本年九月二十日为一周年，闻净蚀二万五千元”[④]；《立报》发起“以一日贡献国家”是为亏损的营业打吗啡针[⑤]等等。《世界晨报》还对谢六逸的“隐私”津津乐道，说谢六逸被太太管束甚严，每天只

① 报人：《斗争中的小型新闻纸》，载《社会日报》1935年9月17日第四版。
② 灵犀：《我也谈小报》（下），载《社会日报》1935年9月30日第二版。
③ 祝均宙：《上海小报的历史沿革》（中），载《新闻研究资料》1988年第43期。
④ 《新闻界新闻》，载《世界晨报》1936年9月23日第二版。
⑤ 太公：《“一日运动”为〈立报〉登广告》，载《世界晨报》1936年10月28日第四版。

有四角小洋的乘车费；有一次，谢六逸不慎将钱遗失，只得向学生借取，讲明必须假以时日，才能凑齐奉还。[①] 但这只不过是无稽之谈。[②]《晶报》同样也对谢六逸进行过报道，但态度要严正得多，如“谢六逸先生，为文颇幽默”，“乃所写笔记，则曰《夹板斋随笔》，谢先生虽不言‘夹板斋’是何意思，但有人言做新闻记者，都要尝一尝夹板滋味”[③]，撷取谢六逸担任《言林》副刊主编的一些琐闻，语含诙谐，丝毫没有《世界晨报》的尖酸气息。

《世界晨报》之所以在报道《立报》时失态，还在于“同行嫉妒”的心态。[④] 这在另一则新闻《〈立报〉仇视吾同业》中暴露无遗。该新闻认为《立报》报道一些小报被人起诉是仇视和摧残同业的行为，还写道：“《立报》仇视同业，同业就不会仇视《立报》吗？真要拼一拼，说不定谁死在谁的手里呢？哼！”[⑤] 无意中流露出《世界晨报》不愿甘拜下风、要与《立报》一决高下的心理。

《立报》创办后，各小报反应不一，有的冷眼旁观，有的疑惑不解，有的心生妒意，但还是陆续有小报向《立报》的风格靠近，实现自我蜕变。而大报也感到了《立报》等小型报咄咄逼人的气势，但大报本身不能“小型化”，于是谋划创办小型报，以与之对垒。

反应最迅速的当属《晨报》。《晨报》筹划多时，决定创办《小晨报》，以“新闻趣味化，副刊大众化”为取材标准。[⑥] 当《晨报》得知《立报》将于1935年9月16日（后推迟为20日——笔者注）出刊时，为抢占先机，于12日出版《小晨报》。《小晨报》创刊后，便与《立报》展开了竞争。《小晨报》辟有《一日一电话》栏目，按日揭晓影人的电话号码。《立报》则创设《一日一星座》专栏，逐日公布影人的寓址。两报交

---

① 薇君：《谢六逸四角小洋》，载《世界晨报》1937年5月29日第三版。

② 夏仁麟是复旦大学新闻学系的学生，受教于谢六逸。后来，夏仁麟在《立报》与谢六逸共事。他回忆说，“此事系属无稽之谈”。参见夏仁麟：《忆谢六逸先生》，载《一般》1944年第2卷第2期。

③ 老拙：《报人琐事》，载《晶报》1936年3月29日第三版。

④ 有读者也说：“自从《立报》发刊以来，就曾引起了其他小型报的同行们的妒忌。这，自然是难于避免的，因为《立报》的出现，在各方面都曾给它们以直接或间接的打击。”参见任钧：《元旦谈〈立报〉》，载《晶报》1937年1月1日第二版。

⑤ 编者：《〈立报〉仇视吾同业》，载《世界晨报》1936年10月10日第四版。

⑥ 报人：《看了一张又一张　小报世界》，载《社会日报》1935年9月3日第四版。

锋，不相上下。然而，《小晨报》忽于某一天在《星座总揭幕》一表中将所有影人的住址全部公开，釜底抽薪，“使《立报》此后无复可刊”①。

《立报》等小型报创立不久，《申报》等大报职员也跃跃欲试，群议创立小型报，与之争锋；但报馆当局不为所动，迨报纸受到实际影响时，才计议应对之策。1935 年 9 月 27 日，《申报》经理马荫良往访《新闻报》经理汪伯奇，决定合创一家小型报，由两报编辑采访人员各司其职，力求内容精彩。“此种小型报不另售钱，一律长期赠阅，凡阅《新》《申》两报者，均可得一份。”② 此时，《中华日报》也正忙着筹备小型报。然而，几报的谋划最终都有始无终（《时报》则自始至终置身事外）。可以看出，几家大报经过几十年的经营，一方面获得了巨大的成功（主要是经济收益），另一方面又为既得的成功所束缚，既缺少创新精神和前瞻眼光，也缺少对新生事物敏锐的感知能力，安于现状。③ 同样都是大报，《申报》等报纸瞻前顾后，决策迟缓，议而无果，而新兴的《晨报》富于朝气，反应快速，敢闯敢试。可以说，正是因为几家大报行动保守，《立报》才减少了几个竞争对手，获得了迅猛发展的机会。

---

① 《两小型报竞争之热烈》，载《世界晨报》1935 年 11 月 17 日第四版。

② 报癖：《各大报纷纷谋创小型报》，载《铁报》1935 年 9 月 28 日第三版。

③ 谢六逸早在 20 世纪 30 年代初就不点名地对上海一家大报提出批评，这家报纸利润可观，心满意足，而对自身存在的问题视若无睹，视改革为畏途，唯恐得不偿失。参见郭箴一：《上海报纸改革论·谢序》，上海：复旦大学新闻学会，1931 年，第 12 页。

第二章 《立报》的内容特色

关于《立报》的内容特色，一位读者总结得颇为精辟，他说："《立报》是希望'人人看得懂'的，因此，无论时评、记载、文字都非常通俗，除了真正目不识丁的文盲以外，多数人都可以看得懂，一反其他各报之爱玩'新闻八股'，完全不为文化水准较低的读者层设想的态度。其次，则它的内容异常丰富而多精彩，凡是大报所有的国际、国内，以及本埠各种新闻，和适应于各种趣味不同的读者群的各种副刊（《言林》、《小茶馆》、《花果山》等），都莫不应有尽有，所谓'麻雀虽小，五脏俱全'，《立报》十足当之而无愧。复次，则编排的活泼，显豁，让读者一目了然，也是目前上海许多大报所难能，而《立报》却已经做到了的。"① 这是一位长期阅读上海报纸的读者，不然不会有如此深刻的感受，也不会将《立报》异于其他报纸的特色概括得如此准确、全面。报人赵君豪在《中国近代之报业》一书中专门用一节的篇幅讨论了小型报，也给予《立报》较高的评价："《立报》内容最使读者满意者，有隽永之短评，言简意赅，促人猛省；有副刊两种（即《言林》和《小茶馆》——笔者注），青年读者与普通读者并皆赞誉，以其能把握群众之心理也。就《立报》一般主张而言，颇能致力于民生问题，对于颓废、荒嬉、浪费诸风尚，抨击不遗余力，此诚值得吾人赞许者。"② 显然，《立报》对"报纸大众化"的办报方针和"精编主义"的编辑原则的切实贯彻造就了《立报》的内容特色。

---

① 任钧：《元旦谈〈立报〉》，载《立报》1937 年 1 月 1 日第三版。

② 赵君豪：《中国近代之报业》，上海：申报馆，1938 年，第 173 页。

第一节 《立报》的编辑阵容

一、《立报》编辑的延揽

《立报》实行的是社长负责制，编辑方针、业务活动和人事管理都由成舍我一人负责，各位股东也都能遵守约定，不加干涉，保证了成舍我工作的独立性。

成舍我，1898 年出生于南京，早年就学于安徽省湖南旅皖第四公学。1912 年开始向报纸投稿。1913 年任《民岩报》外勤记者，开始其新闻记者生涯。从此，以新闻事业为神圣使命，终生以之。1915 年进入奉天（沈阳）《健报》任副刊主编兼总校对。1916 年任上海《民国日报》要闻版和副刊主编。1918 年考入北京大学中文系，课余任北京《益世报》总编辑，并从事文学创作。1923 年任北京联合通讯社编辑。1924 年在北京创办了自己的第一份报纸——《世界晚报》，开始向报业管理者转型。1925 年又增出《世界日报》和《世界画报》，形成了三报同出的“世界报系”。1927 年在南京创办“大报小型”的《民生报》。1930 年至 1931 年赴欧美游历，考察欧美著名报纸。1932 年创建北平新闻专科学校，提出了“德智兼修，手脑并用”的校训，为自己培养和储备人才。1934 年《民生报》被封，次年赴上海创办《立报》。①

在二十多年的新闻生涯中，成舍我一方面形成并完善了“报纸大众化”的办报理念，并初步运用于《民生报》；另一方面积累了丰富的报业管理经验，成为一名“极有能力极合理想的编辑人”②。正因为此，成舍我得以慧眼识珠，为《立报》罗致了一批业务精湛、踏实肯干的编辑。成舍我延揽编辑，一是有长期合作的经历和相关的工作经验。《立报》的编辑

---

① 刘家林：《成舍我先生编年事辑》，载刘家林等：《成舍我新闻学术论集》（下），广州：暨南大学出版社，2012 年，第 225～248 页。

② 马之骕：《新闻界三老兵》，台北：经世书局，1986 年，第 227 页。

大多出自“世界报系”，比如张恨水自成舍我创办《世界晚报》时就担任副刊编辑，后来又兼编《世界日报》副刊，最终出任《立报》副刊《花果山》主编。其他如萨空了、吴秋尘等莫不如此。二是才识卓异，用其所长。如谢六逸早年留学日本，攻读东洋文学史，回国后在复旦大学中国文学科和新闻学系任教授，同时编辑文学研究会会刊，与上海文化界关系紧密。谢六逸既有深厚的文学和新闻学功底，又有广泛的社会关系，被委以新文艺副刊《言林》主编之职。又如，恽逸群本来编辑国际新闻，成舍我发现他颇具评论写作才华，就聘他兼任“评论记者”，不久又延为兼职主笔。[①] 三是唯才是用，不计前隙。如张友鸾本来任《民生报》总编辑，因与成舍我产生矛盾，辞职而去。后来，成舍我又邀请他担任《民生报》总编辑；不久因《民生报》揭露行政院官员的贪腐行为，导致成舍我系狱，报纸被封。尽管张友鸾与成舍我几次离合，但成舍我并未心存芥蒂，再度力邀他加入《立报》，畀以总编辑之职。

总之，成舍我“能知人、能容人、能用人”[②]，既看重其资历，也不忽视其名气。因此，经成舍我的延揽和组合，《立报》南北名家荟萃，“角色极为齐整”[③]。

张友鸾，1904 年出生于安徽安庆一个书香世家。1922 年考入北京平民大学新闻系。1924 年为邵飘萍的《京报》主编副刊《文学周刊》。1925 年进入《世界日报》，担任社会版编辑，次年升任总编辑。1927 年初接办《国民晚报》，就任社长；同年 2 月接编《世界日报》副刊；同年冬，应成舍我之邀赴南京创办《民生报》，担任总编辑。1929 年辞职，赴汉口《中山日报》工作，不久就任该报驻京办事处主任；同年底，出任南京《新民报》总编辑，后改任经理。1930 年出版古典文学研究专著《汤显祖及其〈牡丹亭〉》和小说《白门秋柳记》。1933 年创办《南京早报》，任社长。1934 年受成舍我之邀出任《民生报》总编辑。《民生报》被封之后，于次年创办《扶轮日报》。张友鸾才华出众，20 年代人称“平大三鸟”，30 年代又称“南京三张”，40 年代则称《新民报》“三张一赵”[④]，有“鬻轮老

---

① 顾雪雍：《奇才 奇闻 奇案——恽逸群传》，上海：上海人民出版社，1996 年，第 85 页。

② 马之骕：《新闻界三老兵》，台北：经世书局，1986 年，第 225 页。

③ 露轩：《〈立报〉人才集中出世》，载《晶报》1935 年 6 月 20 日第二版。

④ “平大三鸟”是指北京平民大学新闻系的张友鸾、左笑鸿和吴隼（秋尘）；“南京三张”为张恨水、张友鸾和人称“副刊圣手”的张慧剑；“三张一赵”即“南京三张”和赵超构。

手”之誉[1]。

萨空了，蒙古族人，笔名“了了”，1907 年出生于成都，自幼家道败落，刻苦自学。1925 年在任职之余向《京报副刊》和《语丝》等报刊投稿。1927 年兼任《北京晚报》副刊《霞光画报》编辑。从 20 世纪 30 年代初开始，担任《世界日报》和《世界画报》编辑、记者，同时在北平大学艺术学院讲授艺术理论，在北平平民学院、民国学院、北平新闻专科学校讲授新闻学。萨空了“对新闻工作有执着的热情，对创建新闻事业有充沛的精力”[2]。1935 年 11 月，受成舍我邀约，入《立报》主编副刊《小茶馆》。1936 年 9 月又任总编辑兼经理。萨空了理论功底扎实，后来出版专著《科学的新闻学概论》，内有一些对《立报》工作经验的总结。[3]

谢六逸，笔名“宏徒”、“宏”、“中牛”、“毅纯”等，1898 年出生于贵州贵阳，自幼受教于父母，勤奋好学。早年留学日本。1921 年参加北京的文学研究会。1922 年进上海商务印书馆编译所工作，与胡愈之、周建人、徐调孚同事；同年任上海文学研究会机关刊物《文学旬刊》主任编辑。1923 年经茅盾介绍入上海暨南大学讲授西洋文学史，同年由邵力子介绍担任上海大学教授。1924 年主编《儿童文学》月刊。1926 年入上海复旦大学中国文学科任教，创办《趣味》杂志。1928 年出版《文坛逸话》（文学研究会丛书），兼职主编《时报》副刊《小春秋》。1929 年又出版《日本文学》和《日本文学史》等多部著作；同年创办复旦大学新闻学系，任首届系主任，讲授实用新闻学、新闻学概论、通讯练习等课程，组织成立复旦大学新闻学会，出版新闻学书刊等；同年还出版《海外传说集》和《水沫集》等。1931 年出任中国公学文学院院长兼文学系主任，出版《茶话集》。1933 年任《申报》新闻函授学校教授，出版编选的《模范小说选》。谢六逸在文学、编辑学和新闻学等方面造诣深厚，“在知识界、文艺

---

① 西阶：《成舍我卷土重来》，载《晶报》1935 年 9 月 7 日第二版。

② 萨空了：《我与〈立报〉》，载祝均宙、萧斌如：《萨空了文集》，上海：上海科学技术出版社，2002 年，第 3 页。

③ 关于萨空了和朱虚白，上海报坛盛传一个笑谈：“《立报》的编辑有一位萨空了，有一位朱虚白，因此人家写信来，称为‘萨朱两编辑先生’，‘萨朱’音同于‘杀猪’，怪不好听的。但是又有人说，一个叫‘空了’，一个叫‘虚白’，所以《立报》上常常留出了许多‘空’‘白’。”参见莞尔：《报人小话》，载《晶报》1936 年 6 月 4 日第二版。

界、新闻界有一定的号召力，并和大学教授、专家们有广泛联系”①。

张恨水，1895 年出生于安徽潜山，1915 年即在汉口为小报馆撰稿。1919 年赴芜湖任《皖江报》总编辑，兼编副刊；同年入北京《益世报》任校对，专职为天津《益世报》写通讯，又为《申报》、《新闻报》撰稿，并兼任芜湖《工商日报》驻京记者。1924 年入《世界晚报》主编副刊《夜光》，次年兼编《世界日报》副刊《明珠》。1928 年，出任《朝报》总编辑。在此期间，发表了《春明外史》、《金粉世家》、《啼笑因缘》等脍炙人口的长篇小说，享誉文坛。

恽逸群，1905 年出生于江苏武进，少年时即接触报纸，关心国家大事。1926 年加入中国共产党，从事地下工作，后与党组织失去联系。1932 年，经友人介绍进入上海最大的民营通讯社——新声通讯社任编辑、记者。1934 年与人编辑《大美晚报》专刊《记者座谈》，开展报纸批评，发表新闻学研究文章。1934 年恢复党组织关系，参加地下情报系统工作。恽逸群博览群书，视野开阔，目光敏锐，善于观察和分析问题。

此外，还有徐迈进（本市新闻版编辑）、吴秋尘（《点心》副刊主编）、朱虚白（先后任《立报·晚刊》主编、《立报》总编辑）②、吴中一（《立报·晚刊》主编）、包天笑和张常人（先后任《花果山》副刊主编）等，都是一时之选。

二、《立报》编辑与“报纸大众化”

事实上，成舍我赏识这些报人是一回事，而他们能否认同并贯彻成舍我的办报理念则是另一回事。这关系到《立报》的基本立场和内容走向。

观念认同是非常重要的。以张友鸾为例，起初，成舍我约请张友鸾出任《立报》总编辑，张友鸾觉得《立报》“报人办报”的思路颇合他的理想，于是接受了邀请。《立报》创刊之初，因印刷质量欠佳，新闻又不出

---

① 舒宗侨：《谢六逸与〈立报·言林〉》，载陈江、陈庚初：《谢六逸文集》，北京：商务印书馆，1995 年，第 412 页。

② 朱虚白原在《立报》驻京办事处，1936 年 2 月《立报》拟创办晚刊，调他回沪治事（驻京一职由严服周继任），但晚刊因故推迟。3 月《立报·晚刊》创立，朱虚白担任编辑，不久改任日报总编辑（其接任者为褚保衡，继之为萨空了），由吴中一接任原职。参见露轩：《朱虚白主编〈立报〉》，载《晶报》1936 年 2 月 9 日第二版；西阶：《新闻界之新闻》，载《晶报》1936 年 5 月 27 日第二版。

色，销售不畅，报馆董事颇为不满，讽刺张友鸾将水灾报道发在头条，是因为《立报》拿了国民政府赈济委员会的钱，替它卖力宣传。张友鸾认为灾民的生命重于一切，应该着重报道，而董事们则认为这无济于报纸的销路。待《立报》跟踪报道“顾竹轩案”初获佳绩时，董事们又大加赞赏。张友鸾对此很不舒服，认为这一贬一褒两次评价反映董事和股东只讲赚钱，缺乏正义感，并非真正的“报人办报”，加上其他原因，两个月后便挂冠而去。① 看来，认识产生分歧，合作也难持久。

总的来说，各位编辑对“报纸大众化”的办报理念是认同的，并能在日常的业务工作中不断加深理解并予以落实。当成舍我邀请萨空了就任《立报》总编辑时，萨空了被《立报》“面向市民，要办得大众化”的特点所吸引，接受了成舍我的约请。② 在接编《点心》时，他觉得这个副刊离普通老百姓的实际生活还有相当的距离，于是对栏目进行改革，易名《小茶馆》，关注下层民众，“以浅显通俗的文字，写出些有益于他们的进步思想和应具常识”③。他还批评上海的报纸不够普及，文字深奥难懂。他甚至设想办一种报纸，识字的人可以把它当作教材，教给那些一般不看报、不常看报和不能看报的人，让他们了解时局，从而扩大报纸的覆盖面，发挥报纸最大的宣传效应。④ 这些想法都是与“报纸大众化”的理念一脉相承的。

谢六逸早在 1931 年就对报纸的公共性和“大众化”的办报方向进行了研究。他认为：“报纸不比别的事业，它是时代的前驱，又是一种民众的公共事业。一家报馆虽是少数的企业家创办的，但必须以民众的福利为依归。如果办报的人能够认识这一点，他们就应该引导社会向前走去，不该躲藏在‘环境’的后面，以求媚于少数的阅者。”谢六逸重申“新闻事业是公共的事业，应该大众化”，他说：“我向来是反对形式大而实质小的报纸，赞成形式小而实质大的报纸（但决不是上海的小报）。”⑤ 这实际上

---

① 至于其他原因，一是张友鸾厌恶上海的嘈杂，二是张友鸾因“顾竹轩案”报道接连几次遭到帮会的恐吓。参见张沄：《报坛驰骋三十年》，载《张友鸾纪念文集》，上海：文汇出版社，2000 年，第 245 页。

② 萨空了：《我与〈立报〉》，载祝均宙、萧斌如：《萨空了文集》，上海：上海科学技术出版社，2002 年，第 6 页。

③ 了了：《向“下”走的告白》，载《立报》1935 年 11 月 1 日第四版。

④ 萨空了：《抗战发动后的新闻界工作》，载《战时联合旬刊》1937 年第 1 期。

⑤ 谢六逸：《最近的感想》，载《文艺新闻》1931 年第 12 期。

指的是后来出现的像《立报》这样基于民众立场、旨在惠及广大民众的“小型报”。进入《立报》，谢六逸在《言林》发刊词和征稿启事中也一再强调“报纸大众化”的要求，说“我们的开场白只能花费阅者五秒钟”；“本栏公开，欢迎投稿，愈短愈妙”；“本刊是供给多数人看的，故文章以浅显为主”① 等等。

恽逸群21岁即加入了中国共产党，积极在家乡建立和发展党组织，进行共产主义宣传，他还组织学生进行社会调查，发动农民抗租减租，对劳苦大众有着很深的感情。他在为《记者道》一书作序时说：“一个正确的新闻纸，它要真正能做到为大众的耳目，为大众的喉舌，记载真实的、大众应该知道的事实，说大众要说的话。”② 这实质上包含了“报纸大众化”的内涵。恽逸群后来撰写的《新闻学讲话》对《立报》的办报方式有所论及，也体现了他大众本位的思想。③

像成舍我一样，《立报》的编辑大多来自社会底层，对劳苦大众有着天然的亲近感，在以后的新闻工作中又与他们多有接触，加深了这种情感（萨空了因之称他们为“苦人”或“苦朋友”）。这正是“报纸大众化”得以实施的思想基础。当然，我们也就能够理解那些流连都市繁华、出入花街柳巷的洋场才子为什么只能创办自娱娱人的小报，而不能创办为大众服务的新型报纸了，因为他们始终生活在一个狭小的文人圈，与广大社会是有隔膜的，也是格格不入的。

第二节 《立报》的新闻采访与编辑原则

一、《立报》的新闻采访

《立报》的新闻来源主要有三个：一是外出采访；二是订购通讯社稿

---

① 分别参见谢六逸：《开场白》，载《立报》1935年9月20日第二版；《欢迎投稿》，载《立报》1935年9月26日第二版；宏：《文墨余谈》，载《立报》1935年10月8日第二版。

② 恽逸群：《新闻界的联合战线——〈记者道〉序》，载陆炳炎：《恽逸群同志纪念文集》，上海：三联书店，2005年，第598页。

③ 李秀云：《中国新闻学术史（1834—1949）》，北京：新华出版社，2004年，第226页。

件；三是收听广播。《立报》全馆有五六十人，其中编辑部有十多人，包括总编辑、编辑、记者、练习生和报务员等。采访记者占编辑部人数的三分之一左右。他们每天上午九点左右到报馆，先浏览当天的中外报纸，比较自己的新闻与各报的优劣，做到心中有数，然后从中寻找新闻线索，随后开始采访。他们每天发稿，少则一两条，多则三五条。另外，也有不少工人、学生和职员主动给报馆打电话或到报馆提供新闻线索。[①]

本市新闻是《立报》的重头戏。成舍我对此特别重视，注意加强本市新闻的采访实力，具体指导记者拓展消息源，并且亲自指挥记者对重大事件的采访；如果发现记者遗漏了某一重要新闻或新闻质量低于他报，必定责成记者深入挖掘。[②] 他还要求每个记者准备一本工作日记，报告每天的工作情况，并贴上采写的稿件，每晚截稿前收回，由成舍我或总经理审阅，以督促记者的工作，提高其采访能力。

出于对新闻事业的热爱，各位记者敢闯敢拼，工作热情非常高，工作能力也特别强。如舒宗侨毕业于复旦大学新闻学系，主要负责政治和外事新闻采访。为了获得充足的外事新闻来源，他除了和一般读者交朋友外，还经常和外国领事馆、新闻通讯社、外国报纸的记者保持联系。他一般晚上十时以后才离馆回家，回家后倘若发现新闻，还要与编辑部联系。[③] 他先后参加了上海学生赴京请愿、“七君子”被捕等重大新闻的采访。“八·一三”抗战爆发后，舒宗侨获得战地通行证，成为一名战地记者，采访了许多战地新闻。

樊放，毕业于北平新闻专科学校，本来从事排字工作，后被选拔为外勤记者。他工作非常努力，每月采写二十多篇特写。舒宗侨赴京任职后，樊放接替他担任战地记者。[④] 1937 年 10 月“八百壮士”死守四行仓库时，他以童子军身份送去了两面巨幅国旗。

熊岳兰，毕业于复旦大学新闻学系，她虽然是一个女记者，却能应付

---

① 萨空了在副刊《小茶馆》中说：“本报对于各工厂中的问题报道最详，这就是靠了读者报告而来，我们派了记者到工厂中去采访消息，工厂附近，及在厂中工作的本报读者，同情本报的注意工厂情形，就自动的供给我们消息，这种消息不但迅速，而且翔实。”参见了了：《希望读者报告新闻》，载《立报》1936 年 9 月 26 日第三版。

② 张常人：《成舍我创办上海〈立报〉的前前后后》，载文昊：《他们是怎样办报的》，北京：中国文史出版社，2005 年，第 109 页。

③ 舒宗侨：《〈立报〉采访生活回忆》，载《新闻记者》1987 年第 3 期。

④ 《记战地记者（九）：樊放》，载《东方日报》1938 年 1 月 4 日第三版。

各种复杂的场面。为了了解向导员的遭遇，她加入了一个向导社，体验向导员的生活。她工作非常勤奋，擅长报道妇女团体的活动。[①]

另外还有钱台生、于友、张常人等，他们都采写了不少精彩的本市新闻和战事新闻。

尽管《立报》并没有像它所宣称的“特派员遍布全世界”，但在南京、北平、广州等重要城市都派驻有特派员或特约记者。北平是日本侵华期间新闻集中的地区，南京是国民政府所在地，一旦发生重要新闻，记者就通过长途电话或电报向报馆报告。[②] 另外，《立报》还与北平“世界报系”密切合作，互通有无，编织了一个灵敏的新闻网。

《立报》的消息非常灵通，还因为它设立了一个收报电台。收报电台的收报员勤勉耐劳，极为负责。他常常昼夜不停地收听无线电电报或广播，无讯可收或睡觉时，也戴着耳机，一听到呼号就立即收听。所以，《立报》经常能够获得极为重要的新闻，而且电讯特别多。[③] 另外，《立报》还向各大国际通讯社订购稿件，不遗漏任何重大新闻。

《立报》的报道成绩斐然可观。1935 年 9 月 24 日，《立报》在第一版报道了一条独家新闻《最高法院已裁定　杜重远案准上诉　杜太太具状请准杜交保　杜在押甚安适》。因《新生》周刊刊登《闲话皇帝》一文，主编杜重远被法院判处一年零两个月徒刑，杜重远提出上诉，经南京最高法院裁定准许上诉。《立报》在创刊第五天就刊发一条独家新闻，令各大报大惊失色，认为这是自己采访上的一次“重大失败”。《新闻报》和《申报》还特地召开采访会议，讨论今后如何提高报道水平。[④]《立报》周年纪念时，采访部总结道：“这一年，因为外勤同人的活跃，以及同情者的帮助，我们曾经报告了不少很珍贵的新闻。”[⑤] 并胪列了二十七条独家新闻，平均每月达两条之多。

---

① 《记战地记者（十）：熊岳兰》，载《东方日报》1938 年 1 月 5 日第三版。

② 舒宗侨：《〈立报〉采访生活回忆》，载《新闻记者》1987 年第 3 期。比如，1937 年 9 月，北平沦陷，《世界日报》被查，《立报》于 12 日收到消息，便于次日在第一版报道《成舍我已脱险抵京》。该消息称：“南京十二日电　北平《世界日报》社长成舍我，拒就伪北平地方维持会委员，并将该报自动停刊，为日寇所嫉恨，该报全部财产，已被查抄没收。成已于十日脱险抵京。”

③ 郑逸梅：《书报话旧》，上海：学林出版社，1983 年，第 264 页。

④ 《杜重远上诉裁定案　两报开采访会议　〈立报〉独家揭载　引起〈申〉〈新〉两报注意　新闻界竞争之尖锐化》，载《铁报》1935 年 9 月 26 日第一版。

⑤ 保衡：《拿真凭实据报告新闻：一年来的采访工作》，载《立报》1936 年 9 月 20 日第六版。

二、《立报》的“精编主义”

《立报》的编辑原则，总括言之，就是“精编主义”，这正是“报纸大众化”在编辑方面的具体体现。较早探讨“精编主义”的是《时事新报》记者周孝庵。他认为“精编主义”产生于报纸版面有限而新闻过多的矛盾：“时代愈进化，社会组织愈复杂，则发生事件愈多，而报纸上之‘新闻地位’乃愈可宝贵，新闻记载当愈求经济。”“精编主义”，一言蔽之，就是“不贵量而贵质”，“凡质之良者，取精用宏，不厌其多，质之不良者，则毅然割弃，宁缺毋滥”。周孝庵认为，“精编主义”有两种实施方法：一是以新闻价值为标准，苟有价值，应详为登载，否则，绝对不应刊载；二是编辑者一面应注意新闻中之“毒素”（即“利用报纸以达其私图者”），一面应搜集适当之材料。① 上海最早施行“精编主义”的是在新闻业务改革中素负盛名的《时事新报》，其取材完全以新闻价值为断，其《简报》专栏乃是通过裁剪不太重要的本埠新闻集录而成，每条新闻只有三十余字，尤有特色。风声所树，竞求精进。不久，《民国日报》也开设了《简报》专栏。

1932 年，成舍我也阐发了他对“精编主义”的观点。他认为，中国报纸的篇幅太多，由于进口纸张昂贵，每售出一份就亏折一份，而补偿报价的广告费又很微薄，只能靠降低员工薪俸、新闻费等来赢利。为减少报价亏损，一些报馆竟然拒绝增加销量。由此，成舍我主张“就数量而言，（报纸的篇幅）由多而少；就体积而言，（报纸）由大而小”。具体言之，就是“将广告价值提高，大广告改小广告，将那些不相干、无意义的新闻、琐谈，尽力删减”，新闻的选择“力取‘精编主义’，量减而质增”。这样，报纸篇幅缩小了，报价自可减低，一般民众也就能够购买了。②

综上所述，尽管成舍我与周孝庵立论的角度不同，一个着眼于报纸的普及，另一个着眼于报纸篇幅的节省，但他们对“精编主义”的理解并无多大差异。如此看来，“精编主义”已然成为报人的自觉意识，成为一种

---

① 周孝庵：《最新实验新闻学》，上海：时事新报馆，1930 年，第 277 页。

② 成舍我：《中国报纸之将来》，载《世界日报》1932 年 5 月 9 日第七版，转引自刘家林等：《成舍我新闻学术论集》（上），广州：暨南大学出版社，2012 年，第 40 页。

日益被认可的编辑理念。相形之下，成舍我的“精编主义”是基于报纸远离广大民众而提出的应对之策，因而具有更广泛的社会意义。

《立报》创刊之后，成舍我的“精编主义”理念理所当然地成为《立报》编辑的指导原则。褚保衡是萨空了的前任总编辑，他说：“因为（《立报》）篇幅少，必须采精编主义，对这一点成社长要求很严格。做编辑的必须把通讯社的稿子，重新缩写。成社长下令，排字房可拒排油印稿，任何编辑发排的稿子，必须是用手写过的。”①

概而言之，“精编主义”包括两个方面：

一为“短小”。缩减篇幅，“每一篇文章每一条新闻，最好都不超过五百字。举凡一般大报所刊载冗长而又沉闷，特别是我们中国若干要人们又长又臭不知所云的演说，是绝对不容许在小型报内全文照登”②。

二为“精悍”。重点突出，当短则短，当长则长，简洁明快；它不是大报的“摘要”（将新闻压缩成“目录似的短条”），而是大报的“精华”（“不多几句然而警明扼要的记载”）③。

以国际新闻报道为例。全国几家大报的国际新闻版最多的有两版，最少的也有半版。这些报纸只是消极地编排新闻，既不关心读者是否愿意接受，能否消化，也不考虑如何激发读者的阅读兴趣，提供正确的国际知识，因此内容大多重复芜杂。④ 但《立报》却反其道而行之，对所有通讯社来稿，根据报纸立场和读者需要，审慎取舍，小心归并，务使中心突出，事实完整，文字简洁。比如，《立报》常常在一个标题下编写多条新闻。这些新闻少则只有二三十字，多则不过一百字，文字干净，言简意赅。如1936年9月29日第一版二条的多行标题“声明避免扩大　意愿意与英国谈判　国联不宣告闭会　随时开大会”就安排了两条新闻，总共仅一百六十多字。

【日内瓦廿八日电】本届国联大会廿八日最后会议决定：因意阿形势紧急，不宣告闭会，暂告休会，必要时随时继续举行大会。

---

① 马之骕：《新闻界三老兵》，台北：经世书局，1986年，第229页。

② 成舍我：《从上海到香港——想起十年前手创的〈立报〉》（上），载《新闻天地》1952年总第228期。

③ 玄珠：《小型报的性质》，载《立报》1936年1月8日第二版。

④ 舒宗侨：《改善国际新闻编辑之我见》，载《报学季刊》1935年第1卷第4期。

【罗马廿八日电】意内阁廿八日会议，决定应付国际局势方法：（一）在国联会未用制裁以前，意不退出国联；（二）意政府再郑重声明，并无不利于英国的计划，仍准备和英国进行谈判，缔结协定；（三）避免足以扩大意阿争端范围的步骤。

其他新闻也多采用这种编排方法。

总之，“精编主义”就是力求在尽可能小的篇幅中容纳更多、更重要的内容。因此，萨空了为编辑部确立了一个目标，这就是要让读者“读过《立报》即可不读《申报》，但读过《申报》仍愿再读《立报》”①。

第三节 《立报》的内容特色

一、评论

评论是报纸对新近发生的事件、社会问题或思想倾向发表意见的文章。《立报》非常重视评论工作，不仅同时开辟三个评论专栏，而且同时刊发多篇评论。这三个评论专栏各有侧重，风格各异。一是冠以“评论”之名的评论专栏，置于第一版第一栏，每天有两至三篇评论，配合当天报道的新闻发言；二是小记者②的评论专栏，设在《小茶馆》内，三言两语，针对时局，有感而发；三是了了的《点心》评论专栏，同样设在《小茶馆》内，就读者来信提出的问题发表个人看法。三个专栏文章简短，平易可亲，语言浅近，颇受读者好评。

---

① 张佛千：《追思成舍我先生》，载《传记文学》1997年第73卷第2期。

② 小记者即《立报》发起人及总经理严谔声，“小记者”是其笔名。严谔声，1898年出生于浙江海宁，字文泉，早年即进入新闻界。20世纪20年代在《时事新报》主编副刊《学灯》。30年代起任《新闻报》副刊《茶话》编辑，以“小记者”为笔名发表文章，在社会上有一定的影响力。

(一)《评论》专栏[①]

从形式上看，《立报》的《评论》专栏分为两个时期，即多篇评论时期和单篇评论时期。从创刊始，《立报》就辟有此专栏，但自1936年7月下旬至8月，《立报》在一个多月的时间里只刊登了一两次评论。究其原因，在于当时中国西南局势紧张，新闻特别多，写好的评论每每无法在第一栏刊出，如果强行刊入，又要挤掉其他紧要新闻，因此时断时续。在读者的关切下，《立报》从1936年9月1日起恢复评论，但减为每日一篇(偶尔两篇)，篇幅与原来的专栏评论相当，改在第二版刊出。

《立报》的评论很少署名，因此很难判定初期评论作者的身份，但可以肯定的是，至少从1936年9月1日以后，《立报》的评论工作乃由恽逸群独力担当（参见第四章)。据有关资料，此前，恽逸群在晚间编完稿后，常常根据当天重要的国际新闻撰写一些评论文章，报纸在截稿付印前的这段时间十分短促，但他胸有成竹，稍一构思，执笔挥洒立就。这些“急就章”不仅写得快，而且文笔犀利，评论精辟，成舍我于是聘请他兼职评论工作。[②]

《立报》的《评论》专栏第一时期存续了近一年的时间，根据测算，总共发表了七百多篇评论，其中最短者只有五六十字，最长者不过四百字，总计有十五万字左右。评论涉及的范围非常广泛，举凡国际问题、国内形势、社会问题、个人品性等，“宇宙之大，苍蝇之微”，都成为评说的话题。

从表现形式看，这一时期的评论具有如下特点：

(1) 力求依托新闻报道，有感而发，点到为止，不作过多的阐释和延伸，留给读者思考的空间。如《何不早说》:“孙科说国联与中国无关，因此理事一席，得失均不足较，这真是极有见地的话。就可惜为什么不在中国朝野都宣传竞选的时候发表?”[③] 这一评论惜墨如金，只有短短五十三个字，却直指立法院院长孙科心口不一，前后矛盾，对竞选失败缺少反思。

(2) 为了吸引读者的注意力，也为了照顾中下层读者的文化程度和认

---

① 参见李时新:《对上海〈立报〉专栏评论的分析》，载《新闻界》2012年第9期。

② 顾雪雍:《奇才 奇闻 奇案——恽逸群传》，上海:上海人民出版社，1996年，第85页。

③ 《何不早说》，载《立报》1935年9月22日第一版。

识水平，评论尽可能多用口语，避免引经据典，读之浅显易懂，亲切自然。例如，批评政府对华北日军的行动反应迟钝，说："人家一步比一步紧的逼上来，我们难道就老是节节败退么？如果不想亡国，这种应付方式，是非换一换不可了啊！"① 明白如话，真正做到了"只要略识几百字，你准看得懂"。

（3）《立报》的评论每期两至三篇，为了体现专栏的整体性，尽管各篇内容并无紧密联系，但编辑在制作标题时字斟句酌，特别讲究字句的对称，既传递思想，也体现美感。如1935年9月27日的三个评论标题"真假新闻"、"中国理事"与"传统思想"，四字一组，结构相同，均采用偏正结构；10月1日的两个标题"林白离婚"与"集团结婚"，语句对仗，内容对照。

《立报》的言论方针是"对外争取国家独立，驱除敌寇；对内督促政治民主，严惩贪污"，"凭良心说话"。从内容上看，《立报》的专栏评论切切实实地体现了这一点。

（1）围绕现实需要立论，宣传"抗战救国"和"精诚团结"的政治主张。20世纪30年代，日本在中国制造了一连串的事端，加紧了对中国的侵略，中国的民族危机日益深重。面对残酷的现实，《立报》从该报所报道的国内外新闻事件中寻找合适的角度，联系中国的社会现实，借题发挥，激发民众的爱国热情。如《强制制裁》：

> 国联因意阿事件而有强硬制裁侵略准备，虽说另有背景，然而不能说与阿国的抵抗没有关系。假如真实行了，而且中国也没点好处，中国该惭愧死了。②

意大利欲侵占东非国家阿比尼西亚（今埃塞俄比亚），拒绝国联调解，国联拟对意大利作出制裁的决定。国联盟约有一条规定：如果国联的某一成员国违背自己的国际义务而采取战争行动，其他会员国有权对侵略的国家实行经济和军事制裁。倘若执行了制裁，中国问题也就获得解决的契机。因为各国既然不允许意大利侵占阿比尼西亚，那么当然也不能允许日

---

① 《步步紧逼》，载《立报》1936年1月10日第一版。

② 《强制制裁》，载《立报》1935年9月23日第一版。

本侵占中国，必须保障中国的领土完整。评论说“假如真实行了，而且中国也没点好处，中国该惭愧死了”，实际上是在提醒政府，中国在国际交往中常常不能有效地维护自己的权益，如果现在真有这样的时机，一定要好好把握，不然无法向国人交代。评论言辞洗练，意蕴深厚。

又如《勿再散伙》对国民党各中委齐聚南京，商讨国家大事，表示由衷的赞扬，强调“国际间的风云日紧，中国又特别有强邻虎视在侧”，希望各位委员“真能团结不散，放下各个人的成见，共同来为国家作点事”[①]（见图2-1），恳切之情溢于言表。此外，还有斥责卖国行为的《是何心肝》[②] 等等。

LIH PAO

立報

每人皆認識本身對於國家的責

馮及西南中委

六中全會

上午謁陵後 下午休息

馮玉祥昨離泰南來

西南中委昨晚赴京

蔣作賓

意軍進攻

图2-1 《立报》1935年11月1日第一版评论《勿再散伙》和《努力图存》

（2）揭开日本伪善的面具，让读者认清其贪婪狡诈的本性。日本一面对中国发动侵略，妄想占领整个中国，一面又不断谋划各种活动，制造舆论，混淆视听。《立报》必须给予揭露，但又要应对国民党的新闻检查，为了不使稿件遭到删削或扣压，《立报》尽量使用一些曲折隐晦的表达手法，通过字里行间传递的意义来揭穿日本帝国主义的虚伪性。例如评论

① 《勿再散伙》，载《立报》1935年11月1日第一版。

② 《是何心肝》，载《立报》1935年12月3日第一版。

《新政策》：

> 日本对华政策，或是纸面上，或是口头上，常常有所发表。最近又将有新的政策来了。据日人消息，似乎这新政策，依然与旧政策一般的于中国“有利”。不过日本觉得最近过于“静观”，“静观”不好，不能和中国“提携”，因之要“积极”一下。中国对于日本之“提携”，不能说不欢迎，而且向来是积极的欢迎。如今日本一积极，倒怕的中国或者要“静观”了。①

1935年9月，日本宣布要对中国施行“抛静观态度，取积极方针”的政策，为了掩人耳目，再次弹起了新政策“有利”于中国的论调。其实所谓“积极”不过是日本觉得侵略的步伐太慢，要加快速度，而所谓“提携”只是以提携之名行扩张之实。评论告诫政府对日本的伎俩要针锋相对，而不是迎合或被动应付。整篇评论语含嘲讽，旁敲侧击，绵里藏针。

1935年3月20日，日本朝日新闻社访问机抵达南京，谒陵后分谒各机关长官并出席新闻界欢迎宴会。22日又访问上海，并携来东京市长和大阪市长致上海市长及市民问候书，以及朝日新闻社社长致上海日报公会书。同年9月16日，朝鲜日文《京城日报》、朝鲜文《每日申报》和英文《全罗日报》三报派员经过中国多个城市于25日抵沪进行访问。评论《亲善》认为，日本和朝鲜报馆派飞机访华，不过是以表面的善意掩盖其险恶的用心，以此迷惑一部分人，一针见血地指出：“如果我们的芳邻真觉到中日有真正亲善的必要，我们就很希望，能更进一步，将过去不能真正亲善的原因，设法排除。”② 讽刺这些行动不过是日本自欺欺人的表演。

（3）监督政府，关注民生，提高社会的文明程度。监督政府、为民喉舌是《立报》对报纸功能的认知。对于国民政府的内政外交政策，《立报》毫无保留地发表自己的看法和主张，是其所是，非其所非，坦诚评说，不挟私见；对于民间疾苦，则大声呼吁，希求引起政府和社会的重视；至于一些民众的不法行为和不良习气，则予以鞭挞或劝导，促使其改过自新。比如评论《惩治贪污问题》：

---

① 《新政策》，载《立报》1935年9月29日第一版。

② 《亲善》，载《立报》1935年9月25日第一版。

高级地方行政人员会议今天在南京开幕了。此会的目的在改善地方行政，这的确是中国目前一件很要紧的工作。我们除了希望在（这）个会议后，地方行政真能有改进外，更希望参加这个会议的人能切实注意惩治贪污问题。

中国民众最感痛苦的就是地方行政官的贪污，如果没有方法惩治，民众就没有能见天日的一天。

现在的惩治贪污，像今日本报载的浙崇德县长得贿纵匪，只得免职停用二年处分，天台县长纵匪烧杀，滥押滥罚，只降三级改叙，实在不能不说是太轻了一些。

得贿纵匪殃民，至少是叫一家人吃了很大的苦，县长为此只不过丢官，其余县长当然不惜得贿纵匪了，所以我们以为惩贪污是最要紧的事![①]

评论批评政府惩治贪污软弱无力，指出这正是腐败层出不穷的原因，希望政府切实注意。当然，如果《立报》认为政府有了好的表现，也会毫不迟疑地给予表扬和鼓励。1935 年 12 月 23 日，上海学生为了响应“一二·九”运动准备赴京请愿，上海市政府下令警察放下警械，劝说学生返校。国民政府行政院院长也给上海学生发来电报，说他“将以学生之心为心”，令各校校长与学生代表次年 1 月晋京，听取政府的政策并贡献意见。《立报》指出“这都可以证明现在的政府，是比以前的政府进步了。他们已肯尊重学生的意见，已不把学生的爱国行动视为仇敌”，对政府大加赞赏，并期望政府“更扩大重视民众意见的精神，处处都以民意为依归”[②]。

《立报》还对许多社会问题、民生问题提出了自己的意见。如评论《训练流浪儿童》：

记得从前有一部苏联影片《生路》，描写他们训练流浪儿童的情形，把那些恶劣不堪造就的孩子，都变成了对国家有益的份子。这种训练流浪儿童的工作，在目前的中国，的确也很需要。就拿上海来说罢，街道上几乎到处都可以看见没有人管束的坏孩子，不，他们也有管束的人，那就是那些无赖和匪贼。他们对这班孩子们，授以鸡鸣狗盗的技术，让孩子们去

① 《惩治贪污腐败》，载《立报》1936 年 5 月 10 日第一版。

② 《重视民意》，载《立报》1935 年 12 月 24 日第一版。

干小偷的工作，而他们却坐享其利。像今天报上所刊的，闸北一带，就发现了不少这类的事情。所以训练流浪儿童的工作，目前实是一件急务。否则专让匪党来训练，将来这班孩子长大起来，中国前途还堪设想么？①

评论认为儿童的培养关系到国家的前途，呼吁社会关心流浪儿童的成长。其他还有《工商业的出路》，一方面吁请政府采取有效措施，迅速处置裁员、停业和罢工问题，另一方面则提醒经营者要改善经营方式，勿转嫁危机。②《破获偷电》劝告偷电者管束自己的行为，不然会受到法律和道德上的双重损失。③

此外，对于一些社会风尚，《立报》也表达了自己的看法。比如，《集团结婚》认为集团（集体）婚礼是一种新事物，意义重大，值得提倡，“这样既可以减少薪给阶级的支出，宝贵的时间不至浪费”④。

（二）小记者的评论专栏

小记者在《立报》担任总经理的同时，还在《新闻报》编辑《茶话》副刊，经常为《茶话》写一些时事小评论。可以说，小记者的评论专栏就是由这些小评论脱胎而来的。评论专栏呈长方形，中间划上若干直线，再排上文字，围以花线，由于编排新颖，在整个版面中非常抢眼。小记者每日撰写一篇小评论，虽然也有一些闲笔，但主要围绕时局特别是抗战主题发表自己的一些感触或看法。从表现形式上看，这些评论具有如下特点：

（1）结构简单，往往开门见山，直入主题，而且常常采用隐晦曲折的表达手法，需要读者结合时局背景去理解或想象。如评论《赌》：

赌，当然是件不该提倡的事。

但是，规律严明，却又无过于赌。说几圈是几圈，三副落地要赔就赔，五百和辣子，多一和不算，东西南北扳了座位，一牌和下照数给钱，一切的一切，都得遵守法规。

---

① 《训练流浪儿童》，载《立报》1936 年 5 月 10 日第一版。
② 《工商业的出路》，载《立报》1935 年 9 月 21 日第一版。
③ 《破获偷电》，载《立报》1935 年 9 月 23 日第一版。
④ 《集团结婚》，载《立报》1935 年 10 月 1 日第一版。

像南京白菜园的大赌案，检察官只对赌头一人提起公诉，我想那位赌头，一定会挺身而出，决不诿避责任的，这也是“大政治家负责的风度”。①

评论没有交代论述的由头，也没有指明这个政治家姓甚名谁，但显然是在批评某位政治人物缺乏担当精神。这个政治家到底是谁，只能靠读者（也包括这位政治家）自己去意会（或对号入座）了。

（2）出于对现实政治的不满和为着激发国民的抗战精神，评论大多出以嘲讽的笔调。如《掩目》辛辣地讽刺了国民党的新闻统制政策，认为它注定要以失败告终：

一手不能掩尽天下目，但一手却可以掩好自己的目。

因为，掩好自己的目，自己看不见，就以为天下都看不见，这未免成为笑话。

即使进一步，把天下的人，都训练得十分齐整，服从号令，一声“掩目”，就能一个个都把他们自己的目掩了起来。可是，不幸的很，他们还有个“会思想的心”。②

（3）评论有时对文字或语句进行拆解或组合，通过表面的文字游戏激发读者思考其中的深意，增强评论的表达力。如评论《国庆》：

（一）

国犹是也！庆于何有？

（二）

国犹是也？庆于何有！

（注：“也”通作“耶”）

（三）

庆犹是也！国于何有？③

1935年10月10日，按照惯例，全国又要举行规模盛大的庆祝国庆的

① 小记者：《赌》，载《立报》1935年9月29日第四版。

② 小记者：《掩目》，载《立报》1936年6月25日第三版。

③ 小记者：《国庆》，载《立报》1935年10月10日第四版。

活动，但评论认为，国家如此衰败，庆祝又有何意义呢？

另一篇评论《国庆》则通过对“国”字的繁体的拆解解读，激励民众奋起保卫自己的国土：“我们看，‘國’字的机构（结构），是‘一’代表土地，‘口’代表民众，‘戈’代表武力；它的重要意义，是：维护领土的，才能配称为‘国家’。所以，光有土地，不是国家；光有民众，也不是国家；光有武力，也不是国家；必须三样东西连系起来，才是‘国家’。”①

总体看来，专栏评论主要涉及四个方面的内容：

（1）批评国民政府对日一味妥协退让，告诫政府只有强硬对敌才能制敌。如评论《懦怯》（见图2－2）：

有人说：打牌的时候，越怕输钱，越会输钱。

有人说：打仗的时候，越怕死，越会死。

所以，越怕事，越会发生事变。假定，你大着胆，准备应付事变，事变倒未必就发生。

这是一句名言：“懦怯就是罪恶。”②

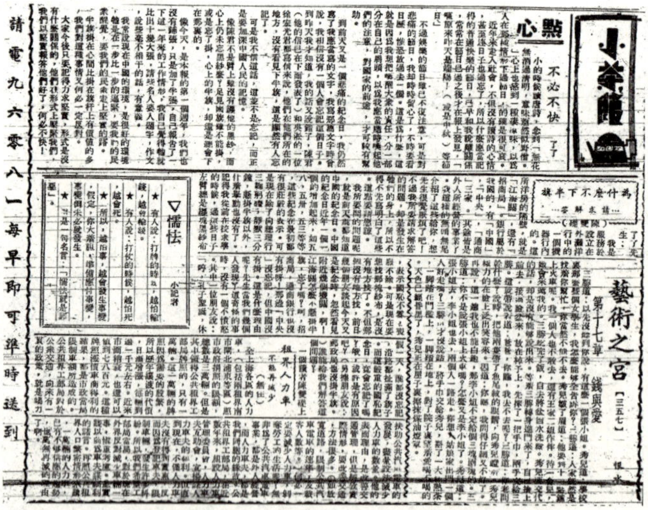

小茶館

點心

不必不快　了了

為什麼不下半旗

藝術之宮　第十七章　錢與愛

請電九六零八一每早即可準時送到

▽懦怯　小記者

★有人說：打牌的時候，越怕輸錢，越會輸錢。

★有人說：打仗的時候，越怕死，越會死。

★所以，越怕事，越會發生事變。假定，你大着膽，準備應付事變，事變倒未必就發生。

★這是一句名言：「懦怯就是罪惡」。

图2－2　《立报》1936年9月20日第三版下半版《小茶馆》小评论《懦怯》

① 小记者：《国庆》，载《立报》1937年10月10日第四版。

② 小记者：《懦怯》，载《立报》1936年9月20日第三版。

此外，像《对外强硬》表面上是讲希特勒如何受到群众的欢迎，实质上是暗示国民政府，只有对外强硬，才能实现国内的统一。[①]

（2）揭露政府官员热衷派系斗争，贪生怕死，腐化堕落。如评论《合作难》：

瑜亮并生，二雄济美，这原是一件极不容易实现的事。

试看，梅兰芳到四川，程砚秋就不愿去；捧梅兰芳的人也不是捧程砚秋的人。

官场如戏场，合作之难如此！[②]

再如《成败之键》一文怒斥政府高级官员不能善尽职守，致使政治昏暗，国土沦丧。[③]

（3）揭穿日本贪婪、奸诈、凶残的本质，呼吁人们要有清醒的认识。如评论《新认识》：

“将欲歙之，必固张之；将欲取之，必固与之”，这是一个千古不易的政治手腕。

所以为了应付一种环境，不得不暂时表示一下“客气”，可是，接着这“客气”的，依然是十足的“不客气”。

人们对已经占有的东西，决不肯任意归还的；人们对于正想继续抢劫的东西，也决不肯任意放弃的。历史上的事实，尽够昭示给我们，这是我们该有的“新认识”，——其实，这也并不是“新认识”。[④]

该文暗示日本的暂时让步只是为了满足更大的贪欲，东北三省和华北被陆续侵占就是最好的例证。此外，还有《文化》讽刺日本竟然借开设日本文化馆之名企图攫取开矿权，掠夺中国的资源。[⑤]

（4）讥讽国民苟且偷生，目光短浅，缺乏为国牺牲的精神。如评论

---

① 小记者：《对外强硬》，载《立报》1936年3月10日第四版。

② 小记者：《合作难》，载《立报》1936年3月16日第三版。

③ 小记者：《成败之键》，载《立报》1935年12月3日第四版。

④ 小记者：《新认识》，载《立报》1937年6月28日第六版。

⑤ 小记者：《文化》，载《立报》1936年4月17日第三版。

《隔夜小评》：

美富翁在罗马旅馆阳台上，大呼“阿国万岁”。这实在太戆了，现在被意国驱逐出境。我倒想建议叫这位富翁到中国来考察考察，学些中国富翁喊“花国总统万岁”和“东方标准美人万岁”的本领。①

阿比尼西亚遭到意大利的侵略，美国一位富有正义感的富翁高呼“阿国万岁”，以示对阿比尼西亚的支持。评论讥刺中国的富翁即便自己的国家遭到外族的蹂躏仍旧花天酒地，醉生梦死，与美国富翁相比，何止霄壤？再如《以待来年》讽刺中国人做事没有目标和责任心：

国联行政院将中国请求获得非常任理事案，交给委员会审查，无形中就把这件事搁置一年。

“时间，是解决问题的唯一钥匙”。有的是水到渠成，有的是事过境迁，何况中国人的记忆力只有五分钟。一年又有不知多少五分钟在内，任你怎样记忆力强，到了那时，也会模糊起来的。

也有人说：国联会将本案延搁一年，也许是好意。如果中国人大家争气，拿点颜色出来看看，非但常任理事如愿以偿，再大一点的问题也可以解决了。②

读者很喜欢小记者的小评论，认为这些小评论“尖锐”、“警辟”，就像五香豆腐干一样，“又香，又甜，又酸，又辣，五味齐全”③。“八·一三”抗战爆发后，小记者一改往日沉郁、嘲弄的笔调，情绪激昂地号召民众恪尽职守，努力做好长期抗战的准备。④“双十节”来临，小记者犹觉扬眉吐气，说“中华民国在今年，才显示了她的国格，才负起了国家的神圣任务。这，真值得庆祝！”高呼“抵抗到底！中华民国万岁！”⑤ 欣喜之情

① 小记者：《隔夜小评》，载《立报》1935年10月3日第四版。

② 小记者：《以待来年》，载《立报》1935年9月26日第四版。

③ 一桌茶客：《论两年来的〈小茶馆〉：七个人座谈的结果》，载《立报》1937年9月20日第四版。

④ 小记者：《不能断塞》，载《立报》1937年9月27日第四版。

⑤ 小记者：《国庆》，载《立报》1937年10月10日第四版。

跃然纸上，富有感染力。

总之，《立报》的评论虽然各有其风格和视角，但都以民间立场为出发点，以服务抗战（也包括国家建设、国民精神的培育、民众利益的维护等诸多方面）为宗旨来立论。它不是遇礁则避，而是直陈其事；当遭到政府的检扣时，就大“开天窗”，以示抗议。① 因此，有读者说，自从上海几家大报受到政府的打压，都噤若寒蝉时，《立报》却声称“凭良心说话”，直抒己见，“确实没有自食其言，敢说话是它的评论的特征”②。

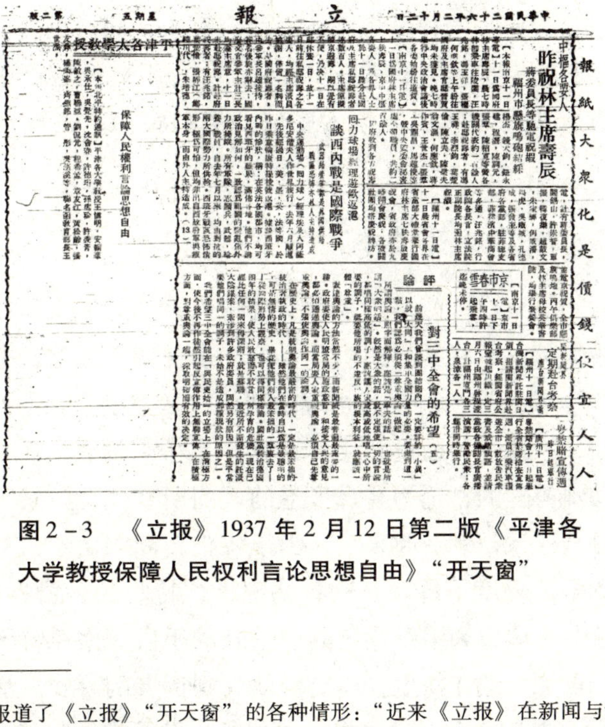
中華民國二十六年二月十二日 立報 星期五 第二版

平津各大學教授 保障人民權利言論思想自由

報紙大衆化是價錢便宜人人……

中樞各要人 昨祝林主席壽辰 蔣委員長等馳電祝嘏 福州市懸旗鳴砲結綵

回力球場經理遊歐返滬 談西內戰是國際戰爭

評論 對三中全會的希望

京市春雪

定期赴台考察

图 2-3 《立报》1937 年 2 月 12 日第二版《平津各大学教授保障人民权利言论思想自由》“开天窗”

① 有报纸报道了《立报》“开天窗”的各种情形：“近来《立报》在新闻与评论中，也常见有开天窗之举，但其天窗有种种不同。有的天窗，虽然没有字，可是它的直格子依然还在，像小记者的小言，本来有直格子，所以这种天窗，开的有直格子；有的天窗，却有一排的小方格子，时常见于他们的评论中，所以他们的开天窗，真像人家的窗槛一般，有许多花样。听说新近《立报》还受了一次警告，那个毛病却出在副刊里，林语堂的一篇《新年试笔》，天行（据说就是韩侍桁，未知是否）的一篇《以华制华》和小记者的一篇不知道什么短评，中央宣传部都以为不妥，来了一次警告，然而读报的还觉得不过瘾，小型报也不好做呀。”（参见风人：《〈立报〉受警告》，载《晶报》1936 年 3 月 6 日第二版）以 1937 年上半年为例，《立报》的检查项目包括短评、国内电讯、国外电讯、国内外通讯、本市要闻、教育新闻、经济新闻、小品文、画片和广告共十项。参见《受检报社统计表》，载张研、孙燕京：《民国史料丛刊（1003）史地·年鉴：民国二十六年上海市年鉴（下）〈一〉》，郑州：大象出版社，2001 年，第 645 页。

② 一屏：《〈立报〉论》，载《留东学报》1936 年第 2 卷第 5 期。

二、新闻

《立报》一直把大报当作竞争对手，新闻竞争尤其激烈。褚保衡曾说："《立报》因为是一张'小型报'，篇幅少，但在原则上，它的新闻不但不比大报少，还要比大报多，不但不比大报慢，还要比大报快。"[①] 因此，《立报》的新闻种类繁多，内容丰富，既有国际新闻，又有国内新闻、本市新闻；既有社会新闻，又有经济、文化、教育、体育新闻。这些新闻报道时政和战事，关注民生和民情，描写社会万象，同时也提供轻松的娱乐材料，满足了不同层次读者的喜好。总之，《立报》内容严肃而不失编排和文笔的活泼，讲究趣味但不落入庸俗低级的窠臼，表现出雅俗共赏的特性。

（一）新闻特写以巧见胜

所谓特写，简言之，就是"某种有趣味性，或为大众所欲知道的事情的通俗的、浅显的、详尽的描述，其目的在于使读者知道，或含有指导和娱乐的意义"[②]。特写是一种新近出现的文体，是报纸竞争的产物。纵而观之，很早以前，报纸主要通过意见（评论）来争夺读者。后来，由于政治环境恶化，动辄得咎的言论为客观报道的新闻所替代，各报于是在新闻上展开竞争。自从通讯社发展起来后，由于各报新闻多由通讯社供给，大同小异，新闻竞争的程度下降。在这种情况下，特写这种由报纸自己采写、体现报纸特色的文体成为报纸竞争的一种新的手段。由于特写偏重于本埠新闻的报道，再加上趣味横生，一出现就受到读者的喜欢。最早试验特写的是《晨报》，到了1935年《立报》等报纸也开始尝试这种文体，特写于是流行开来。[③]

为了突出自己独家采写的特性，《立报》的特写均冠以"本报特写"之名。特写成为《立报》使用较多的一种报道形式，几乎每天都有一篇。

① 马之骕：《新闻界三老兵》，台北：经世书局，1986年，第229页。

② 君宜：《关于特写》，载《战时记者》1939年第1卷第9期。

③ 《上海新闻纸的变迁》，载上海通社：《上海研究资料》，上海：中华书局，1936年，第393～396页。

《立报》的特写题材多样，包罗广泛。例如，关于交通的（1935 年 9 月 25 日第二版《市中心新建设　廿分钟的三民铁路　建筑工程达六个月　便利全运会游客们》）；关于体育的（1935 年 10 月 1 日第二版《美人鱼试游旁观记》）；关于报业的（1935 年 10 月 8 日第三版《世界报纸展览巡礼》）；关于婚姻家庭的（1937 年 2 月 12 日第三版《养母不允伊与张某结婚　女伶白玉霜突然失踪》，见图 2－4）；关于社会道德的（1936 年 2 月 11 日第三版《解放婢女声中　一个可怜的“银弟”被虐待求救济》）；关于政要的（1935 年 11 月 2 日第三版《望平街上的骚动！　“号外”声浪震全市》，原文参见附录三）；关于学生运动的（1935 年 12 月 28 日第三版《悲壮热烈欢迎声中　复旦请愿学生归校　离别五天　精神百倍　点心水果慰劳同学》）；关于战争的（1936 年 11 月 28 日第二版《沪市八代表　赴绥慰劳别记》）等等。总的来看，《立报》的特写以战争题材、社会题材、政治题材等居多；特别是“八·一三”抗战发生后，《立报》发表了大量的“本报战地特写”，甚至还有对彭德怀、周恩来、肖克、朱德、徐向前等中共领导人的报道（1937 年 10 月 23 日第二版《在晋北抗战的一群　某路军将领剪影》）。

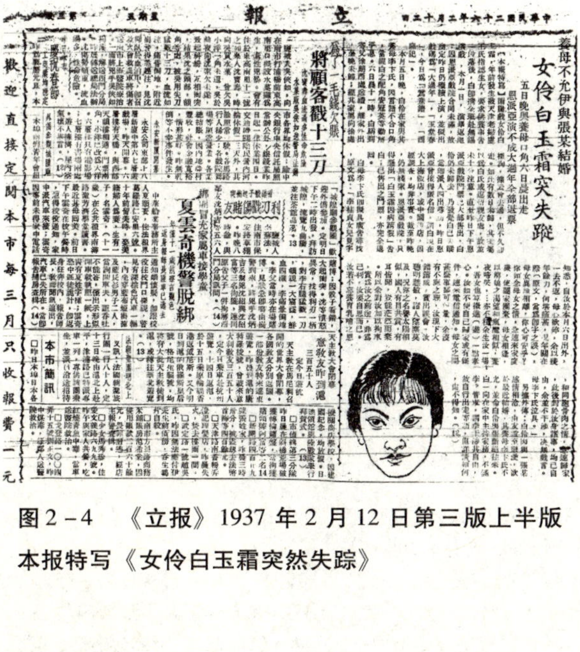
中華民國二十六年二月十二日　立報　星期五　第三版

養母不允伊與張某結婚　女伶白玉霜突然失蹤　五日晚與養母口角六日晨出走　恩派亞演不成大過年全部退票

為了一毛錢欠賬　將顧客戳十三刀

利刃戳傷賭友

夏雲奇機警脫綁

歡迎直接定閱本市每三月只收報費一元

图 2－4　《立报》1937 年 2 月 12 日第三版上半版

本报特写《女伶白玉霜突然失踪》

《立报》的特写“以巧、速见胜”①，一般六七百字，选材精当，善于捕捉细节，描写形象生动，文字轻松简练。有些特写只要看一眼标题，就能感受到其强烈的吸引力，如1935年10月2日第二版《试婚　含羞不肯手拉手　甜蜜的微笑　行礼时防头撞头》，洋溢着盎然的生活情趣；又如同年12月2日第三版《女子踢毽竞赛　年青的姑娘们　笑得透不过气来》，渲染了快乐、浓烈的运动气氛。

《立报》的特写在报界产生了较大的影响，“引起大小报的注意与效尤”②。读者也都很喜欢这种体裁，要求多多登载。③

（二）社会新闻趣而不俗

《立报》重视严肃的时政新闻，并不表明《立报》排斥趣味性较强的社会新闻。相反，《立报》将社会新闻放在极为重要的位置，为社会新闻投入了不少人力和版面。舒宗侨回忆：“《立报》从创刊起就注意抓社会新闻的报道。在我们六七个采访记者中，就有两人是专门跑巡捕房和警察局、法院的。他们在各捕房、分房，以及两个特区法院、车站码头，均有联络员。这些联络员经常向报馆提供线索和新闻。法院里的特约记者几乎每天晚上都送来新闻稿。另外，每个记者平时遇到什么社会新闻，也从不白白放过。”④ 舒宗侨就因采写《新华公司〈夜半歌声〉电影广告吓死女孩》（1937年2月11日第三版头条，原文参见附录三），大街小巷一时议论纷纷。事实上，《立报》创刊之初就是以“顾竹轩案”这条社会新闻打开局面的。

《立报》经常用半个版面的篇幅专门刊登各类社会新闻，因而社会新闻常常成为本市新闻的主角。比如，1936年6月10日第四版上半版就刊发了五条社会新闻：《李国杰侵占案　招商局要求两保人　提出资产保证　并限期查明被告财产　昨致函上海地方法院声明》、《绍兴妇人控华探目　电刑伤毙其夫》、《获冥钞一匣》、《同和里血案　凶手供述杀人动机　因房东之妻进谗起杀心　捕房昨依杀人罪提公诉》、《谦益祥酒店劫案　正

---

① 张常人：《成舍我创办上海〈立报〉的前前后后》，载文昊：《他们是怎样办报的》，北京：中国文史出版社，2005年，第108页。

② 仁麟：《新闻记者的新感觉》，载《立报》1936年8月9日第二版。

③ 了了：《对读者期望的答复》，载《立报》1936年2月4日第四版。

④ 舒宗侨：《〈立报〉采访生活回忆》，载《新闻记者》1987年第3期。

犯已落网》。

《立报》有时还以专栏的形式将几则社会新闻集中编发，如1936年2月1日第四版的《社会动态》就有《白玉霜被污案》、《堕胎致人身死》、《攀诬朋友为盗》、《撒胡椒粉抢钱》四条新闻，每条新闻约一百六十多字，标题字数相当。

《立报》偶尔也会像小报一样制作一些富有刺激性的标题，例如，1935年9月30日第三版《舞场中一个公例　任爱娜讨风流孽债　有伴舞　看戏　旅馆开房间　有孕　被弃　法庭打官司》；1936年9月20日第三版《一场桃色案结束　玛丽宣判无罪　男主角：她叫流氓打死我　女主角：要我嫁他我不肯》等等。

对于某些社会新闻，无论是文化界人士还是读者都多有指摘。1930年，有研究者就指出："近几年来，吾国各地报纸，颇注意社会新闻，但其中有关风化的新闻，却常常充满了报纸的篇幅，这恐怕是报纸只顾到'趣味'，而漠视社会的'实益'的缘故。"[①] 斥责一些报纸报道某些事件细节，不厌其详，令人作呕。然而，这种风气未有丝毫好转。1935年，又有人批评上海各大报的社会新闻只在盗窃、奸淫、离婚、争产、自杀中回旋，"除怪胎、女变男身等之怪诞不确实之新闻外，每依据律师报告、法院审讯情形，及警务机关之消息；间有渲染过分、不堪卒读、有害读者之身心道德或涉及私人名誉阴私者，则有类乎所谓'小报化'，实不可为训者也"[②]。社会新闻的庸俗下流成为上海报业的一个顽症。然而，就《立报》言之，它固然很重视社会新闻，但总体上把握有度，一般只是简略地交代事件的始末缘由，不渲染，不作惊人之语，与小报耸人听闻、诲淫诲盗的报道方式完全两样。可以说，《立报》讲究趣味性，但并不迎合低级趣味。

对《立报》来说，社会新闻是不可或缺的。首先，它迎合了读者猎奇的心理，刺激了报纸销量的增长，这是《立报》所需要的。其次，要想达到教育读者、指导社会的目的，前提是必须让读者对报纸产生亲近感。社会新闻可以活跃版面，调剂读者胃口，显然满足了这一条件。《立报》能够拥有一批读者并影响社会，应该说社会新闻发挥了一定的助推作用。

---

① 周孝庵：《最新实验新闻学》，上海：时事新报馆，1930年，第398页。

② 白露：《今后各报之社会新闻》，载《晶报》1935年7月16日第二版。

（三）新闻编排不拘一格

版面是报纸的面孔，是报纸能否吸引读者的最直观的因素。《立报》特别注重报纸的版面设计。《立报》虽然只有四开，却辟有12栏，每栏约有55行，每行排9个字，这样，整个版面看上去不仅结构紧凑，而且内容充实；另外，因为栏宽很窄，展读时一览无余，不会发生在大报阅读中时常串行的问题。此外，《立报》还在基本栏上频频采用并栏的编辑手法，形成许许多多点缀在版面不同位置的"豆腐干"，这样一方面突出了重要的新闻，表达了编辑对事件的评价，另一方面又活跃了版面，使得版面既秩序井然又轻巧活泼、错落有致。① 比较而言，《申报》严格遵守8栏的基本栏，不常使用并栏或破栏，所以，整张报纸虽然庄重整齐，但波澜不惊，失之呆板。而《晶报》的基本栏为7栏，由于过度追求变化，大量采用破栏（也使用并栏，但不多），破坏了基本栏，以致整个版面遍布大小不一、犬牙交错的"豆腐干"，如同一件"百衲衣"，有时一篇文章被另一篇文章拦腰斩断，阅读时必须跳来跳去，有些零乱（见表2－1）。

表2－1 《申报》、《晶报》和《立报》的栏数、行数与字数比较（1935年9月20日）

报　纸	基本栏	每栏行数	每行字数	并栏或破栏
《申报》	8栏	约92行	17～22字	20处并栏
《晶报》	7栏	不确定	11～15字	大量破栏
《立报》	12栏	约55行	9字	若干并栏

注："并栏或破栏"不包含广告内容。《申报》总计对开24版，《晶报》和《立报》皆为四开4版。

其次，《立报》打破常规，采用综合编辑的方法，即不管是什么性质的新闻，一切以新闻价值（其价值要素主要包括该新闻与中国局势的关系、与本地的联系、对民众的影响以及读者的关注度等，体现了《立报》

① 于友回忆："《立报》的新闻、文章绝大多数是短小精悍的'豆腐干'式，张先生（张友鸾——笔者注）总是匠心独运，把众多的'豆腐干'拼排得轻重适当，活泼而不零乱。"参见于友：《记友鸾师创刊〈立报〉片断》，载《张友鸾纪念文集》，上海：文汇出版社，2000年，第18页。

自身的价值观）的大小决定其版次或版位。因此，国际新闻、民生新闻或社会新闻都可以进入头版或头条、二条位置。比如，《立报》创刊当天，《地中海将成为大战场 意空军开始示威 飞机巡舰艇都要一齐活动 英法正会商制裁》这条国际新闻就成为发刊词《我们的宣言》之后的二条新闻，因为意大利的侵略威胁也影响到了上海，造成上海进口的洋米和洋麦价格飞涨。接连几天，意阿战争消息都居于头版头条的位置。《立报》重视国际新闻，也是为了适应读者对国际新闻的需要，因为自“九·一八”事件发生后，读者已经感觉到中国与世界的密切联系，渐渐有了解世界大势的要求。①

同样，1935 年 9 月 25 日《立报》又将一则民生新闻《东海山崩海啸 海沭灌水势危急 六塘河新堤又决水光接天 八万民夫抢救》置于头版头条，报道江苏省东海县、沭阳县和灌云县河堤崩塌，洪水泛滥，政府和民夫抗洪救灾的情况。之后又以同等地位跟踪报道，向社会披露当地的灾害状况。《立报》对水灾的持续关注实际上反映了其客观公正的报道态度和关注民生的大众立场。这与一些报纸两眼朝上，紧盯上层人士的新闻大为不同。

再次，在重大事件发生时，为了及时报道事件的最新进展，《立报》匠心独运，在报眼处预留位置，名为“最后消息”。这样，其他新闻尽可编辑、排版，只要在最后时刻将刚刚接收的新闻排入即可。如 1935 年 12 月 24 日，上海学生为响应“一二·九”运动赴京请愿，由于乘车问题与警察和保安队在铁轨上对峙。记者将这条凌晨四时发生的新闻及时送到报馆，以“最后消息”刊出。② 抗战爆发后，这种编排方式再次派上了用场，《立报》刊发了战后的第一条“最后消息”《我军抵抗 日军今晨退却》（1937 年 7 月 11 日），以后又固定为常设栏目。

---

① 舒宗侨：《改善国际新闻编辑之我见》，载《报学季刊》1935 年第 1 卷第 4 期。

② 该新闻《路局今晨三时半下令 开车载学生离沪 学生因怀疑不肯行》称：“今晨三时半，路局奉令挂车载学生离沪，第一列车开动，学生因不知开向何处，纷纷跳下，所携什物亦不及取出。警察为赶学生上车，曾与学生一度冲突。学生为防再开，集合轨上车前，阻止车行。四时许，车站有大队徒手保安队开到，与原驻站保安队集合。现学生因大同大学学生加入已逾千人（以后情形如何，因本报上版，不及再作报告）。”

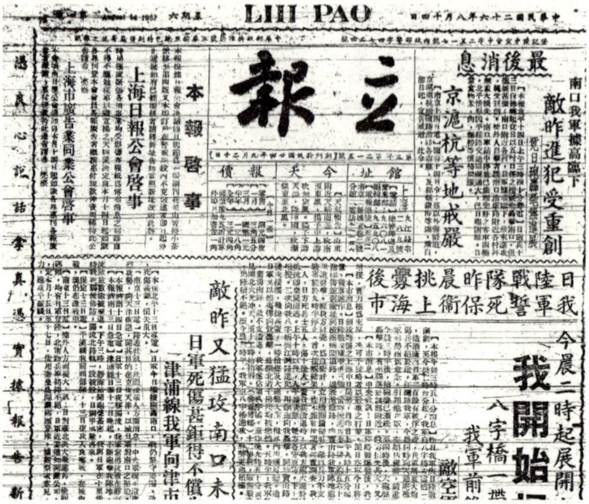
LIH PAO

立報

最後消息

南口我軍據高臨下 敵昨進犯受重創

京滬杭等地戒嚴

上海市廣告業同業公會啓事

本報啓事

上海日報公會啓事

日我陸戰隊昨晨挑釁後 我軍誓死保衛上海市

今晨二時起展開

我開始

敵昨又猛攻南口未逞

日軍死傷甚鉅得不償失

图 2－5　《立报》1937 年 8 月 14 日第一版报眼之“最后消息”

最后，为了照顾读者的知识水平，使读者能够读懂新闻，《立报》还经常对新闻进行必要的解释。例如，1935 年 9 月 23 日，《立报》因近期报道意大利和阿比尼西亚一触即发的战争局势，特意在《点心》以《举世瞩目的阿比尼西亚》为题简要介绍这个读者还很陌生的东非国家，条目达二十项之多。9 月 25 日，《立报》在第二版报道《我请求理事席　国联决搁置一年　先交委员会审查》时，又在消息末尾处加上按语——“国联非常任理事的情形，见昨天本报《点心》栏‘小辞典’”，引导读者了解国联的有关情况。1936 年 6 月初，广西实力派人物李宗仁、白崇禧和广东的陈济棠以北上抗日为名，出兵湖南，准备夺取蒋介石的地盘。《立报》在对此进行报道时，考虑到读者对这些地区不太熟悉，又于 10 日在《小茶馆》刊载了一篇文章《闲话：衡阳　零陵　郴县　这几天报上常见的地方》，介绍当地的地理、交通、历史和物产等。正如《立报》所言：“每天新闻中的必须加以解释的地方，我们多半都加了附注。”①

（四）新闻专栏异彩纷呈

《立报》力取“精编主义”，新闻取舍、篇幅大小和版面安排完全以新

① 了了：《对读者期望的答复》，载《立报》1936 年 2 月 4 日第四版。

闻价值为断，于是，一部分新闻因为新闻价值大被置于重要位置并得到较多篇幅，而另外一些新闻因新闻价值相对较小则被弱化处理。对于这部分新闻，《立报》采用专栏的形式集中编发。

（1）在每一个新闻版面常设一个同类性质的专栏。例如，在要闻版设置《要讯便览》或《要闻简报》，在本市新闻版创设《本市简讯》，在国际新闻版开辟《国际零讯》或《国际零简》，在文化体育版设立《文化简报》或《文化情报》，在经济专栏开设《经济简讯》等。如 1936 年 2 月 10 日第一版《要闻简报》共五条，前三条为：

【北平电】昌平哗变民团宁雨时部千余人，窜平西妙峰山一带，经军队围剿，已大部解决。余部漏网，宋哲元通令易涿等县，一体堵剿。昌平现仍由保安队驻扎。“冀东”伪组织五千，办理地方善后。

【天津电】津日军多人，全副武装，九日晨至津效游行；另有炮兵一队，在八里台机场演习。

【天津电】刘桂堂匪，派代表到津，与某方①接洽窜冀东后办法。刘在匪队中，伤重不能行走，将来津医治。廿九军张自忠部刘霍山旅最后一批，八日晚由察过平开大名。刘匪八日窜到枣强景县间。

（2）如果某一方面的新闻在当天或近期较多，就临时设置一个小专栏，刊发此类新闻。例如《国选消息》、《灾与赈》、《疫与病》、《报告与舆论》、《交通界》、《建设情报》等。这些栏目的名称极其简洁，一眼就能猜出新闻的大致内容。比如，1935 年 9 月 26 日第三版《灾与赈》共五条，标题采用相同的字数，其中三条为：

请胡蝶等播音

中国红十字会为宣传筹募灾赈，定本月二十九日晚八时一刻起，借佛音电台请胡蝶、高占非、徐来、严月娴、叶秋心等影星播音。

游戏场等征捐

水灾义赈会昨天致函全市各游艺场跳舞场，请征收救灾捐一月，游客

① 为了避免国民党新闻检查的任意删削，《立报》在报道与日本有关的新闻时，凡指“日方”或“日本”时皆用隐晦的字眼“某”或符号“×”来表示。

每人也征收大洋一角。

勘察京沪虫害

中央农业实验所，派该所技正蔡邦华，出发京沪路沿线，勘察虫害，并推行治螟方法。

（3）对于读者较为关注的人事变动或政界人物的行踪，常设一个小专栏集中报道。例如，关于要人行止的《要人的往来》或《人的动》，关于人事任免的《国府命令》等，三言两语，点到即止，相当于“一句话新闻”。例如，1937年6月28日第一版《人的动》共八条，最后三条为：

□ 延国符在黔查放赈款事毕，昨乘轮返京向财部复命。

□ 熊希龄夫妇昨由沪乘轮抵青。

□ 施肇基昨由京抵沪，下月将赴青岛避暑。

有人批评上海的报纸“十之八九皆各要人之个人行动，即（使）不是个人私的行动，但其记述之目的系宣传某个人”，比如某人坐某专车、从某地出发、到某地游玩、有某机关代表前来欢迎，等等，为要人作起居注。[①]《立报》的《要人的往来》显然与此迥异，它一方面适应社会对要人近况的好奇，但另一方面又避免报道的琐碎和无聊。由此可以看出，对于《立报》而言，报纸应该满足读者的需要，但这个满足并不是无条件的，满足与否取决于新闻本身的社会意义。《立报》在适应读者的需求时并未放弃自己的价值判断，而是牢牢把握主动权。这正是《立报》与其他报纸不太一样的地方。

《立报》的新闻专栏是对其他重要新闻的补充，它将一些不太重要，但又是读者欲知或应知的新闻像珍珠一般串联起来，以飨读者。如果说《立报》的重要新闻体现了内容的丰赡，让读者把握了一个新闻事件的多个侧面，那么，专栏则体现了新闻的多样，让读者在较短时间内了解了更多的新闻事件。《立报》真正做到了“量减而质增”。

---

① 郭箴一：《上海报纸改革论》，上海：复旦大学新闻学会，1931年，第76页。

三、副刊

《立报》初创时只有四开四版，除了第一版，每版都有一个副刊，每个副刊占据本版下半版的位置，这样翻开任何一版都能同时读到新闻与副刊。这三个副刊是《言林》、《点心》（后改名《小茶馆》）和《花果山》，它们各有自己的特色，各自针对不同层次的读者。《言林》是一个新文艺副刊，面向文化界和教育界；《小茶馆》报道劳苦大众的生活，为劳苦大众说话，其读者以下层民众为主；《花果山》是一个旧文艺副刊，提供休闲娱乐，针对一般市民。从形式上看，《言林》最为稳定，副刊名称和主编一直保持不变；次之为《花果山》，几易主编；末为《点心》，主编更替，副刊易名。从内容上看，《花果山》最为稳定，次之为《点心》和《言林》，后两个副刊随着时代风云的激荡和主编思想认识的变化，与现实社会联系日益紧密。

（一）《言林》：从“平淡”到“辛辣”

《言林》由文坛前辈、编辑名手谢六逸主编，取名“言林”，乃是取“多种言论”之意。[1] 第一期《言林》有作家郁达夫的《中国是一个灾国》，感叹中国的灾患太多；雨的《作家语录》，摘录国外作家和诗人的名言；道的《文学社傅东华氏》，报道作家傅东华忙碌的写作生活及其近期的文学观点；另有《唐诗新译》、讽刺漫画等。每篇文章平均四百多字，适合具有较好文学修养的读者阅读。可以说，第一期《言林》基本上代表了其早期的内容风格。

《立报》提倡“报纸大众化”和“精编主义”，《言林》也要适应这种要求。谢六逸在为《言林》撰写的《开场白》中开宗明义：“文章不怕短，短中可以见长”，“凡对于人生社会，百般问题喜欢开口的人，都请到这里来谈天”[2]（见图2-6）。

---

① 或许也仿照了上海一些报纸副刊的名称，如“快活林”、“新园林”（《新闻报》）等，都嵌有一个“林”字。

② 谢六逸：《开场白》，载《立报》1935年9月20日第二版。

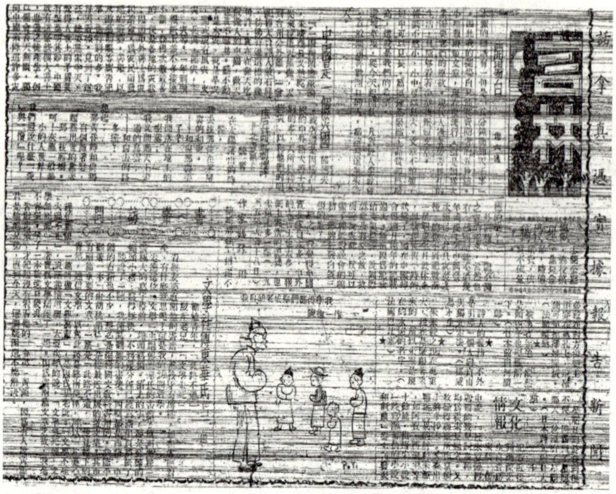

图 2－6　《立报》1935 年 9 月 20 日第二版下半版
《言林》及其创刊词《开场白》

由于《言林》版面有限，谢六逸一再提示投稿人多写短文章，“即使是小品文字，稍微长一点，就登不下，所以‘小小品’最为欢迎。例如短言、游记、日记、小诗、隽语等”①。又说，《言林》是供给多数人看的，要求文字浅显，文笔轻松，言之有物。② 在此，谢六逸第一次提出了“小小品”这个概念并描述了其基本特征。

小小品的提法不久就引起了一些文学作者的注意，有人就其特征展开了讨论，认为小小品像蜜蜂，“小小品的身体是短小精悍的，并且他有刺，也有蜜”③，亦即短小、辛辣、风趣。接着又进一步阐释和提炼：“《言林》这一副刊所能容纳的小品文，只是小品中之小品，或者略称‘小小品’。固然它也须要具备一切小品文必需的条件，它也可以写成倾向或风格不同的各种体式，然而因为它自身的特别短小，更须要精悍一点，那是不待说的。它将以最新的姿态出一头地，建立‘小小品’，自成一种‘言林体’。”④ 也就是说，小小品或曰“言林体”是一种别具一格的文体，具有更加简短、形式自由、风格多样（如辛辣、幽默、闲适、趣味等）的特征。

---

① 宏徒：《社中偶记》，载 1935 年 9 月 25 日第二版。
② 宏：《文墨余谈》，载《立报》1935 年 10 月 6 日第二版。
③ 以霖：《谈小小品》，载《立报》1935 年 10 月 4 日第二版。
④ 陈子展：《论“言林体”》，载《立报》1935 年 10 月 14 日第二版。

“言林体”成为《言林》征稿的重要标准。如1935年11月11日第二版《征求稿件》写道：“本栏公开，欢迎投稿。如描写动植物的小品、尖锐的短评、国内外作品的批评介绍、大学生生活实录、作家书斋访问、幽默小品、掌故小说，均属需要。文字以短中见长，小中见大为采择标准。每篇在六七百字左右。”从所刊登的文章来看，大多时间性不强，与现实政治和社会关联度不大，格调隽永，散淡，不乏诙谐幽默之笔。

然而，就在1935年11月22日，《言林》又登出了一个要求完全不同的《征求稿件》：“本栏征求有时间性的文字，例如时事的观感、最近各地社会的动态等。请投稿诸君暂‘改变作风’，多寄此稿件。”强调“改变作风”和“有时间性的文字”，当然是指小小品要紧密结合现实，积极发挥文学作品干预社会的功能，突出其辛辣的一面。《言林》的编辑方针开始转向。

《言林》的转向要从中国民族危机空前严重的现实中寻找原因。此时，日本帝国主义正加紧对华北进行军事扩张和经济侵略，暴露了其吞并中国的野心，而中国社会各阶层的抗日倾向也在不断增长。作为一名爱国知识分子和作家，谢六逸认为文艺作家不应撇开时代独自“闭门造车”，而“应该适应这危难的‘非常时’，积极从事救亡的宣传作品——创造富于反抗性的有力的适合大众的文学作品，传给咱们的同胞”①。有鉴于此，谢六逸开始调整编辑方针，以呼应时代的需要。他后来坦言：“当初我们的计划，只想多登几篇‘平淡’的文章，给大家看看，后来时代的波涛，越来越汹涌，不提笔则已，一提笔就不免要触及‘现实’，虽欲保持‘平淡’，已不可能，终于走向‘辛辣’方面。这真是始料所不及的。”②

以前，谢六逸在《言林》主要谈论报界人物、文学巨匠、书籍装潢等话题；自此之后，他发表了不少针砭时弊、宣传抗日的文章。如《救国无罪》，讽刺政府打压学生的爱国行为：

昨天遇着一位从北平来的朋友，我对他提出一个问题：“北平的学生在虎口里怎么能够示威游行?”他的回答令我诧异，他说：“那是因为北平的指导学生的‘机关’，都被迫撤消的原故。”《儒林外史》第廿五回有形

① 无堂：《“非常时”的文艺家》，载《立报》1936年2月10日第二版。
② 六逸：《社中偶记》，载《立报》1935年12月31日第二版。

容读书人的两句话："拿不得轻，负不得重"，那么，请问学生要表示一点爱国热诚，除了游行示威以外，还有什么办法呢？[1]

1936年3月和7月，谢六逸又先后撰写了《夹板斋随笔》和《夏夜漫笔》系列文章，其中有许多篇章都是针对现实而谈的，如警告人们日本分裂中国的企图、讥讽日本所谓的"亲善"和"提携"、揭露日本文学为侵略而鼓噪等等。

编辑方针的调适也使《言林》增强了现实性，富于时代气息。其一，《言林》通过组稿，编辑了《聂耳逝世一周年（两周年）特辑》、《九·一八纪念特辑》、《鲁迅先生纪念特辑》、《鲁迅先生逝世周年纪念特刊》、《廖仲恺殉国十二周年纪念特刊》、《苏联革命二十周年纪念特刊》等等。这些特辑（特刊）结合抗战的时代背景，宣传抗日统一战线，鼓舞民众投入救亡的伟大运动。其二，就某一主题展开讨论，鼓励读者各抒己见，如"迎民国廿六年"[2]、"国难与文化"、"农村服务经验谈"等。以"迎民国廿六年"为例，就发表了《对〈立报〉的希望》[3]、《我理想中的副刊》[4]等文章。其三，紧跟时局的变化，以随笔、评论、诗歌、小说等多种表现形式描写现实，发抒意见。比如，《街头的民生展览》记录上海街头难民孤苦无依的生活景象[5]；《报人的责任》主张报人要注意舆论导向，努力促进国内的和平统一[6]；《白河》通过诗歌控诉日军将修筑工事的村民屠杀灭口，抛入白河[7]等等。

当代的学者都给予"言林体"（或小小品）较高的评价，但它的社会影响主要发生在《言林》从"平淡"向"辛辣"转化的1935年底之后。有研

---

① 中牛：《救国无罪》，载《立报》1935年12月18日第二版。

② 1936年12月8日第二版《言林》"征文启事"云："时光与潮汐不待人，国难严重之廿五年，转瞬过去。吾人回顾以往，瞻视未来，必有几许感想与希望。本刊特辟篇幅，广征读者意见。""（一）题目：迎民国廿六年。（二）文章以千字左右为宜。（三）内容不加限制，例如国防、国际、政治、经济、自然科学、教育、艺术、文学、商业、农村、出版，以及个人生活等等，均可发抒卓见。"（总共十条，以下从略——笔者注）此征文得到了读者的热烈响应。

③ 李炘矩：《对〈立报〉的希望》，载《立报》1937年1月2日第二版。

④ 寿田：《我理想中的副刊》，载《立报》1937年1月5日第二版。

⑤ 《街头的民生展览》，载《立报》1937年11月24日第二版。

⑥ 大远：《报人的责任》，载《立报》1937年2月3日第二版。

⑦ 赵颐年：《白河》，载《立报》1936年6月10日第二版。

究者说："在最初，我们尚看不到《言林》有什么特色，但过了一些时候，它显然没有辜负大家的热望：泼辣、讽刺、幽默，兼而有之。有一个时候，这些'小小品'都变成了武器，对敌人进攻了几阵。"[①] 一位读者坦言："我是不大喜欢它的前期的。《言林》创刊之初，……它确是以轻松见称，有着幽默的倾向的。然而时代陶冶着它，它茁壮，使它面对着现实，以笔墨的力量，来努力于民族解放的任务。我深爱着后期的《言林》。"[②]

（二）从《点心》到《小茶馆》：向"下"走

《点心》由前北平民国学院及平民学院新闻系主任吴秋尘主编。吴秋尘曾主编天津《商报》和《北洋画报》等报纸。谓之"点心"，是因为"点心，是和饭微微有些不同，除了充饥以外，还有些小而美的意味在内"[③]。具体而言，《点心》是一个介绍各种知识、报告社会风貌、提供生活参考、增添生活情趣的副刊。

吴秋尘对小型报颇有研究，曾经写过一篇文章《小型报》，论述小型报发达的原因，评点平津京沪几家有代表性的小型报。[④] 主持《点心》后，他又提出了"小报应当使家家可读，人人可读"、"到家庭去"[⑤] 的办报主张，实际上也道出了《点心》努力的方向。

为了容纳更多内容，《点心》开辟了很多栏目，如《街头科学》，介绍科学常识，如电灯、有轨电车等；《小辞典》，解释一些生疏的名词，如"五四运动"、"势力范围"等；《小统计》，介绍各种统计数字，如上海调味品生产和进口状况、全国犯罪情况等；《每日菜单》，解说菜肴的烧制方法；《书报介绍》，点评新近出版的书籍等；《艺坛消息》（或《艺坛零讯》），报告文艺界名人个人生活、拍摄或演出消息等。此外，还有小记者的小评论、小说连载、地方风物、掌故逸事等。1935 年 10 月 1 日，又增设了发表言论的专栏《小茶馆》。从这些栏目设置来看，《点心》更适合拥有较好经济基础、追求文化品位、享受轻松生活的中上阶层阅读，它与占绝大多数的普通民众还有一定的距离。

---

① 一屏：《〈立报〉论》，载《留东学报》1936 年第 2 卷第 5 期。
② 公衣：《〈言林〉的两个时期》，载《立报》1937 年 9 月 21 日第二版。
③ 秋尘：《"点心"上市》，载《立报》1935 年 9 月 20 日第四版。
④ 吴秋尘：《小型报》，载《报展》，上海：复旦大学新闻学系，1936 年，第 55 页。
⑤ 秋尘：《谈小报》，载《立报》1935 年 9 月 22 日第四版。

不到两个月，吴秋尘便离开了《立报》。据萨空了回忆，《立报》开办不久，成舍我曾到北平邀请他出任《立报》总编辑，说“想换几个人，把报纸的作风再改变一下”[①]。吴秋尘的离开或许与此有关。

1935 年 11 月 1 日，萨空了一接手《点心》就开始了全面革新。他在改版宣言《向“下”走的告白》（见图 2 – 7）中指出，本栏的目的是“贡献给‘上层社会的人们’心目中所称的‘下层民众’”，努力“以浅显通俗的文字，写出些有益于他们的进步思想和应具常识”[②]。萨空了有意识地将目光下移，关注处于社会底层的劳苦大众，修改了原有的编辑方针。首先，他将副刊名称改为“小茶馆”；“希望黄包车夫也可以走进来坐坐”，《点心》则降格为小专栏，专门发表对社会、政治和生活问题的看法。其次，添加反映劳动人民生活情况的《血与汗》和激发穷苦朋友自信心的《苦人模范》专栏。最后，撤销原来的小说《假凰虚凤》，改换历史小说《王承恩》，通过小说所描写的国破家亡的惨痛和下层民众的反抗挣扎，来启发民众的爱国热情；同时保留介绍科学知识和社会常识的《街头科学》和《大众常识》。《小茶馆》寄托了萨空了为下层民众办一份报纸的理想。

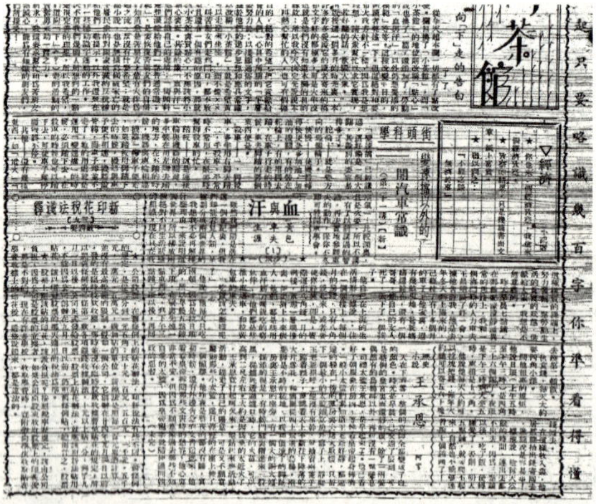
小茶館
向「下」走的告白
只要略識幾百字你準看得懂
街頭科學
血與汗
王承恩

图 2 – 7　《立报》1935 年 11 月 1 日第四版
《小茶馆》改版宣言《向“下”走的告白》

① 萨空了：《我与〈立报〉》，载祝均宙、萧斌如：《萨空了文集》，上海：上海科学技术出版社，2002 年，第 4 页。

② 了了：《向“下”走的告白》，载《立报》1935 年 11 月 1 日第四版。

由于萨空了实行开门办报，他接触的民众愈来愈多，读者来信也与日俱增，于是萨空了又设置了一个小专栏《读者通讯》，专门刊登读者来信。萨空了先就来信所反映的问题谈论自己的看法，然后刊出信件的主要内容，这样，《点心》与《读者通讯》上下呼应，实行了编者与作者和读者的及时互动。《小茶馆》实质上成为《立报》提供社会服务、与广大读者进行思想交流和探讨报纸业务的综合性平台，突出体现了《立报》"为大众福利而奋斗"，"使报馆变成一个不具形式的大众乐园，和大众学校"的办报宗旨。一般大报和小报视读者为顾客，"交易"多过"交流"；而《立报》视读者为朋友，推心置腹，呼吸与共。这正是它迥异于其他报纸的鲜明特色和深入人心的重要原因。

1. 重视民意，为民众提供表达的机会

萨空了在《点心》中频繁地提到两个词，这就是"民众"和"民意"。他认为民众的力量是伟大的，民意是可贵的，因此，"本栏希望大家反映问题，希望大家多说话"[①]，为民意表达提供机会。《读者通讯》正是宣达民意的通道。读者在此可以申诉个人的不幸遭遇，报告其亲眼所见的民瘼民情，表达自己对社会和政府的看法。例如，有一位女工反映自己所在的英商纱厂不提供产假和津贴，为了得到有限的收入，女工不得不在临产前还硬撑着上班，有一位女工就因为在工作时突然分娩，差点送命，希望政府保障劳工权益。[②] 又如，有读者来信说在郑州的杂货铺可以买到伪装的日本产的牙粉，又说还可以从流动摊贩手里买到从日本走私的丝袜。当这些人的行为被揭穿后，他们都感到羞愧和不安。该读者主张"赶快乘这廉耻心尚未丧尽的时候，来公开宣传不许贩卖私货及×货"，大力提倡国货。[③]

这是读者根据各自的情况，分散地表达对各种社会现象的看法。除此之外，萨空了还因势利导，组织民众就某一主题发表自己的观点。1937 年

① 了了：《公共卫生及其他》，载《立报》1936 年 4 月 14 日第三版。可以说，重视读者意见已经成为《立报》的共识，如《立报》参考科主任王皎我认为，在现在的报纸中记者的舆论太多，读者的舆论太少，"一家报纸，若只是由一二仿佛对于任何问题都很了然，任何问题都能下批评的记者天天写一两篇刻板式的文章，倒不如让多数读者的舆论在纸面上发现；能够这样，报纸舆论的力量就充足了"。参见王皎我：《读者的舆论》，载《立报》1936 年 4 月 21 日第二版。

② 李象椿：《工厂中的惨事》，载《立报》1936 年 12 月 16 日第六版。

③ 黑子：《乘廉耻心未丧尽　应努力宣传不买某国货》，载《立报》1936 年 7 月 10 日第三版。

2 月，国民党三中全会召开在即，萨空了收到不少向三中全会提建议和反映情况的信件，他认为这是一个激发民众参与国事的时机，因而宣布“在三中全会之前本栏决定尽先发表一切可以发表的民意”[①]。萨空了随即收到大量来信，他对来信进行整理，挑选有代表性的予以刊发。比如，出关竟然要办入“国”证[②]，日货走私猖獗打击了中国工商业[③]，向政府提出抗战救国十点希望[④]等等。过了数天，萨空了本想结束讨论，但由于来信仍很踊跃，不少来信甚至有八人、十人、二十人署名，只得延长时间。

1937 年 11 月初，九国公约[⑤]签字国会议将在比利时首都布鲁塞尔举行，中日问题将成为讨论的议题。《立报》认为，在此国家和民族存亡的关头，每个国民都有表达意见的权利和义务，而且中国民众历来很少有对国事表达意见的机会，本身也不热心，也有必要藉此引发国民讨论国事的热情。[⑥] 因此，《立报》决定举办一次民意测验，由《小茶馆》主持，将读者的意见传达给政府高层。10 月 23 日，《立报》开始刊登测试题。此后几天，萨空了不时披露读者提供的测试情况报告，他赞赏一位读者通过亲朋好友家庭聚会的方式进行测试，这样，一个从不关心国事的家属也可以获得参与权；鼓励职业界救亡协会干部训练班的同人在各自的家庭召开民意测验讨论会；希望各救亡团体“以先觉觉后觉”，都来进行这种唤醒民众的工作。有读者反映不太明了测试题中某些词句的意思，萨空了又专门请人撰文进行解释。在投票的最后一天，他号召已经投票的读者督促还没有投票的朋友赶快行动。最后，十五名工作人员用了三天时间对选票进行清理和统计，共得 8 788 张，并于 11 月 1 日报告了测试结果，完

---

① 了了：《旧元旦的新贡献》，载《立报》1937 年 2 月 11 日第六版。

② 了了：《关于有家归不得》，载《立报》1937 年 2 月 12 日第六版。

③ 了了：《请决定用手脚的方法》，载《立报》1937 年 2 月 13 日第六版。

④ 亦之：《希望共计十点　目的只有一个》，载《立报》1937 年 2 月 14 日第六版。

⑤ 九国公约是 1922 年 2 月美国、英国、法国、日本、意大利、比利时、荷兰、葡萄牙与中国北洋军阀在华盛顿会议上签订的。它虚伪地宣称“尊重中国的主权与独立及领土与行政的完整”，但同时又规定各国在华工商机会均等。

⑥ 了了：《关于民意测验》，载《立报》1937 年 10 月 24 日第六版。

成了一次一定规模的民意表达。[①]

2. 反映普通民众的生存状态，揭露各种社会痼疾

20世纪30年代，受“一·二八”战事等影响，上海百业萧条，广大民众生活困苦；由于身处外人统治的租界，上海民众还经常受到各种苛虐的对待。《小茶馆》专门开辟了《血与汗》专栏，以极为质朴的笔触向社会展示底层民众痛苦挣扎的生活状态。这些人当中，有一天仅吃两顿饭的黄包车夫、生意清淡的卖烘山芋的小贩、只有八岁却瞎了眼的卖报小孩、常常被人欠账的挑糖担儿的小贩、不得不向巡捕交买路钱的卖毛笔的孩子、靠捡拾破瓶破罐为生的小孩、在工厂敲锈钉敲得手臂发麻的老妈妈、嗓子都喊哑了的卖夜报的孩子、一年四季白干的印刷所学徒、薪水微薄的报馆校对、手艺好却无钱可赚的刻字匠等等，总共有一百多人，是由沙飞等记者深入这些群体采访报道的。[②] 为了加强报道的生动性，有时还配上人物插图。《血与汗》的第一篇报道在开首语中一针见血地指出：“虽然我们同是活在这一个世纪里，但我们却能看见人类，是被划分成两个世界的。”[③]《血与汗》让社会深入了解了生活在另一个世界里的人们——这些他们可能熟视无睹的人们，虽然从事着各种各样的工作，但无一不是过着忍气吞声、卑微低贱的生活。这不能不让稍有良知的人有所触动。

萨空了还将揭露种种弊政、黑幕和社会不公作为《小茶馆》的一个重要职责[④]，涉及的问题非常广泛，包括教育、农村、赋税、假币、银行、

---

① “九国公约会议民意测验结果”：“（一）我们对九国公约会议的要求是什么？1. 调停64票；2. 对日制裁6 685票；3. 建立太平洋集体安全制度2 987票。（二）在九国公约会议前我们应采取何项外交步骤？1. 对日绝交7 130票；2. 对日宣战1 657票；3. 维持现状754票。（三）九国公约会议会得什么结果？1. 调停成功65票；2. 调停失败，毫无结果4 725票；3. 延宕5 107票；4. 对日共同制裁1 594票；5. 援助我国631票。（四）九国公约会议如毫无结果，中日问题重提国联大会讨论时，应否坚决主张援引盟约第十六条对日共同制裁？1. 照国际情形相机应对983票；2. 应绝对支持7 905票。”参见了了：《民意测验的结果》，载《立报》1937年11月1日第四版。

② 沙飞，1912年生于广东开平。1935年加入上海摄影社团“黑白社”。同年就学于上海美术专科学校，结识鲁迅，拍摄了不少有关鲁迅晚年活动和鲁迅逝世后追悼、送葬场景的照片；同时深入社会底层，拍摄了大量反映工农大众困苦生活的照片。参见《中国大百科全书·新闻出版》，北京：中国大百科全书出版社，1992年，第253页。

③ 沙飞：《血与汗：黄包车夫生涯》（1），载《立报》1935年11月1日第四版。

④ 萨空了在1937年元旦总结说：“《小茶馆》在过去一年中，差不多十分之八的力量，都用在揭露黑幕，和抨击黑势力上面了。以后我还想继续着这样作下去。”参见了了：《元旦致辞》，载《立报》1937年1月1日第五版。

医药医疗、卫生、选举、交通安全、居住环境、房租、水价、运动场地、盐民负担、书报价格、不良娱乐、广告、学徒待遇、女性地位、就业、行政费用、铨叙制度、腐败、职员生活、劳资关系、外人压迫等等。其中谈论最多的也是较为严重的问题是教育问题和农村问题，如教育问题就有文盲的强迫识字、儿童教育、儿童读物、学生辍学、职业学校的开办、教育经费、老师待遇和健康、学校立案、小学师资、课程设置、教材编写、教育体制、会考制度、教育官员贪污、青年的读书问题等等；而农村问题主要包括农村教育和农民负担，如农村中学太少、农村义务教育没有成效、乡民的知识水平太低、农村税赋太重、农村疾病肆虐、官吏勒索农民、土豪剥削农民、军队和土匪骚扰农村等等。总之，萨空了竭力通过揭露来督促有关部门解决一些实际问题，改善民众穷苦无告的处境。《小茶馆》的揭发工作也“有相当的效果”①，比如，有教师批评上海市教育局拖欠市立小学三个月的经费，教育局立即进行澄清；有市民反映上海自来水公司职员工作怠慢，自来水公司来函予以解释；而被批评的邮局表示要进行内部整顿，请《小茶馆》提供帮助等。

萨空了之所以始终立于民众立场，关注民生，缘于一直以来他和下层民众的频繁接触，了解他们的苦难。他觉得，同是人类却有许多人受到种种压迫，生活得异常痛苦，又没有人为他们申述，是一件很不公平的事。因此，他愿意把为他们申述苦处的责任放在自己的肩上。②

3. 批评民众的不良习气和落后观念，督促其切实纠正

由于长期深受官僚的压迫和封建思想的影响，再加上本身既少知识，也无文化，不少民众养成了许多不良习气，形成了许多错误观念。这既不利于他们个人的成长，也不利于整个社会的进步和抗日救亡目标的实现。萨空了总是毫不隐讳地指出广大民众身上存在的问题，分析这些问题形成的原因，希望社会热情帮助他们，同时告诫这些人要深刻反省，切实纠正。从萨空了所批评的问题来看，主要有见利忘义、迷信、认命、不团结、软弱、怕吃苦、耍滑头、侥幸心理、好高骛远、奴性性格、自轻自贱、做事不负责、是非观念淡薄、缺少自立精神、缺乏民族自信心、国家观念薄弱等等。

---

① 了了:《“揭发”工作有益于社会》，载《立报》1936 年 8 月 1 日第三版。

② 了了:《谈得罪人》，载《立报》1936 年 12 月 11 日第六版。

萨空了一再批评民众缺少国家观念，认为民众受专制制度的压迫，历来就存有“莫谈国事”的戒心；另外，他们本身知识水平不高，没有参政议政的能力，而政府提供的机会也太少。正因为如此，他们不仅不知道什么是国家，什么是民族；由于受外人的压迫，还养成了媚外畏外的心理。萨空了认为要培育民众的国家观念，就要进行宣传和引导。他说：“人民的国家观念太贫弱，我们必须由各方面设法提倡，使人民知道爱国，并以爱国为荣。”① 一方面，政府要努力促进民众关心国事，对于民间的宣传运动不是消极地阻碍，而是积极地领导和指示；另一方面，社会也要教导民众慎重思索，懂得自己与国家的关系，“不把国事诿给任何人，而把责任自己肩起来”②。萨空了以朝鲜独立运动和犹太人复国运动的事例教导民众“国家灭亡之后，欲求重建之困难”；他警告说：“在廿多年中，朝鲜人所受到的待遇我以为是我们最应当注意的，因为如果我们不能自己图强，那么朝鲜人所已受到的，就是我们将要受到的一切。”③ 以此告知读者民众个人的命运与国家的存亡休戚相关。

4．揭露日本的侵略行为，批评政府消极抗日

萨空了对日本的本质有着深刻的认识，每当日本又有什么挑衅或扩张行为，萨空了都会一针见血地戳穿其用心；每逢国耻纪念日或一些特别的日子，萨空了也要发表文章，历数日本侵略者给中国造成的深重灾难，希望民众认清其本性，提高警惕，奋起抵抗。

首先，抨击日本贪欲不止，妄图吞并中国的野心。萨空了指出，1915年5月7日日本逼迫袁世凯接受灭亡中国的“廿一条”，其中涉及东三省和蒙古的第二号要求，日本不仅已经如愿，而且超过了其期望；而现在日本得寸进尺，已经由满蒙侵入华北，提出的要求甚至超过“廿一条”。④ 他打比方说，东北在“九·一八”以前就像放在别人面前的一个苹果，结果是被人吃下去了，现在北方简直变成了第二个苹果。⑤ 他又说，1928年日本制造了“济南惨案”，阻止国民党北伐统一全国；1933年又凭借《塘沽协定》大肆走私，破坏中国经济，阻挠中国走向富强，以达到灭亡中国的

---

① 了了：《应两面并进》，载《立报》1936年9月21日第三版。
② 了了：《民众应当沉着坚定》，载《立报》1936年12月26日第六版。
③ 了了：《“国”不能亡》，载《立报》1936年5月13日第三版。
④ 了了：《廿一条和知耻》，载《立报》1936年5月7日第三版。
⑤ 了了：《这是第五次了》，载《立报》1936年9月18日第三版。

目的。[1] 1937 年“卢沟桥事件”发生后，萨空了又敏锐地指出：“我们由此自可愈加明白这次事件‘他们’完全是有预定计划的，不达目的，‘他们’决不肯罢休。如果我们使‘他们’达到了目的，就可以罢休么？不，那也只是暂时的休息一下，以后还要有无穷事件跟在后面，直到灭亡了中国为止。”[2]

其次，揭露日本惯于“小题大做”，为侵略制造借口。1934 年 6 月 8 日，日本驻南京总领事馆副领事藏本在南京失踪，日本马上齐聚军舰于下关江面，进行武力威胁。萨空了据此指出：“他人的谋我，可以说是无所不用其极。有了一个芝麻大的小问题，他们就能把它看作泰山，所以我们应付这样的对手，自是非尽我们的全力不可。”[3] 1937 年 7 月 24 日，上海闸北的日军又称一个叫宫崎的士兵失踪，说是被中国人绑架，然后派出坦克车至天通庵、横浜路设立临时步哨，并在越界筑路检查行人。萨空了指出日军的行为是非常荒谬的：“真有人绑了一个人，难道还会留在街上等着日兵把他检查出来?”所以，“日人如果不是又打算藉词挑衅，这种种行为，真是无意义已极”[4]。

最后，暴露日本处心积虑、刁蛮霸道的本性。萨空了说日本是一个重实利的国家，它非常了解中国的性格。中国什么权利都可以出让，但唯独不肯失去面子；日本于是对症下药，创造一种让中国表面保全面子而实则吃亏的办法，玩弄中国于股掌。[5] 萨空了还以日本议员要求荷兰割让荷属新几内亚为例，揭穿日本对外侵略的惯用伎俩，即由经济入手，取得经济优势之后再以维护“权益”为借口动武。他批评那些因为日本改变对华政策，注重所谓经济提携而抱乐观态度的人，是“天下最易受欺的傻子”[6]。他还指出，现在的日本已经改变了侵略方式，变得无所顾忌了：“过去，他们是希望我们承诺、接受，他们所有的苛酷条件；现在，他们是不再叫我们作文书上的承诺接受，他们想要什么就自己动手拿过去，你事后追认

① 了了：《纪念“五三”》，载《立报》1937 年 5 月 3 日第六版。
② 了了：《总清算》，载《立报》1937 年 7 月 11 日第六版。
③ 了了：《想到了两年前今天的事》，载《立报》1936 年 6 月 8 日第三版。
④ 了了：《关于诡秘的失踪》，载《立报》1937 年 7 月 26 日第六版。
⑤ 了了：《由照像谈起》，载 1936 年 5 月 26 日第三版。
⑥ 了了：《不要太易受欺吧》，载《立报》1937 年 3 月 3 日第六版。

固好，不肯追认，也没有关系，反正他们是已经拿过去了。”[①]

萨空了揭穿了日本的真面目，打破了一些人认为日本会适可而止的幼稚想法，为人们投身抗战扫清了思想障碍。与此同时，萨空了也对国民政府的抗战政策提出了批评。

一是指责政府对日妥协退让，消极抗战。1935年11月25日，在日本的支持下，殷汝耕在通县成立了伪冀东防共自治委员会，26日国民政府第二三九次行政会议决定缉拿殷汝耕，但迟迟未有行动。而许多日本浪人则趁此机会在冀东大肆贩毒，引诱民众吸毒，不少人因染上毒瘾而倾家荡产。萨空了痛陈“冀东各县民众之苦，真是不可言喻”[②]，批评政府对分裂国家的行为竟然不能痛下决心，予以铲除。“七·七”事变发生后，当日军飞机轰炸廊坊时，政府仍然命令前线部队不许进攻，只能抵抗。萨空了说：“以在华北日军的迄不撤退观察，最后也许终于还是只有一战，那我们在他们的借和平增军增械诡计中仍受其欺骗，给他们机会布置，同时还要无故的损失有作战能力的弟兄，我们岂不是太不会打算盘了么?”[③] 指责政府委曲求全，缺乏抗敌的勇气。

二是批评政府缺乏对民众的组织和宣传，打无准备之战。抗战爆发后，国民党军队一再败退，令人郁闷。萨空了借一位外国记者的话说：“我真不明白你们中国的事，为什么南方的兵不运到北方去作战，为什么北方的兵比日兵多，而不能和他们拼一拼？……（你们的）将士都好，只可惜你们的上层没有……”[④] 批评政府在抗战中没有通盘计划，手足无措，贻误战机。抗战后一个月，上海华界民众陷入恐慌，蜂拥搬进租界。萨空了指出：“假如我们能够有很有计划很有组织的战时准备，早早的通知了民众，我相信这种搬家狂一定不会发生。”指摘政府“对民众的组织和战时准备，为了种种关系从未着手”[⑤]。

《小茶馆》对读者以诚相待，读者也将《小茶馆》当成了“有益于他们的朋友”，因此有很多人写信询问萨空了的真实姓名和确切住址，想去拜访他，《小茶馆》与读者已经达到了水乳交融的程度。也正因为如此，

---

① 了了：《纪念五九》，载《立报》1936年5月9日第六版。
② 了了：《已经一年了!》，载《立报》1936年11月25日第三版。
③ 了了：《还等什么》，载《立报》1937年7月27日第六版。
④ 了了：《闷闷》，载《立报》1937年8月1日第六版。
⑤ 了了：《关于搬家狂》，载《立报》1937年8月7日第六版。

作为编者，萨空了有什么样的思想活动和情绪波动也会毫无保留地向读者倾吐出来，读者都会写信报以深深的关切。事实上，主持《小茶馆》也使萨空了的思想得到了升华。他说：“我因为编了《小茶馆》才知道社会的广大，群众的可爱。我读了他们的信，不由得不使我想把自己的一切献给劳苦大众，不由得不使我想为劳苦大众呼号。每一张粗糙的纸和歪斜的字，带给我的感情，比那些整洁的字和秀丽的字要热烈真挚得多。读完了以后，使我感动得落下泪的事，都曾有过。”① 这是那些远离大众的报纸所无法想象和理解的。《小茶馆》创造了真正的平等交流、相互激励、共同进步的编读关系。在《立报》创刊两周年之际，有几位读者特意组织了一个座谈会。与会者认为，两年来《小茶馆》的确是“向下走”的，称赞萨空了“最善说教”、“他的话全是出于苦口婆心”②。

（三）《花果山》：讲故事

《花果山》由小说家张恨水主编。与《言林》专载文艺作品和文学知识，《小茶馆》刊载读者来信和常识不同，《花果山》主要以登载时事琐闻、地方掌故和趣闻逸事、文艺人物速写为主，特别讲究内容的趣味性。由张恨水撰写的创刊词《这第一炷香》就很好地体现了这个特点。

《西厢记》里的崔莺莺，在后花园拜月的时候，曾烧上这么三炷香。那第一炷香的祷告语，却是名正言顺的，祝他亡父早登天界。我们这《花果山》，今天开幕大吉，似乎也要名正言顺一下子。可是这《花果山》的齐天大圣，究竟是位野仙，若是说上一大套子金科玉律，倒有点不搭调。所以就干干脆脆，还是从今宵只可谈风月作起。

谈到第一炷香本身，这是烧香的人，所极愿得着的。北平彰仪门外，有座财神庙，每当正月初二，大开庙门，任人烧香。那些财迷的香客，天不亮，就在城门口等着。城开了，一窠蜂的出去，为的是要烧第一炷香。可是到了庙里一看，第一炷香，老早让人烧了去，大家全是懊丧之至。因为人要敬了第一炷香，财神爷就得照顾着他啦。假使您要敬着第一炷香的

---

① 了了：《编〈小茶馆〉的感想》，载《立报》1936年9月20日第七版。

② 一桌茶客：《论两年来的〈小茶馆〉：七个人座谈的结果》，载《立报》1937年9月20日第四版。

时候，若要买航空奖券，头奖准是您的。

有这么一个人，上财神庙烧了十年早香，都没赶上第一炷香，他急啦。第一天晚上，带了香烛，偷偷儿的溜进庙去，躲在神案下，打算一交子时，立刻由桌子底下钻了出来。庙门没开，香已烧了，谁还能抢了去？不料刚打过十二点，佛殿上就有脚步响，探头看时，庙里老道，正带了香烛上殿呢。那人钻出来，一把抓住老道说：怪不得你们庙里老道年年发财，第一炷香，老早是你自己烧着哇！老道说：这个您得原谅！我要不年年烧着第一炷香，财神不照顾着我，那来的香客抢破庙门呢？那人这才明白了，这第一炷香该是老道的，不然，也不成其为财神庙了。

说句生意经的话，看报先生，全是我们的财神爷，《花果山》老道，这厢有礼了。

张恨水由《西厢记》里崔莺莺在后花园上香，说到财迷香客对烧第一炷香的渴望，又由财神庙老道为发财与香客抢烧第一炷香引出一个令人捧腹的笑话，求财心理的细腻描绘，说书式的叙说方式，以及最后自称“老道”、戏称读者为“财神爷”，并模仿张生与各位读者打躬作揖，给人以轻松、亲切、风趣之感，很契合一般市民的阅读心理。

为突出趣味性和配合《花果山》创刊的特殊日子，张恨水悉心组稿，所有文章都以谈“第一”为主题。除了《这第一炷香》，还有天笑的《丹桂第一台》，介绍上海最早的戏院“丹桂第一台”始盛终衰的演出情景以及旦角伶人低贱的地位；范烟桥的《中国第一义庄》，讲述范文正首创的接济贫穷族人的义庄；杞人的《天下第一关》，简要介绍两个“天下第一关”，即潼关附近的一个关隘和山海关；游客的《黄河第一桥》，回顾建在甘肃兰州城外黄河上的一座浮桥及其改建铁桥的逸事。此外，还有山人的《第一日怀第一人》，张恨水的连载小说《艺术之宫》。每篇文章都小巧玲珑，谈古说今，趣味横生（见图2-8）。

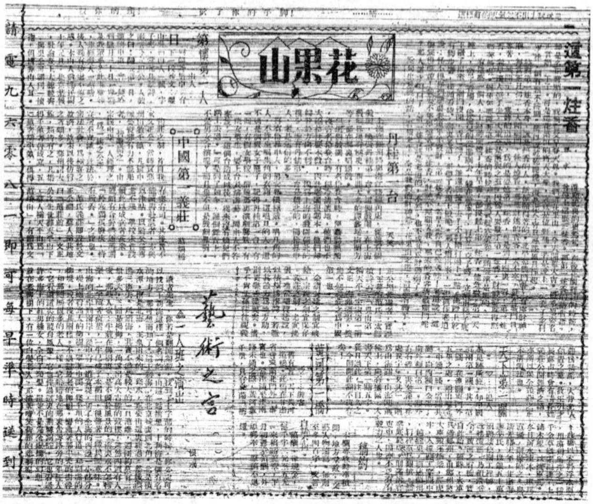
花果山
這第一炷香
中國第一義莊
藝術之言
丹桂第一台
請電九六零八一即可每早準時送到

图 2-8 《立报》1935 年 9 月 20 日第三版下半版
《花果山》及创刊词《这第一炷香》

与《言林》和《小茶馆》不同，《花果山》尽可能远离严肃的话题，正如它自己所言，其意义不过是供给“一些唱茶饮酒的谈料”而已：“《花果山》云者，说这块豆腐干，上面有花有果，我们把他当了一座山头，请大家驰目一游。此外并无什么奥妙。……这里既是个游目骋怀的所在，仿佛杭州城里的城隍山，开封城里的中山市场，而我们也无非在这里摆些说书摊，把戏棚子而已。讲经、论道、演说，全用不着。至多说两句相声，也总以说戏迷传的口吻出之。很不愿发什么议论。破口骂人，那是一百辈子不来哉！”①

《花果山》偏重于讲故事，力避费力费神的议论和辩驳文章。张恨水说：“《花果山》的稿件从来是偏于叙述，少发议论。纵然有时带点商量的意味，却也不是斗争的。近来，本栏接到许多近于斗争的投稿，或是对某一问题、某一个人、某一机关，带着激刺意味的指摘。我们觉得这种稿件，纵然文字优美，理由充足，但就《花果山》的性质而论，却似乎有点不十分恰合。”又说：“《花果山》的滋味，甜、酸、苦，都不妨有，可是我们不愿有那刺激性的辣。而文字既是偏重于叙述的，也无辣之必要！”②

---

① 山人：《关于〈花果山〉》，载《立报》1935 年 9 月 30 日第三版。
② 张恨水：《我们的态度》，载《立报》1935 年 11 月 2 日第三版。

这与《言林》和《小茶馆》直面现实、批判社会又是不一样的。

张恨水主编《花果山》没几个月，便接到北平友人的来信，说冀东敌伪组织因他在小说中宣传抗日，把他列入北平文化人的黑名单，将对他采取“行动”；他在北平的家人也来电，嘱其“勿归”。因为与成舍我的合约届满，既然不能回到深爱的北平，又不喜欢喧闹的上海，张恨水便听从已从《立报》辞职的张友鸾的劝告，二人同往南京创办《南京人报》。[①]《花果山》便由包天笑接编。半年有余，又由张常人续编。[②] 从 1936 年底开始，随着绥远抗战、“七君子”事件、“西安事变”、“七·七”事变等重大事件的发生，《花果山》常常发表一些团结救国的简短评论，侧面传达进步文艺团体慰问前线战士的消息。

总体看来，尽管《花果山》几易其主，但其编辑方针并无本质变化，仍然注重趣味性。在《立报》周年纪念之际，主编张聊公谈到今后的打算时，重申《花果山》仍以兴趣为中心，“所有谈戏剧、电影，以及大鼓、杂要、滩簧、蹦蹦，皆无不可”。总之，“希望《花果山》能够像小说中孙悟空那样的变化，热闹，或活泼的精神”[③]。

对于《花果山》远离现实、重视娱乐的做法，不少读者以《立报》“副刊过多”表示了不满，矛头直指《花果山》。[④] 还有读者直言不讳地指出：“说到《花果山》这副刊，我觉得似乎没有存在的必要。《立报》的标语是‘报纸大众化’，大众化并不一定要以礼拜六派的文章来迁就大家；相反地，正因为小型报容易接近大众，更应该把大众的阅读趣味和文化水准提高，但《花果山》并没有尽这些任务，反而有时在无意中走了相反的路向。”[⑤] 可见，尽管有很多读者喜爱《花果山》，但也有不少读者持相反的态度。

为了照顾读者的意见，《立报》乘创办《立报·晚刊》之机，将《花

---

① 张沄：《报坛驰骋三十年》，载《张友鸾纪念文集》，上海：文汇出版社，2000 年，第 246 页。

② 张常人回忆，张恨水离开《花果山》后由他本人，然后是包天笑接编（参见张常人：《成舍我创办上海〈立报〉的前前后后》，载文昊：《他们是怎样办报的》，北京：中国文史出版社，2005 年，第 107 页）。而包天笑回忆，当张恨水准备离职时，曾与成舍我往其寓所邀请他暂时主编《花果山》（参见包天笑：《钏影楼回忆录续编》，香港：大华出版社，1973 年，第 40 页）。另外，自此之后，《花果山》的首篇文章大都为包天笑所作。两相比较，《花果山》为包天笑接编更可采信。比对相关资料，张常人的回忆颇多错漏之处。

③ 张聊公：《今后的〈花果山〉》，载《立报》1936 年 9 月 20 日第七版。

④ 了了：《迁移的声明》，载《立报》1936 年 3 月 16 日第三版。

⑤ 一屏：《〈立报〉论》，载《留东学报》1936 年第 2 卷第 5 期。

果山》搬到晚刊上，然而又在《小茶馆》中增加讲故事的内容，“怕一些喜欢看点有趣味故事的读者，感觉到减少了兴致”①。1936 年 6 月 1 日，晚刊停办，《立报》又增出两版（共六版），将《花果山》迁回，安排在第六版。11 月 20 日，《立报》为出版《绥远专刊》，将《花果山》暂停一日。12 月 10 日，《立报》又将《花果山》与第三版的《小茶馆》对调，以使广受青睐的《小茶馆》与广告同版刊出，提高广告的吸引力。“八·一三”战事爆发后，《立报》遵照日报公会的决议缩为一张四版，《小茶馆》移至第四版，停办《花果山》，腾出版面报道激增的战地新闻。总的看来，对于读者的意见，《立报》并没有作出积极的回应，反而是力图维持《花果山》的存在。这就导致了《花果山》的不断迁徙、让路，直至战事爆发而提前停刊。关于《花果山》的去留，读者与报馆存在分歧。

其实，《立报》之所以保留《花果山》，是有着商业方面的考虑的。《立报》是一家合股经营的报纸，虽然并非纯粹以赢利为目的，但也需要考虑股东的投资回报。《立报》在严肃内容之外添加一些纯粹娱乐的内容，雅俗共赏，显然能够满足不同层次的读者特别是本埠读者的喜好，有利于扩大销量。只是这些内容虽然适合一般市民读者的娱乐需求，但因为无关宏旨，与现实、也与《立报》的整体内容和风格格格不入，并不为其他读者所认同，致使《花果山》遭受争议而最终停刊。

四、图画

图画具有直观形象、美化版面、刺激阅读兴趣的优点。成舍我说：“我国近年，各报多有图画周刊之设，顾每日报纸中，与文字并载之图片，尚不多见。此不特可以增进新闻之价值，亦足以使读者调节脑力，添加无限兴趣。”②《立报》十分重视图画的运用，它在出版时就大力宣扬其辟有新闻照片、讽刺画、连环画和历史画四种图画。以创刊当日为例，第一版右边报眼为新闻照片；左边报眼为鲁少飞的政治漫画；新闻《暗杀案所牵涉　顾竹轩案　今日上午法院开庭》则配有一张顾竹轩的照片。第二版

① 了了：《迁移的声明》，载 1936 年 3 月 16 日第三版。

② 成舍我：《报学琐谈之二——图画版之意外效用》，载《世界日报》1931 年 9 月 4 日第十二版，转引自李磊：《成舍我研究》，北京：中国传媒大学出版社，2011 年，第 126 页。

《言林》中插入陈抱一的讽刺漫画（一位戴瓜皮帽和老花镜的老先生笼着双手对四个同样笼着双手的孩子说："我自幼老成，你们都得学我"）。第三版则有描绘恋人关系的四格系列连环画《蜜蜂》。第四版《点心》中辟有曹涵美的历史故事画《桃花扇》。《立报》图画品类齐全，内容各有偏重，有的置于显著位置，有的灵活安排，真正做到了图文并茂。①

为了配合重要新闻的报道，《立报》在最初刊发了不少新闻照片，并且别出心裁地将这些照片安排在报眼位置。这也是第一任总编辑张友鸾的创举。例如，1935 年 9 月下旬，江苏北部洪水泛滥，《立报》对此进行了连续报道，并且配发了新闻照片，如 9 月 27 日的《铜山水灾难民惨状》和《铜山东北张谷山村落淹没》，展示了洪水肆虐造成的重大灾害，丰富了报道内容。10 月 22 日，新闻学家戈公振因病在沪去世，《立报》次日便在第二版报道了《戈公振昨午逝世》；为了加强报道效果，又在两个报眼处分别刊发了戈公振的遗像以及戈公振在苏联采访时与梅兰芳和胡蝶在莫斯科的合影。

为了拓宽时事报道面，《立报》又在新闻照片之外增加了新闻人物头像漫画，让读者得识这些风云人物的庐山真面目。比如，1935 年 11 月 1 日《立报》在报道中国驻日大使蒋作宾回国参加即将举行的国民党六中全会时，配发了漫画《昨天离开日本回国的我驻日大使蒋作宾》。这些人物头像漫画采用夸张和变形的绘画技巧，与纯粹写实的新闻照片相比，别有一种审美效果，因而很受读者欢迎。于友回忆说："《立报》每天在报眼处刊登漫画式的新闻人物头像，其吸引人的效果决不会亚于目前好多刊物封面所用的大幅人物照片。"②

比较而言，鲁少飞的政治漫画不仅数量大，而且以其辛辣讽刺现实的表现力和影响力，占据着重要地位。鲁少飞，1903 年生，自幼随父学画，尤其喜爱漫画艺术。1920 年开始在《申报》投稿，曾加入上海晨光美术会进修。1924 年赴奉天美专任西画教员，出版《北游漫画》，后在南京国民革命军总司令部政治部从事宣传工作。1927 年回到上海，与叶浅予等组织

---

① 这种状况大致持续到年底，由于缺乏合适的创作人员，调整为以刊登新闻照片、鲁少飞执笔的政治漫画以及滑稽漫画为主。

② 于友：《记友鸾师创刊〈立报〉片断》，载《张友鸾纪念文集》，上海：文汇出版社，2000 年，第 18 页。

漫画会，靠投稿为生。1934 年主编《时代漫画》，次年开始为《立报》创作政治漫画。[1] 鲁少飞的漫画有三个特点：

（1）配合新闻报道，紧扣现实政治。如 1936 年 7 月 22 日第一版的漫画《“我们是世界上最强大的国家”》，一个着和服、上书“军扩费”的人以胜利者的姿态举起另一只干枯的手，这个名为“××国民”的人瘦骨嶙峋，正背负着一枚巨大的炮弹，孱弱得几乎跌倒，暴露了日本穷兵黩武、残酷压榨中国人民的嘴脸。日本原本在中国北方疯狂走私，但它贪欲不止，又将魔掌伸到了上海。1937 年 3 月 20 日，一百余名日本浪人在上海汇山码头私运铜元时被海关关员发现，这些人竟然肆无忌惮地殴击关员；后驻沪日总领事出面“调解”，以留下少部分铜元，其他装船运走而了结。《立报》次日即报道了此事。漫画《竟敢搬演到南方来了!》（1937 年 3 月 21 日第一版，见图 2－9）再现了日本浪人猖狂走私和血腥报复的场面。其他还有讽刺日本对外夸大宣传的《吹起的肥皂泡》（1936 年 9 月 6 日第一版）、揭露日本扩大华北驻军组织的《“再扩大些!”》（1937 年 4 月 16 日第一版）、讥刺日本层见叠出的侵略言论和扩张行径的《不怕烫痛自己的手吗?》（1937 年 7 月 17 日第一版）等等。

图 2－9 《立报》1937 年 3 月 21 日第一版漫画《竟敢搬演到南方来了!》

① 毕克官、黄远林：《中国漫画史》，北京：文化艺术出版社，2006 年，第 121 页。

当日本对中国实行蚕食鲸吞的侵略政策时，一些政治势力却为了自身利益，投合日本的需要，先后成立了伪满洲国和伪蒙古军政府（1936 年 1 月蒙古族上层分子德王公开投降日本所成立——笔者注）。《物以类聚》（1936 年 4 月 17 日第一版）对此进行了辛辣的讥讽。这幅漫画在两个伪国悬挂的旗帜上将其首领画成人头龟身的形状，上书“始创傀儡国”，鞭挞这些人卖国求荣、丧失人格的可耻行为。与此有异曲同工之妙的还有《又是一群傀儡!》（1936 年 11 月 20 日第一版），一个日本人指着几个着蒙古装的人对同伴说：“此系用中国人之原料而制造成功的!”通过日本人的不屑讥讽卖国者的可鄙。

（2）表现社会现实，描绘民生疾苦。如 1936 年 4 月 16 日第一版的漫画《求过于供》：一面三角旗、一只碗和一个背着行李跪在地上的车夫上面分别写着“车夫登记”、“五千人”和“三万失业车夫”，通过数字对比形象地表现车夫艰难的生存状态。再如 1937 年 11 月 24 日第三版的漫画《一面是啼饥号寒 一面是酣歌醉舞》（见图 2－10）由两个画面构成，左边是排着长龙等待施舍的饥民，右边是乘坐汽车出入饭店的富人，反映了社会的不平等和富人的冷漠。此外，还有控诉银行巧取豪夺、储户血本无归的《作废》（1935 年 9 月 22 日第一版），嘲讽按次收取话费、通话被不断打断的《说话难》（1935 年 11 月 1 日第一版），表现民众渴望言论自由的《久旱逢甘雨》（1937 年 5 月 16 日第一版）等等。

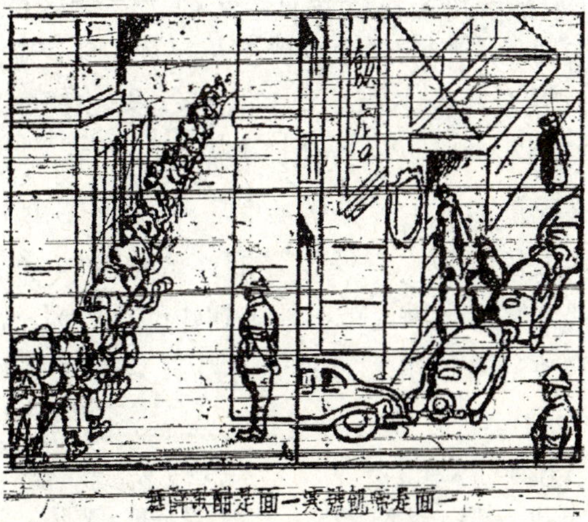

图 2－10 《立报》1937 年 11 月 24 日第三版

漫画《一面是啼饥号寒 一面是酣歌醉舞》

（3）构思巧妙，构图简洁，寓意深刻。1936年1月28日是“一·二八”抗战第四个纪念日。《立报》在当日登出一幅漫画《到财神殿去》：清晨，一位老者提着祭品、打着灯笼赶往财神殿，而他经过之处正是殉难倒卧的战士和空寂高耸的“一·二八”阵亡将士纪念碑。一面是英雄为国捐躯，死后寂寥，一面是国人虔诚地敬奉财神，将英灵忘在脑后。漫画将两个场景叠加在一个画面中，又置于一个特殊的日子进行对比，发人深省。又如《不虞倾跌乎?》（1937年3月20日第一版）：一个人（上书“中日贸易协会”）手擎一把伞（上书“不谈政治”）像杂技演员一样在一条高悬的钢绳上晃动，摇摇欲坠，而绳下正是汹涌的流水（上有“中日两国政治问题”字样）。中日贸易协会成立于1936年初，其产生背景是1935年爆发“一二·九”学生运动之后，日本为了缓和两国关系，将军事侵略改为所谓“中日经济提携”，中国便有一部分人随声附和，成立了此协会。该协会虽说是一个贸易组织，与政治似乎没有关系，但产品的输入输出必然有助于日本的对外扩张，从而牵连到政治问题。漫画以比喻的手法揭示了中日贸易协会的本质和影响，将一个抽象的问题形象化了。

鲁少飞的漫画很受好评，常常被上海、南京、北平、苏州、杭州等地的中外文报章杂志所转载。①

此外，《立报》还在1936年上半年陆续刊登了一些四格滑稽漫画，其中如“老教授系列”（《老教授浇花》、《老教授跳舞》、《老教授钓鱼》、《老教授画画》等）描绘了老教授在日常生活中一些反常古怪的行为及其遭遇的逗人发笑的场景。如在《老教授浇花》中，第一帧画为老教授在花圃浇水；第二帧画为天开始下雨；第三帧画为老教授毫不理会，继续浇水；第四帧画为雨越下越大，老教授撑着伞浇水。在《老教授画画》中，老教授正在画一头吃草的水牛，水牛发现后，气愤地用角将画挑破了。看来牛也是很讨厌别人侵犯其“肖像权”的。这些漫画没有什么社会意义，不过是为了制造些许笑料，满足市民追求趣味的喜好而已。

总之，严肃的政治漫画和消遣的滑稽漫画共存一报，既活跃了版面，

---

① 参见《立报》1936年9月20日第六、七版。如中文杂志有《世界知识》、《东方杂志》、《申报每周增刊》、《中外月刊》等；报纸有南京《金陵日报》和《朝报》、苏州《吴县日报》、杭州《东南日报》、北平《实报》等。英文报刊有 *North-China Daily News*（《字林西报》），*The Shanghai Evening Post & Mercury*（《大美晚报》），*The China Press*（《大陆报》），*Asia*（《亚细亚》杂志）等。

也满足了不同读者的阅读偏好。

第四节 《立报》版面的衍化与《立报·晚刊》

《立报·晚刊》的创办是《立报》分流读者和实现报纸扩张的一次尝试。晚刊报道《立报》出版后发生的新闻，主要针对本埠读者；《立报》则报道晚刊出版后发生的新闻，主要针对全国读者。两者合作，进行全天候的报道，形成互补关系。因此，晚刊创刊后，《立报》分流了部分内容；晚刊停刊后，《立报》乘势扩版，大幅度调整版面，不断对内容进行细分，形成了各类新闻齐备的版面格局。

一、《立报·晚刊》的创办与停刊

前文已述，《立报》第一、二版为国内外要闻，第三版为本市新闻，第四版为文化教育新闻（创刊不久后易为本市新闻），第二、三、四版下半版分别安排三个副刊。1936 年 2 月初《立报》便有设立晚刊之议。当时，《晨报》因亏损于 1 月 21 日停刊，其有三年多历史的晚报《新夜报》也于月底停版。《立报》想趁此机会进驻晚报市场，填补《新夜报》留下的空白。不料，原《晨报》同人忽于 2 月 7 日发刊《星夜报》。该报对开一张，批价仅铜元两枚，只有《立报》的一半，“其销路不下前之《新夜报》”。“照此比例，《立报》夕刊，非批五文不足以制胜。”① 鉴于此，《立报》只好暂且搁置计划。然而，《星夜报》仅出版了十九天，便寿终正寝。

1936 年 3 月 16 日，《立报·晚刊》创刊，主要在本埠发行。像《立报》一样，晚刊也采取“小”和“廉”的策略，八开两版，仅及《立报》的一半，售价铜元 3 枚，也比《立报》稍便宜。《立报》此时出版晚刊，乃是因为当初日销 10 万份的目标基本达到，且要求刊登的广告络绎不绝。增加晚刊，可以将注重市民口味的《花果山》迁移过去，腾出第四版部分

---

① 伊人：《〈立报〉发行夕刊延期》，载《晶报》1936 年 2 月 15 日第二版。

版面刊登广告（同时将《小茶馆》从第四版调整到第三版）。晚刊创刊当日，《立报》在本报第一版宣告："它的取材标准是注重'当天的'、'重要的'国内外随时发生的事件；它与《立报》，同样守着精编的原则，但要电、专讯，仍求其灵确充实，藉以满足读者的需要。"[①] 为了照顾外埠读者，"晚报已刊载的重要新闻，日报一样还要刊登"[②]。

17日，就像当年自己创刊一样，《立报》也在《新闻报》为晚刊刊登了一个广告，宣扬其内容特色："它篇幅虽只一小张，比日出六、七大张的一般报纸，尚不足十分之一，但它所包含的评论、电讯、文艺，及一切材料，确为读者所需要的，不仅没有比一般报纸减少，并且只有增多。"广告还从报业发展的高度揭示了《立报·晚刊》的价值："如果中国的报纸，都能像这样节省篇幅，那么今年好几千万人口印刷用的外国纸，是足总可减少百分之八十以上，替中国国民无形中填塞了一个大大的漏卮。"[③]

18日，为了配合宣传，《立报》又在报边刊出新拟的标语，例如，"要知出版以后的今天消息　请看今天下午的立报晚刊"，以此不断提示读者。

然而，《立报·晚刊》的命运比《星夜报》好不了多少，出刊仅两个半月便于6月1日停刊了。从办报方针看，《立报·晚刊》可以说是《立报》的翻版，但没能像《立报》一样占领一方市场。《立报·晚刊》创刊时，上海已经有了四家有三四年历史的晚报。《大晚报》崛起于"一·二八"战事报道，它依托"四社"发展，采用白话写作，注重地方通讯，采取混合编排，从而树立起其在晚报中的地位。《新闻夜报》乃《新闻报》为争取广告而办，稿源十分丰富，除了当天重要消息和商情外，特别注重刊登广受市民读者欢迎的曲艺节目和唱词。《社会晚报》则以报道社会新闻为主，多数为具有刺激性的刑事案件新闻。《大美晚报》（中文版）为在美国注册的公司所办，不受国民党的新闻检查，国内和国外新闻非常丰富。[④] 而《立报·晚刊》虽然可以依靠《花果山》抓住部分读者，报价也较其他晚报便宜（铜元3枚相当于1分），但它无论如何实行"精编"，也

---

① 《〈立报·晚刊〉今日出版》，载《立报》1936年3月16日第一版。

② 了了：《关于刊登广告》，载《立报》1936年3月20日第三版。

③ 神葵：《〈立报〉劝〈申〉〈新〉两报省纸》，载《晶报》1936年3月19日第二版。

④ 《上海新闻志》编纂委员会：《上海新闻志》，上海：上海社会科学院出版社，2000年，第180～183页。

很难以区区八开两版的篇幅与其他晚报争胜。综合比较，《立报·晚刊》并不占优势（见表2-2）。另一方面，《立报·晚刊》的新闻虽然与《立报》形成互补，但也在一定程度上与《立报》重复，没能与之形成鲜明的差异性，本埠读者只会二者选其一，而不会同时购阅。

《立报》本来打算像几家大报一样晨报与晚报同时出版，或者像当年《世界晚报》一样新创一份报纸，扩大经营规模，但终未如愿。

表2-2 1936年上海部分晚报发行张数和价目

报 纸	创刊日期	开数	每日发行张数	每份定价
《大晚报》	1932年2月	对开	1张半至2张	2分8厘
《大美晚报》	1933年1月	对开	1张	铜元5枚
《新闻夜报》	1933年2月	对开	2张至3张	2分
《社会晚报》	1934年3月	对开	1张	2分
《立报·晚刊》	1936年3月	八开	1张	铜元3枚

资料来源：《上海市各报发行张数价目表》，载张研、孙燕京：《民国史料丛刊(1002)史地·年鉴：民国二十五年上海市年鉴（下）〈二〉》，郑州：大象出版社，2001年，第214页。本表根据以上资料及相关资料编制而成。

二、《立报》版面的衍化

1936年6月1日，《立报》借停办晚刊之机，发行增刊，晚刊则改为号外。[①] 这样，《立报》由原来四版扩为六版，再次在报边依次刊出重拟的标语，如“天天读报最易增进本身对于国家的认识　故欲民族复兴必先实行大众化”。《立报》扩版后，对版面内容进行了大幅度的调整：第一版仍为评论和国内外要闻；第二版由国际新闻易为国内新闻，《言林》不变；第三版仍承其旧，为本市新闻和《小茶馆》；第四版由本市新闻变为国际新闻；第五版为新辟的《文化体育增刊》（见图2-11）；第六版为回迁的《花果山》。综上，《立报》将国内新闻独立出来辟为专版，同时将本市新闻削减一半，国际新闻后移，体现了《立报》对读者需要的充分认知。在

① 《本报启事》，载《立报》1936年6月2日第二、三版中缝。

国内局势阢陧不安的状况下，读者对国际新闻的关切必然要低于国内新闻；同样，外地读者也不会对与己无关的本市新闻有太多的兴趣。此外，《立报》对文化新闻和体育新闻等不同性质的新闻进行细分也为读者提供了多样的选择。

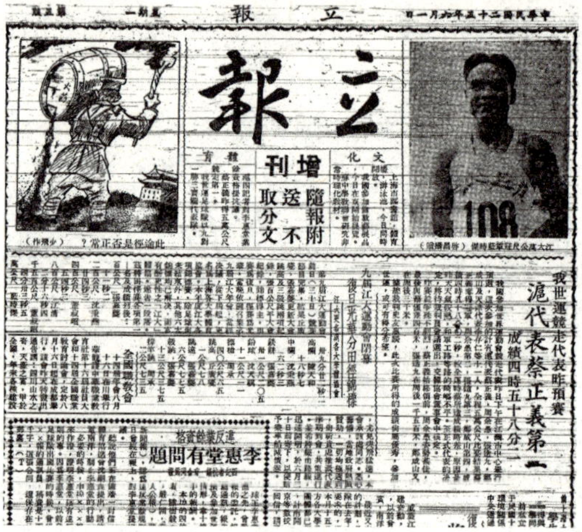
中華民國二十五年六月一日　星期一　立報　第五版

立報

文化　增刊　體育

隨報附送　不取分文

此論標是否正常？（少飛作）

江大萬公尺冠軍蔡正義時留影（楊昌浦攝）

我世運競走代表昨預賽
滬代表蔡正義第一
成績四時五十八分二

九屆江大運動會閉幕
復旦光華分田徑錦標

全國體教會

李惠堂有問題
違反業餘資格

图 2－11　《立报》1936 年 6 月 1 日第五版上半版《文化体育增刊》

《立报》对内容的细分和调整仍在进行。1936 年 9 月 1 日，本来在第一版第一栏的《评论》专栏改刊第二版。与此同时，《立报》对第五版《文化体育增刊》进行了改版（与第六版的《花果山》合为“《立报》第二张”）：

首先，取消报头，腾出三栏的篇幅辟为《经济》专栏，这样除了本来在中缝设置的《经融行市》专栏（后并入《经济》专栏），《立报》又增加了一个报道经济新闻的栏目。为了使读者正确认识中国的经济现状，《立报》特请经济学者章乃器逐日撰写《经济讲话》，就一些日常现象进行经济学的解释（即“采用日常现实题材　灌输国民经济真义”）。如 1936 年 9 月 10 日的《经济》专栏就有：《华茶输出激增》、《皖向中农中国两行　贷款签合同》、《陕晋冀三省棉花　今年运销办法》、《〈经济讲话〉（十）：北平建设》。

其次，将《文化体育增刊》缩减为《教育与体育》专栏，专门报道全国和本地体育界、文化界和教育界发生的各种新闻（见图 2－12）。1936 年 10 月 19 日，著名文学家鲁迅去世。《立报》在次日的第一版发布了一个简讯，其他新闻都安排在《教育与体育》专栏。比如，《我国文坛巨星殒落　鲁迅昨晨溘然长逝》（1936 年 10 月 20 日），《殡仪馆中空气肃穆　五千余人昨瞻仰鲁迅遗容》（1936 年 10 月 21 日），《一代文豪从此永别　鲁迅遗体昨大殓　今日葬万国公墓》（1936 年 10 月 22 日）。

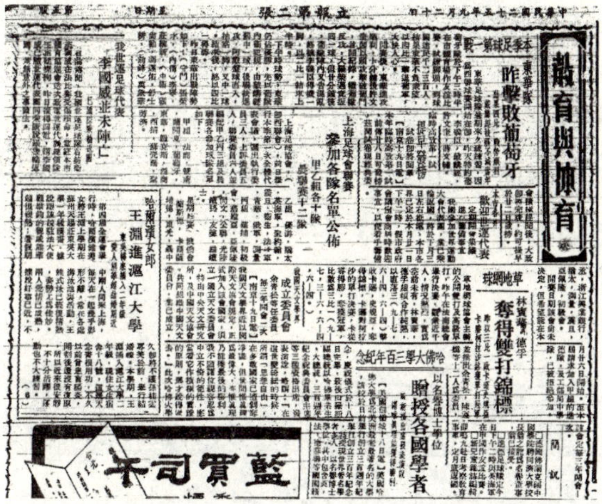
中華民國二十五年九月二十日　立報第二張　星期日　第五版
教育與體育
本季足球第一戰
東華隊昨擊敗葡萄牙
歡迎世運代表
上海足球會聯賽
參加各隊名單公佈
甲乙組各十隊
丙組共十二隊
我世運足球代表
李國威並未陣亡
草地網球
林寶華　德宇
奪得雙打錦標
哈佛大學三百年紀念
贈授各國學者
以名譽博士學位
哈爾濱女郎
王淵進滬江大學
成立委員會
藍買司卡

图 2－12　《立报》1936 年 9 月 20 日第五版上半版《教育与体育》专栏

至此，《立报》形成了评论、要闻、国内新闻、本市新闻、国际新闻以及文化体育新闻、经济新闻、三大副刊齐备的版面格局。较之《申报》[①]，除了篇幅，两者已不分轩轾。“报纸之内容总是应时代之转变及读者之好恶而时时演化的。”[②] 两报各自发展，却殊途同归，可以看出两报对一般办报规律的遵循。

此外，为适应形势的需要，《立报》还不定期地出版增刊。除了 1936 年 9 月 20 日和 1937 年 9 月 20 日的《〈立报〉一周年纪念增刊》和《〈立

---

① 以《申报》1935 年 9 月 20 日的版面为例，其第一张第三版为要电（第一、二、四版为广告）；第二张第五版为要电，第六、七版为国际电，第八版为地方通讯；第三张第九至十一版为本市新闻，第十二版为副刊《春秋》；第四张第十三版为《教育新闻》和《体育新闻》专栏，第十四版为《商业新闻》专栏，第十五版为副刊《自由谈》（第十六版为广告）。

② 语堂：《所望于〈申报〉》，载《宇宙风》1935 年第 1 期。

报〉二周年纪念特刊》以及1937年1月1日的《〈言林〉元旦特刊》和《〈花果山〉元旦特刊》，《立报》先后推出了至少三个增刊。一为《视察上海附近各地特刊》（1936年10月11日第六、七版），记者通过走访上海近郊的江湾、吴淞、真如、南翔、大场、浏河、宝山和黄渡等地，向读者介绍当地严防汉奸捣乱的抗战氛围，希望华北及沿海的民众像上海民众一样担负起保卫国家的责任。二为《绥远专刊》（1936年11月20日第六、七、八版），这个专刊是在日伪进犯绥远、国民党驻军奋起打击的背景下出版的。考虑到南方读者对绥远较为陌生，专刊介绍了绥远的战事、地理、历史和资源等情况，希望国民增强保守绥远的意识。三为《国民对日经济绝交讨论专刊》（1937年10月10日第五、六版，见图2－13）。中国已经发动抗战，但中日竟然还在进行贸易往来，到底应不应该对日实行经济绝交，《立报》广征各界意见，对此进行了讨论，并向政府，也向社会反映了民众的意见。①

中華民國二十六年十月十日　立報第二張　星期日　第五版

國民對日經濟絕交討論專刊

座談結果

图2－13　《立报》1937年10月10日第五版
上半版《国民对日经济绝交讨论专刊》

“八·一三”战事爆发后，《立报》将六版缩为四版，取消第五版的《经济》和《教育与体育》专栏以及第三版的《花果山》，《小茶馆》移至

① 专版讨论的主要结果是“须发动民众力量，督促政府赶紧施行：甲，对外：对日绝交；乙，对内：肃清汉奸”。

第四版，维持要闻、国内新闻、本市新闻和国际新闻并存的局面（自创刊以来，《立报》的版面衍化具体如表2-3所示）。

表2-3 《立报》的版面衍化

起始时间	第一版	第二版	第三版	第四版	第五版	第六版
1935年9月20日	评论 要闻	要闻 《言林》	本市新闻 《花果山》	文体新闻 《点心》	—	—
1935年11月1日	评论 要闻	要闻 《言林》	本市新闻 《花果山》	本市新闻 《小茶馆》	—	—
1936年3月16日	评论 要闻	国际新闻 《言林》	本市新闻 《小茶馆》	本市新闻	—	—
1936年6月1日	评论 要闻	国内新闻 《言林》	本市新闻 《小茶馆》	国际新闻	《文化体育增刊》	《花果山》
1936年9月1日	要闻	国内新闻 评论 《言林》	本市新闻 《小茶馆》	国际新闻	《经济》、《教育与体育》	《花果山》
1936年12月10日	要闻	国内新闻 评论 《言林》	本市新闻 《花果山》	国际新闻	《经济》、《教育与体育》	《小茶馆》
1937年8月14日	要闻	本市新闻 评论 《言林》	本市新闻	国际新闻 《小茶馆》	—	—
1937年8月20日	要闻	国内新闻 评论 《言林》	本市新闻	国际新闻 《小茶馆》	—	—

注：本表只是大致勾勒《立报》版面的衍化情况，在某一时间段内其版面内容会有临时变动，本表未计入。

第三章　《立报》的经营、收益与待遇

在内容上，《立报》实行“报纸大众化”的办报理念，推动了报纸的普及，促进了报纸销量的增长。与此同时，在经营上，《立报》实行科学管理，务使每个员工在工作中全力以赴；重视推广发行，保持已有读者，开发新的读者；大力拓展广告，稳定广告来源，提高广告价值；注重宣传和沟通，加深读者对报纸的了解，加强读者与编者的联系；强化社会服务，塑造报纸形象，提高报纸声誉。所有这些举措推动了《立报》“销量—广告—收益”三者的良性循环，大大提前了《立报》的赢利预期。《立报》原定“第一年赔本，第二年起收支相抵，第三年能有盈余”，事实是《立报》在出版第十个月时，收支已经达到平衡，第十四个月起，股东开始分得股息。然而，尽管《立报》收益颇丰，但员工的收入普遍较低。《立报》在“为大众利益而奋斗”时却忽视了员工的权益。

第一节　《立报》的经营与管理

一、实行科学管理

1930年6月至1931年2月，成舍我出国考察欧美报业，回国后，结合自己的办报经验和资本主义的经营管理制度，开始对《世界日报》实行科学管理。《立报》的管理方式可以说就是《世界日报》科学管理经验的复制。那么，何为“科学管理”？萨空了对此有过探讨。他说，科学管理的前提就是报纸的商品化和报社的企业化，在此前提下，管理一家报社就像管理一般大企业一样，必须采取科学管理的方法，它包括三个原则，即权力集中、厉行法治以及由细密分工归于机动合作。萨空了解释说："为求一事业有效地发挥力量，非有一个健全的组织机构不可。报社需要的健全组织机构，是把由社长到送报报差，组织成一具能动的机器。一定要组织得好，这机器才真有用。机器的组成靠了事前的构图设计。一种事业的组织，是靠了事前的立法。立法的目的，是分工，是判明责任，同时还要引导着由分而合，构成一个整个的不可分的力量。"① 易言之，就是通过合理的规划、健全的组织、有机的协调、正确的指挥和严格的控制等管理机能，运用人、财、物、讯息等媒介资源，以实现媒介组织的经营目标。②《立报》的股东和高层绝大多数是报社、通讯社的高层管理人员，多任社长、副社长、总经理、总编辑之职，熟谙报纸的运作规律，具有丰富的经营管理经验。因此，筹办报纸、召开股东大会、选举董事会、聘任中高层管理者、构建组织构架、订立管理制度等，依次展开，有条不紊，为《立报》的创立和发展打下了坚实的基础。

（一）管理构架

《立报》是由十三位志同道合的同业合股组建而成的。《立报》设有总管理处，实行社长负责制，由成舍我全权决定报纸的编辑方针、业务规划和人事聘雇等。总管理处则有严谔声、张友鸾等高层管理人员及其他工作人员，辅助成舍我处理各种日常事务。总管理处下辖四个部门，即由总编辑负责的采访部和编辑部以及由总经理负责的营业部（亦称经理部）和印刷部（如图3－1所示）。编辑部下设编辑科、电讯科和参考科③等，共十多人；营业部下设发行科、广告科和副业科④等，共十多人；印刷部下设排字组、铸字组、刻字组、印刷组等，共二三十人。总务、考核和会计部等直属总管理处。这个组织构架与同时期的申报馆和新闻报馆大体相似，只是

---

① 萨空了：《科学的新闻学概论》，载祝均宙、萧斌如：《萨空了文集》，上海：上海科学技术出版社，2002年，第193页。

② 邵培仁、刘强：《媒介经营管理学》，杭州：浙江大学出版社，1998年，第16页。

③ 根据《立报》内容可知，《立报》有一个参考科，由王皎我担任主任。该科专门收集整理、分类保管各种书报杂志和图片，为编辑部提供参考资料。参考科每月都会收到一些杂志社和机关赠送的刊物。为配合新闻报道，王皎我经常为《立报》撰写一些说明性或史料性的文章。

④ 根据《立报》内容可知，《立报》有一个副业科，副业科总揽发行和广告以外的业务，如出售报馆出版的书籍和报纸合订本、代售各种书报等。

《立报》的管理层级和管理人员更加精简。其优点在于：一人兼任多职，同时联系多个部门，可以节省管理成本，协调各部门之间的关系；管理层级减少，便于上传下达，实行有效的监管，也便于下情上达，及时反映问题。

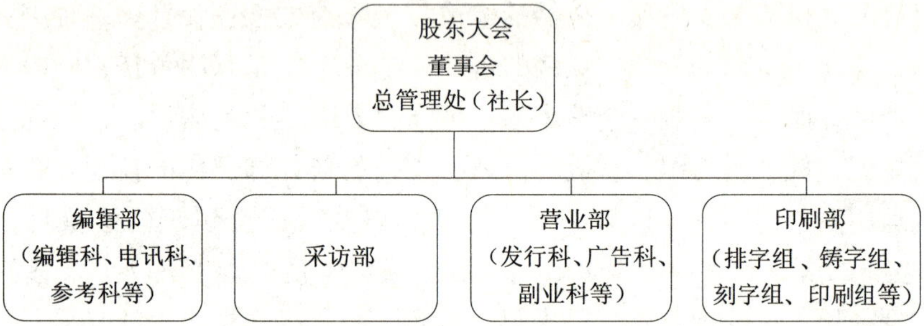

图 3－1　立报馆股份有限公司管理构架

资料来源：乌泽荣：《“新专”实习团：实习一周年的报告》，载《立报》1936 年 9 月 20 日第七版；张常人：《成舍我创办上海〈立报〉的前前后后》，载文昊：《他们是怎样办报的》，北京：中国文史出版社，2005 年，第 111 页；祝均宙、萧斌如：《萨空了文集》，上海：上海科学技术出版社，2002 年，第 197 页。本图参照以上资料及《立报》相关报道绘制而成。

当然，这种管理构架将一切权力集中于社长，也对社长的业务素质、领导才能和工作精神提出了较高的要求。成舍我是一个全能报人，精明干练，谙熟报纸制作流程，精通报业管理。他以身作则，工作勤奋认真，比如，“他每天从《立报》第一版的第一字看起，直看到第六版的最末一个字，比较消息、看错字、研究印刷是否有恶劣的地方，他能长年不断的这样作”①。成舍我做事总是全力以赴，永不满足，“不但事无巨细，完全要问到，而且他很努力想做到他理想的《立报》，成为事实的《立报》”②。成舍我亲力亲为的工作作风，精益求精的管理方式以及满怀激情、永无止境的追求精神，再加上《立报》员工勤勉负责的工作态度，使《立报》像机器齿轮一般配合默契，像上满发条的钟表一般劲头十足，朝气蓬勃。

1936 年 6 月，成舍我驻沪已届一年，返回北平，自 7 月 1 日起由严谔

① 了了：《成功的捷径——送成舍我先生》，载《立报》1936 年 7 月 30 日第三版。
② 杭育：《〈立报〉增力》，载《晶报》1936 年 4 月 14 日第三版。

声接任《立报》总经理（副总经理为田丹佛）。同年9月20日《立报》周年之际，萨空了正式就任总编辑兼经理，全权管理《立报》。萨空了实行民主管理，他虽是负责人，但总是采取协商的方式处理馆务。[①]

（二）管理制度

《立报》的中高级职员由成舍我物色聘任，普通员工则由《立报》公开招考。1935年夏，《立报》即将出版，面向社会招考练习生，应考者近两百人。这次考试由恽逸群主持笔试和口试，考场设在上海市商会。于友是不多的几名入围者，在面试时他回答了为什么要从事新闻业，对新闻工作有何认识等问题，最终被录取。于友认为《立报》在招聘时“秉公办事，认真选人”[②]，非常规范。《立报》有时也通过熟人介绍的方式引进人才。如舒宗侨和熊岳兰就是由其老师谢六逸介绍担任《立报》记者的。[③]同样是复旦大学新闻学系毕业的夏仁麟则是在1936年夏应聘担任《立报》编辑的，在此之前他经常向《立报》投稿。这些人在校期间表现优异，经常发表新闻学术论文，还参与了复旦大学“世界报纸展览会”（1935年10月7日至13日）的筹办工作。他们都成长为《立报》的骨干。

编辑部居于报馆的核心地位，起着“承上”（采访）和“启下”（印刷）的作用，是以编辑部的设置和管理至关重要。《立报》的编辑部设在报馆二楼的一个房间里，与排字房相邻。这与一些报馆编辑部与排字房分离设立颇不一样。成舍我为编辑部设计了一个马蹄形的大写字台。这个写字台利用率特别高，白天供记者、译电员等使用，晚上则供总编辑、编辑、校对员等使用。于友回忆了总编辑张友鸾的工作情形，由此可以略知编辑部的工作程序：“张先生每天晚7时到报馆上班，坐在马蹄形编辑桌的凹口处，先将当天收到的各家通讯社的消息翻检一遍，把选用的稿子分发给坐在马蹄形编辑桌其他各面的编辑，由他们具体修改；决定不用的稿件，张先生就亲手丢进身边的字纸篓里。遇有很重要的新闻，他就亲自动手改编、作标题。待各位编辑将稿件编好后，仍然交还给张先生过目。张

① 萨空了：《我与〈立报〉》，载祝均宙、萧斌如：《萨空了文集》，上海：上海科学技术出版社，2002年，第7页。

② 于友：《恽逸群：我敬爱的老师》，载陆炳炎：《恽逸群同志纪念文集》，上海：上海三联书店，2005年，第130页。

③ 陈江、陈达文：《谢六逸年谱》，北京：商务印书馆，2009年，第108页。

先生如认为所处理稿件有不当之处，便向编辑说明自己的看法，一同商量修改；如对处理过的稿件无异议，便返身将稿件递进（身后的）一个窗口，交给隔壁排字房去排字。”[①] 可以看出，《立报》编辑部的设置非常科学，很适合《立报》这样规模不大的报馆。首先，所有的工作环节都与总编辑相连，总编辑对稿件的遴选、分类、编辑等全程把关，提高了稿件质量，也避免了大报常有的新闻重复刊登和一稿同时在多个版面出现的问题。其次，总编辑、编辑、排字工人面对面办公，便于及时沟通，降低了错误产生的几率。最后，编辑部与排字房比邻而居，简化了稿件传递的环节，提高了工作效率。

成舍我的另一个创举是提高校对的地位。中国报馆向来有轻视校对的陋习，以为校对做的不过是简单机械的文字工作，不必有高深的学问，所以校对往往成为报馆安插无用之人的首选位置。[②] 也正因为如此，校对在编辑部的地位最低，待遇也最微薄，几乎与排字工友不相上下。其实，校对不仅要勘校稿件字词的错误，还要发现和纠正稿件标题字号的误用、某些常识性的问题等，要对报纸进行最后一次把关，稍有不慎，就会影响到报纸的声誉。成舍我深知校对的重要性，他打破陈规，将校对与编辑安于一室，同坐一桌，随时就稿件中出现的问题与编辑商榷，充当编辑的监督员。包天笑很欣赏这种“编校合一”的做法，认为它体现了编校平等，利于改善业务。[③] 提高校对的地位之后，成舍我也对校对提出了很高的要求，规定按错字多少而发给奖金或在工资中扣除罚金。所以，《立报》的错字很少。[④]

此外，成舍我还为《立报》制定了工作日记制度，即各部门负责人将当日在工作中有价值的情况记录下来，交由社长审读、批阅，再发回各部遵照执行。张常人回忆了成舍我审阅工作日记的情形：“成舍我来上海视察业务期间，以总经理身份每日一早即乘自备汽车到报馆办公，下午正常到馆，晚间则常到各部门观察，或在编辑部与编辑、记者交谈。他表情严

---

① 于友：《记友鸾师创刊〈立报〉片断》，载《张友鸾纪念文集》，上海：文汇出版社，2000 年，第 18 页。

② 萨空了：《科学的新闻学概论》，载祝均宙、萧斌如：《萨空了文集》，上海：上海科学技术出版社，2002 年，第 202 页。

③ 包天笑：《钏影楼回忆录续编》，香港：大华出版社，1973 年，第 40 页。

④ 在所能阅读的范围，笔者发现除了偶尔出现的词句排版不够紧凑等问题，《立报》确实很少有错字。

肃，不苟言笑，不易与群众接近。然而，成舍我却自有他的一套简易、巧妙而有效的管理方法。总经理室同各部门工作人员按日有书面上的联系。各部门均有一红格毛边纸记事本，每日工作完毕，负责人即将当日重要事项、有疑问事项、有意见事项、要求上级注意或办理事项、准备进行事项、遵令办理事项……总之，好事与坏事，无不笔之于本，于下班前派人送交总经理室。成舍我上午一到馆，先看本报，再看其他各报，然后逐一翻阅此类积案盈尺的记事本，包括发行部、广告部、采访部、编辑部、总编辑与各版编辑、排字房、铸字房、印刷房、经理部在内。每看完一本，即在记事后面振笔疾书，进行批评、奖勉、指示……一般说来，奖勉之事极少，批评与指责（对'新专'出身的职工则常为批斥）的机会则常有。成对各部门要求极严，着眼极细，从纸张厚薄、墨色浓淡、纸型深浅、浇版冷热等写到标题大小、字体正误、行列疏密、图片剪裁、发行快慢、销数起落、广告增减等等，无不关心，最后签字。如有重要事件，则在本上约时面谈。"而各部门负责人每日到馆，细读置诸案头的工作日记中的"手谕"，"见其确中肯要者，则心悦诚服，暗暗点头；见其吹毛求疵，远近等细者，或一笑了之，或发牢骚；偶有'传令嘉奖'者，不免色喜，叹为异数"。[①] 可见，每个人对成舍我的批示都不敢掉以轻心。

不仅是各部门负责人，编辑、记者等普通职员也同样要写工作日记。舒宗侨回忆："成舍我要求每个主编、编辑、记者都得有一本工作日记，写上自己的工作情况，贴上所写的稿子，每晚截稿后收去，第二天由他和总经理评阅。如果一天没有稿子贴上去，或者发生了差错，都要由考核组记下来。"[②]

萧规曹随。成舍我离沪期间，萨空了继续贯彻工作日记制度。他认为工作日记制度具有非常重要的意义：其一，可以使社长了解每个部门每天工作的概况，同时对工作人员自身也有参考价值；其二，每天的工作都记录在案，必要时便于查阅；其三，可以使高层管理人员与基层工作人员每天进行思想交流，加强了解和沟通；其四，总管理处有何指示，基层工作人员有何请求，都不必晤面就可办理，简化了工作程序，提高了工作效能。总之，这是一种发扬民主（"基层工作人员可以在日记上畅所欲言"）

---

① 张常人：《成舍我创办上海〈立报〉的前前后后》，载文昊：《他们是怎样办报的》，北京：中国文史出版社，2005 年，第 111 页。

② 舒宗侨：《〈立报〉采访生活回忆》，载《新闻记者》1987 年第 3 期。

和科学精神（“一切工作都有记录”）的管理制度。①

另外，成舍我还为报馆制定了其他一些办事准则和奖惩制度。例如，报馆不会客，报人不赴宴②；再如，对于特写稿，若能抢他人之先，进行独家报道，按篇另发适当资金等等。这些制度都起到了督促员工勤勉工作和调动员工工作积极性的作用。

《立报》的管理是分外严格的，而《立报》员工良好的个人素养、和睦的人际关系以及精诚合作的精神，使《立报》的管理如虎添翼。在编辑部，张友鸾为人宽厚，尊重同事，从来不摆总编辑架子；而同事对他也很有好感，遇到问题时乐于向他请教。作为总编辑，张友鸾要审阅报纸所有内容。他在审读恽逸群撰写的社论和编写的要闻时，往往表示欣然赞同；他还经常就某篇评论的写作与恽逸群一道斟酌推敲，“他们之间在评论方面的合作是同心同德的”③。总编辑萨空了与恽逸群也相处融洽，他们对于时局的认识颇能相互补充，一谈即通。萨空了说：“我们的合作是相得益彰。”④

像一些报馆一样，《立报》在旧历年头也会举行同乐会，以联络感情、增进了解。1937 年，《立报》同乐会在一家菜馆举行，仅限本馆同人参加，不请馆外人员。同人们觥筹交错，交换礼品，表演清唱、魔术等节目，其乐融融。“《立报》以短小精悍见长，同乐会亦如此，所谓‘麻雀虽小，五脏俱全’也。”⑤

二、推广发行

（一）发行策略

发行是报纸发展的基础。成舍我在报纸开创之初就实行内容与发行并

---

① 萨空了：《科学的新闻学概论》，载祝均宙、萧斌如：《萨空了文集》，上海：上海科学技术出版社，2002 年，第 204 页。

② 包天笑：《钏影楼回忆录续编》，香港：大华出版社，1973 年，第 38 页。

③ 于友：《记友鸾师创刊〈立报〉片断》，载《张友鸾纪念文集》，上海：文汇出版社，2000 年，第 19 页。

④ 萨空了：《在〈立报〉共事的日子里》，载陆炳炎：《恽逸群同志纪念文集》，上海：上海三联书店，2005 年，第 115 页。

⑤ 天倪：《记报界同乐会〈新闻夜报〉〈大公报〉〈立报〉》，载《晶报》1937 年 2 月 16 日第二版。

重的原则，即在提升内容质量的同时，想方设法扩大发行；同时规定，“在未销达十万份之前不载广告”[1]。这样，报馆的一切经济来源系于发行，将发行置于决定报纸生死的位置。为此，《立报》采取了一些行之有效的措施来推广发行，主要包括低价政策、直接订阅、售后跟踪等。

1. 实行低价政策

《立报》倡导“报纸大众化”，认为中国的报纸之所以只能供少数人阅读，而使最大多数民众无法接触之，原因之一就是中国多数报纸定价太高，一般人无力购买。《立报》将实行低价政策作为推广报纸的重要手段。《立报》承诺：“除国家币制，及社会经济，有根本变动外，我们当永远保持‘一元钱看三个月’廉价报纸的最低价格，决不另加丝毫，以增重读众的负担。”[2]《立报》每份售价铜元4枚，也就是1分2厘左右，相当于一根油条或一个馒头的价钱。[3] 同样篇幅的《晶报》每份2分8厘，要贵一倍多，接近一个工人每天最低3分的早餐费（一个馒头、一个大饼再加上一根油条）。而《申报》每份4分5厘，已经不止一个工人的早餐费了。当时一盒普通金鼠牌香烟售价5分，如果少抽一盒烟，可买一份《申报》，可买近2份《晶报》，但却可买4份《立报》。[4] 以305个工人家庭生活程度的调查结果为例，这些家庭每户年均收入约为416.51元[5]；如果以《申报》、《晶报》和《立报》三家报纸全年的订费计算，则分别占其家庭总收入的3.50%、0.87%和0.81%。而同时期英国平民订一份报纸（如每份

① 《立报》广告，载《申报》1935年9月10日第一版。

② 成舍我：《我们的宣言》，载《立报》1936年9月20日第一版。又据阎奉璋的《作发行工作的话》，有一个学徒每月只有一元钱可以支配，除了一些必要开支，他每月都会用剩余的3角5分钱来订《立报》，但如果某个月必须理发，就只能暂时停阅。可见报价低廉对低收入人群是何等重要。

③ 有读者报告“只要省吃一根油条，已差不多够买一张《立报》”。参见了了：《报纸救国》，载《立报》1936年3月5日第四版。

④ 以上工人生活支出的资料，参见陈明远：《文化人的经济生活》，西安：陕西人民出版社，2010年，第282~283页。

⑤ 参见忻平：《从上海发现历史——现代化进程中的上海人及其社会生活》，上海：上海人民出版社，1996年，第329页。

7便士的《每日邮报》）的花销占其收入的0.97%[①]，法国工人则为0.75%[②]，《立报》与之基本持平。比较而言，《立报》的价格是较低的，也是较易为读者所接受的（见表3-1）。这样看来，《立报》的价格优势是显而易见的，它一方面有利于扩大其销量，另一方面也惠及了广大的读者。

表3-1 《申报》、《晶报》、《立报》和英国《每日邮报》订费及所占工人家庭收入比

报　纸	每份定价	全年订费	所占收入比
《申报》	4分5厘	14元6角	3.50%
《每日邮报》	7便士	—	0.97%
《晶报》	2分8厘	4元	0.87%
《立报》	铜元4枚	3元4角	0.81%

《立报》不仅售价低廉，而且一直保持不变，即便临时增刊也声明“随报附送，不取分文”。由于战争等多种因素的影响，1936年上海物价批发指数上涨12.6%，1937年又上涨了22%，尽管自1936年6月起《立报》又由四版扩为六版，增加了出版成本，但仍然维持原价。《立报》在两周年纪念时重申创刊时提出的“永久不涨价”的口号，它说：“现在物质成本虽比创刊时增加一倍，我们虽因广告减少而节缩三分之一的篇幅，依然谨守两年的诺言。我们这也是‘报纸大众化’的条件，非万不得已决不增加读者的负担。”[③] 体现了《立报》体谅读者难处的良苦用心。

《立报》在低价的基础上还实行订报优惠的政策。《立报》每份零售铜元4枚，无论是订阅一月、三月、半年还是一年，都有优惠，而且订阅时间越长，优惠越多，这既有利于培养长期读者，也节省了推销成本。

2. 重视直接订阅

在上海，报馆要发行报纸必须依赖“捷音公所”。捷音公所是一个专

---

① 成舍我：《世界新闻事业的发达与中国报纸的前途》，载《民众周报》1931年第182期。

② 成舍我说：“法国工人平均收入，假定每月为一千佛郎（法郎），那么，一份报，只耗去他全部收入的千分之七点五，连百分之一还不到。”参见成舍我：《中国报纸之将来》，载《世界日报》1932年5月9日第七版，转引自刘家林等：《成舍我新闻学术论集》（上），广州：暨南大学出版社，2012年，第41页。

③ 《本报二周年纪念特刊弁言》，载《立报》1937年9月20日第五版。

门进行报纸销售的行业组织，由几个大报贩控制。这些大报贩掌控着许许多多的小报贩，而这些小报贩又控制了上海各个区域的报纸销售渠道。由于捷音公所的垄断地位，几个大报贩得以以较低的批发价从报馆购得报纸，然后加价卖给小报贩，坐收巨额利润。譬如，一张大报批给大报贩为每份65钱，大报贩批给小报贩变成80钱或85钱，小报贩又加价卖给读者，已是90钱或100钱了；还有，如果一份小型报或大报刚刚出版，报馆照例必须免费送给大报贩，大报贩再以10文、15文或50文批发出去。[①]报馆虽感无奈，但不得不忍受其盘剥。此外，报贩还经常迟送或漏送报纸，甚至以停送相威胁来满足其无理要求（如多给报纸、给予更多折扣等）。

鉴于此，《立报》一边与报贩合作，一边全力推广直接订户。《立报》在开办之初就声明“欢迎直接订阅”，“本外埠递送一律力求迅速，凡在本月底以前向本馆直接订阅者，所有本月底以前之报一律赠阅”，以此号召读者直接订阅。《立报·晚刊》创刊时，也特别重视直接订户，并将日刊和晚刊捆绑推销，提供优惠条件。比如，“为优待直接定户起见，自今日起（一）凡定阅《立报》者，一律附送晚刊至本月底止。（二）专定晚刊者，本月报费一律免收。（三）自四月一日起，合订《立报》及晚刊者，两刊报费均按九折计算”[②]。

与此相配合，立报馆还雇用了一百多个工人骑着脚踏车送报，这些人每天早晨八时前准时将报纸送到，这样就吸引了越来越多的直接订户。《立报》同时还雇用失学儿童、失业青年等在街头巷尾、电车站、公共汽车站叫卖，以便市民随时购报。夏仁麟就读复旦大学时见证了《立报》报差送报的情形：“《立报》因为有报差，递送最快，我们远处江湾，每晨七时前总可以看到《立报》。有时我尚未起床，送报人‘啪’的一下重重的推开了门，面孔很严肃，以轻快的步伐走进来，‘嚓’的一下，报纸便滑在书桌上了，他亦掉过头就走。《大公报》和《申报》送到，要在九时左右，是报贩送的。除《大公报》外，《时事新报》、《时报》、《申》《新》两报都是一个报贩包办的。”[③] 由此也可以看出报馆直接投递和报贩送报的差别。

---

① 绥之：《上海报贩的生活》，载《社会日报》1936年9月7日第四版。

② 《〈立报·晚刊〉今日出版》，载《立报》1936年3月16日第一版。

③ 夏仁麟：《看报的习惯》，载《立报》1936年5月10日第二版。

萨空了认为直接订阅有三大好处：其一，本市直接订阅可以减少报馆的损失。因为直接订户照订价付费，报馆省去了给予报贩的折扣，可多收十分之三四的报费（报费订价 1 元，报馆对直接订户可实收 1 元，对报贩则只能收 6 角或 7 角）。虽然本埠尚须加上报差的送力开销，但如果直接订阅多，每份报每日所应摊负的送力费就很低了。其二，因为报馆雇有自己的报差，直接订阅可以及时将报纸送到订阅者手中；因为递送准时，直接订户自然会增加。其三，外埠直接订户为报馆带来的利益更多，因为在外埠没有设置分馆的区域，报馆可以通过所在地邮局投递报纸，因为报纸属于"新闻纸类"，邮资极低，且邮费由订户支付，又省却了一笔送力费。① 对于以发行为本位的《立报》而言，直接订阅是其重要的经济来源。

为了扩大发行网点，满足日益增加的读者需求，《立报》还在外埠设立分馆，有的分馆不仅可以办理报纸收订投递业务，还可以办理广告招揽业务。除了原先成立的南京分馆，1936 年 8 月 1 日《立报》设立了西安分馆，同年 9 月 1 日创建了开封分馆，9 月 20 日在苏州开设了吴县分馆；1937 年 4 月 1 日又创立了宜兴分馆，同年 5 月 1 日开办了杭州分馆等等。

3. 加强售后跟踪

《立报》一面强化报纸的推广，尽量扩大销量，一面加强售后跟踪，通过各种途径（如读者来函、来电等）了解报纸在各地的销售情况，然后由发行科调查原因，决定解决方案。1936 年 3 月，有读者来信说在嘉善（属浙江省，毗邻沪杭线，离上海不远——笔者注）看不到当日的报纸，《立报》请这位读者告知是直接订阅还是从当地报贩手中零购，以便报馆协助解决。《立报》以此为契机，请各地读者及时反映《立报》在当地的批发投递情况。②

之后，《立报》收到许多来信，才得知在京沪和沪杭两路一带大多数读者都看不到当天的报纸。经调查，《立报》发现原因在于报贩优先售卖价高利丰的报纸，不愿叫卖价低利薄的《立报》；而且，尽管《立报》与上海各大报的发行时间差不了多少，报贩还是要求《立报》将出版时间提前。《立报》新闻的改写、缩编和报纸拼版本来就较其他报纸费时，已不

---

① 萨空了：《科学的新闻学概论》，载祝均宙、萧斌如：《萨空了文集》，上海：上海科学技术出版社，2002 年，第 211 页。

② 了了：《致外埠读者》，载《立报》1936 年 3 月 10 日第四版。

太可能再提早出版时间。[1] 最后，《立报》决计改派汽车送报。从1936年4月1起，苏州、无锡、常熟和太仓的报纸均由汽车于早上八时直接送达，与《新闻报》、《申报》等报同时。而周边县镇，如宜兴、溧阳、江阴、和桥等处则由汽车运到无锡后转递。[2]

1937年《立报》又在京沪、沪杭两路火车上遇到报贩消极卖报的问题。按照与相关方面签订的合同，两路火车上的书报销售由上海日报公会安排的报贩来完成。1937年初，《立报》加入上海日报公会[3]，也将报纸交与报贩零售，但常常有报贩因利润太少不肯叫卖。《立报》特地告知乘客，如发现类似情况，请记下报贩号码及所乘火车日期和车次，函告报馆，报馆将予以究办。[4]

此外，有读者反映邮局经常将邮戳打在报纸上，影响阅读。《立报》便将包裹报纸的外皮加以改进，由原来的部分包裹改为整报包裹。

对于改换了地址的订户，《立报》不时发布启事，告诉订户务请来信通知报馆并详细填写订单种类、号数、原来送报地址及改换地址，以便报馆正常投递。《立报》还提醒订户向报差支付报费时索要收据，以免耽误阅报；倘有已付报费而未取得收据者，函知报馆发行科，以便查究。

此外，《立报》发行科还安排专人调查读者停报的原因，作为改进报纸的参考。通过统计读者的回复，他们发现因住址变迁而停阅的占第一位，因经济关系而停阅的占第二位，因邮局寄递不规范而停阅的占第三位。对于第三种情况，有读者反映，内地县和乡镇的许多邮局很不负责，要么不送，要么就将十几天的报纸一次送来，报纸失去了时效性，也看不过来。对此，《立报》告诉邮局工作人员，他们肩负着将文化输入农村的重大责任，希望他们提高认识，认真工作。[5]

---

① 了了:《答谢读者》，载《立报》1936年3月23日第三版。

② 《苏州无锡常熟太仓读报诸君公鉴》，载《立报》1936年4月5日第一、四版中缝。

③ 《上海日报公会章程》规定会员须具备如下资格：(1) 每日发行；(2) 馆址在上海市内；(3) 本国资本，而由本国人经营；(4) 以纯正之言论新闻为其主要之使命；(5) 自备印刷机；(6) 担任本会经费；(7) 继续出版满半年。1936年日报公会已有会员《申报》、《新闻报》、《时报》、《时事新报》、《民报》、《中华日报》和《大公报》(1936年4月创办上海版)。1937年1月，日报公会全体会员开会，表决通过了《立报》加入公会的申请。参见报探:《〈立报〉加入日报公会》，载《晶报》1937年1月5日第二版。

④ 《两路旅客注意》，载《立报》1937年5月23日第六版。

⑤ 阎奉璋:《作发行工作的话》，载《立报》1936年9月20日第七版。

（二）发行状况

通过《小茶馆》的读者来信和编者回复以及相关资料，可知《立报》北至北平，南至汕头，西北至甘肃，西南至广西等地都有读者。不仅各大城市，而且县城、乡镇等较为偏远的地区也有《立报》的踪影，甚至东南亚有华侨居住的各埠也有《立报》发行。① 这说明《立报》的覆盖范围还是很广阔的。

总体而言，《立报》的发行范围主要在上海及其周边的沪杭、京沪线区域。据1936年《上海市年鉴》统计，《立报》的销量本埠占60%，外埠占40%，显然上海读者居大多数。包天笑的一位朋友将本市读者阅读《立报》的盛况描述为"《立报》是立着看的"："我每天早晨八点钟，搭电车到办公室。在电车站，或是公共汽车站，候车的时候，卖报的小贩喊着卖《立报》，就有人买一张，立着看，一也。后来到了电车里，因为电车里人挤，有几位先生们、女士们，一手拉着皮带圈，一手拿着《立报》看，二也。及至到了我办公的地方，走进电梯里，那位开电梯的工友，也是把张《立报》塞在衣袋里，忙里偷闲地拿出来看看，三也。你说候电车的、拉皮带圈的、开电梯的，他们都能坐吗？他们都是立的。那末我说《立报》是立着看，这话不错吧？"② "《立报》是立着看的"，既反映了《立报》读者的广泛性（包括知识分子、工人、商人、店员、学徒、失业青年等），也反映了读者先睹为快的急迫心情。

由于《立报》在内容上力求精彩，发行工作也做得很扎实，因此其销量一路攀升，在很短时间内就直逼几家大报，最终超过历史最悠久的《申报》和《新闻报》。1935年9月28日，因为成功报道"顾竹轩案"，在差不多一周的时间里《立报》的销量从原来的六七千份骤升到70 000份，位居各报第四位（见表3－2）。到了1936年3月，《立报》的销量又增长到10万份，名列第三，即半年之中，增长了43%（见表3－3）。在西安，《立报》销到3 000份，比陕西本市报纸还多一倍以上。其在南昌的销路，几乎可以等于南昌各报的总和。③ 这是上海一些报纸所无法企及的。"八·一三"

---

① 葛娴、陆宏德：《访新闻界前辈萨空了》，载《新闻战线》1984年第5期。

② 天笑：《〈立报〉是立着看的》，载《立报》1935年11月12日第三版。

③ 曹聚仁：《上海春秋》，北京：三联书店，2007年，第170页。

战事期间，《立报》的销量又猛蹿到20余万份，在不到一年半的时间内增长了一倍，以致《立报》为减少印刷时间，多印报纸，取消了一直以来套印红色报头的做法。① 这种骄人的销售业绩在上海报界可谓空前绝后。

表3-2　1935年上海主要报纸平均销数

报　纸	每日平均销数（份）	本埠销数比	外埠销数比
《申报》	155 900	38.0%	62.0%
《新闻报》	147 958	54.7%	45.3%
《时报》	80 000	55.0%	45.0%
《立报》	70 000	—	—
《时事新报》	54 000	40.0%	60.0%

资料来源：《民国二十四年份各报每日平均销数表》，载张研、孙燕京：《民国史料丛刊（1002）史地·年鉴：民国二十五年上海市年鉴（下）〈二〉》，郑州：大象出版社，2001年，第212页；张友鸾等：《世界日报兴衰史》，重庆：重庆出版社，1982年，第7页。本表系根据以上资料编制而成。

表3-3　1936年上海主要报纸平均销数

报　纸	每日平均销数（份）	本埠销数比	外埠销数比
《申报》	150 000	40.0%	60.0%
《新闻报》	148 139	54.8%	45.2%
《立报》	105 000	60.0%	40.0%
《时报》	80 000	55.0%	45.0%
《时事新报》	50 000	20.0%	80.0%

资料来源：《民国二十五年份各报每日平均销数表》，载张研、孙燕京：《民国史料丛刊（1004）史地·年鉴：民国二十六年上海市年鉴（下）〈二〉》，郑州：大象出版社，2001年，第14页。

三、拓展广告

与一般报纸在创刊前后派人四处出击兜揽广告不同，《立报》采取的是一种从根本着手、着眼于长远的广告经营策略。按照成舍我的说法，首先提高报纸质量，争取读者，扩大发行；报纸销量上升后，不用招揽，广

① 《本报启事一》，载《立报》1937年8月15日第一版。

告自然会不招而至。成舍我甚至规定：报纸销路未达到十万份，拒登任何广告。这种变“上门找广告”为“广告找上门”的做法极大地提升了广告客户的信赖度，也提高了《立报》的广告价值。褚保衡回忆：“本来在报纸发行到四五万时，就有许多工厂商店要求开放广告，但成社长为了维护报馆的信用，而不答应，一定要等发行量满十万份时，才接受广告的。”① 真正达到了成舍我预期的效果。1936 年 3 月 16 日，《立报·晚刊》创刊，《花果山》移登晚刊。鉴于已经达到销售目标，且空出了半个版面，《立报》决定次日在第四版刊登广告（《立报·晚刊》也同时刊登广告）。

（一）广告内容

根据笔者对《立报》110 天广告内容的抽样统计，刊登次数较多的是满足人们基本的物质生活和精神生活的商品广告，依次为：

（1）休闲娱乐广告，包括电影、戏剧、舞厅、游戏场、回力球、赛马、奖券等广告，计 195 次。

（2）书报杂志广告，包括各种书籍、辞典、报纸、杂志以及《立报》合订本和晚刊广告，计 173 次。

（3）生活用品和食品广告，包括灯泡、门锁、电扇、眼镜、绸缎、汗衫、陶瓷碗杯、牙膏、蚊香、香皂、香水以及香烟、水果、味精、饼干、炼乳、白兰地等广告，计 167 次。

（4）医药广告，包括各种治疗疼痛、营养不良、贫血、眼病、胃病、肝病、肺病、性病以及生发、消毒、防暑等的医疗和药品广告（其中以药品广告居多），计 139 次。

以上四类广告刊登的次数相差不大。至于其他广告，如公告、招生、招聘、工业用品等都很少，一般为 20 次左右，最多不超过 50 次。《立报》的广告大多来自本市，这与《立报》本埠销量占 60% 的统计数字是吻合的。这一方面表明，市民必不可少的基本生活需求必然刺激商家的广告需求，从而为《立报》提供较为稳定的广告来源；另一方面也表明《立报》广告的涨落与上海的社会形势和经济走势有着非常密切的联系。抗战爆发后，这种效应立时显现出来，《立报》的广告因此减少了三分之一。②

---

① 马之骕：《新闻界三老兵》，台北：经世书局，1986 年，第 233 页。

② 《本报二周年纪念特刊弁言》，载《立报》1936 年 9 月 20 日第五版。

（二）广告量

虽然《立报》的广告最初是“不招而至”，但《立报》并未一味等客上门，而是乘势展开了广告攻势。《立报》聘请了一位名叫孙道胜的人担任主管广告业务的副经理。孙道胜善于交际，与工商界非常熟悉，拥有丰富的广告工作经验。他的加入给《立报》增添了新的力量，推动了广告业务的发展。①

从《立报》广告量的变化来看，可分为平稳期、膨胀期和收缩期三个时期：

1. 平稳期（1936年3月17日至5月31日）

这一时期的广告主要限于两个报眼，第一、四版中缝以及第四版。第四版广告一般占3栏，即版面的四分之一。这正是《立报》承诺的“广告的最大限度决不超过六栏”，而且“限于第四版”②。

2. 膨胀期（1936年6月1日至1937年8月13日）

1936年6月1日，《立报·晚刊》因竞争激烈而停刊，《立报》同时增出两个版，由原来的四版变为六版。由于晚刊的广告移登日刊，加上日刊已有的广告，《立报》的广告大量增加。一是广告分布广泛。除了第一版（时有报眼广告）和第二版以外，其他版面都登有广告，中缝更不例外。原在第二、三版中缝的“金融行市”并入第五版的《经济》专栏，“航运船期”移入第四版后不久即被撤销，中缝被广告填补。二是广告面积激增。每版广告大多在4栏左右，但也经常出现6栏或以上的广告。如同平稳期一样，膨胀期的广告内容非常丰富，涵盖了前文所列的各类广告。

3. 收缩期（1937年8月14日至11月24日）

由于纸张来源减少，纸价高涨，1937年8月14日，《立报》根据上海日报公会的决议缩为四版，广告也随之减少。此时主要在第一、四版中缝，第二、三版中缝，第三版以及第四版刊登广告（报眼广告已取消，改登“最后消息”），广告大多为3栏至4栏，也有多达6栏者。这时招生广告和关于抗战的书报杂志广告大量涌现，其他广告大幅减少。总体而言，收缩期的广告虽然较膨胀期减少了不少，但仍然多于平稳期。

---

① 杭育：《〈立报〉增力》，载《晶报》1936年4月14日第三版。
② 了了：《关于添刊广告》，载《立报》1936年3月20日第三版。

此外，在膨胀期和收缩期，《立报》还利用临时增刊增添广告。《立报》前后出版了6次临时增刊（每次增加两个版），其中5次引进了广告，不仅中缝被广告填满，新闻版也为大幅广告所占据。比如1936年11月20日的“绥远专刊”共有三个版，第六、七、八版分别刊有6栏、5栏和6栏大小的广告，几乎各占该版面的一半。

综上，《立报》的广告虽经过了“一涨一落”的发展过程，但总体呈上扬趋势，可见《立报》的广告资源是非常充裕的。

（三）广告价格

影响广告收入的又一个因素是广告价格。由于有大量的订户作后盾，《立报》的广告价格定得很高，并且基本保持不变。褚保衡说：“（接受广告）刚开始的前几天，一群广告客户在营业部门前，大排长龙，真是‘盛况空前’。而且广告地位很少，广告费很贵，只是在报头两边，一个小广告就是三十元。”[①]（见表3－4）。以报眼广告为例，《立报》报眼广告高27字，长17行，可容纳559字，收费30元；而在《申报》同等地位刊登572字只需付20元（“登报名下以二十六字高为一行，共念二行，每日国币二十元”）。就新闻版而言，《立报》每方寸（64字）为1元4角，亦即2方寸（128字）为2元8角；《申报》新闻版的广告每120字为2元7角（“登新闻栏中以四十字高为一行，三行起码，每日每行九角”）。粗略算来，《立报》的价格也稍高一些。

表3－4　《立报》广告刊例

<table>
<tr><th>类别</th><th>地　位</th><th>规　格</th><th>日　刊</th><th>晚　刊</th><th>附　注</th></tr>
<tr><td>特种</td><td>报名两旁</td><td>每日每方寸（合9.5寸）</td><td>30元</td><td>15元</td><td rowspan="3">一、套色及制版费另加
二、凡本报认为不正当之广告得拒绝刊载</td></tr>
<tr><td>甲种</td><td>新闻版</td><td>每日每方寸（64字）</td><td>1元4角</td><td>7角</td></tr>
<tr><td>乙种</td><td>中缝/小广告</td><td>每日每格（32字）</td><td>5角</td><td>2角</td></tr>
</table>

注：本表参照“《立报》广告刊例”（载《立报》1936年3月16日第四版）绘制而成。其中“中缝”和“小广告”分别属于日刊和晚刊。

1937年5月，《立报》开始对中缝广告进行“打包”销售，即“每日

① 马之骕：《新闻界三老兵》，台北：经世书局，1986年，第233页。

每方寸六十四字，七角五分，二寸起码”，虽然比原来同样面积的广告优惠了5角，但提高了刊登基数。同年10月，《立报》将第二、三版中缝开辟为“小广告”栏，每方广告登128字，计费2元。这个“小广告”其实就是原先4格（每格32字）的广告拼合而成的，实质上仍是“打包”销售，只是取消了优惠，恢复到原来的价格（每格5角），进一步提高了刊登基数。可见《立报》的广告价格是很坚挺的。

（四）广告设计和编排

广告要起到推销商品的作用，前提是让更多的读者能够在浏览报纸时注意到广告。为此，《立报》在广告设计和编排上采用多种手法，增加广告的吸引力。

1. 图文并重

文字具有传达抽象含意的作用，图片能够直观呈现商品的外观和功用，两种手段同时使用，相得益彰。除了书报杂志、招生招聘和公告等无法形象化的广告，《立报》的其他广告都采用了文字与图片搭配的形式。如眼镜、灯泡或香皂等日用品广告就配上相关产品的图片，药品广告则是病人痛苦的表情或佝偻的身躯。这些广告很难说有什么创意或艺术性，但勾画的形象能够让读者一望便知是何种产品，有何特点，提高了读者选购的可能性。《立报》还将产品名称或商标名称以及其他关键词进行反白处理，在白底黑字的版面上，这种处理方式非常醒目，极易引起读者的注意。有时，《立报》还将这些字设计成美术字体，表明产品的某些特征，如将“火砖”二字绘成火焰跳荡的形态。

2. 增加广告与新闻的接触面

“广告地位之优劣，在与读者眼帘相接触之难易以为断。与读者之眼帘接触易者为优，反是为劣。”[①] 也就是说，广告与新闻的接触面越大，被读者接触的可能性越大。因此，《立报》的广告大都编排成“L”形或“I”形，以增加读者目光扫射的机会。如果多条广告一起编排，就排成阶梯形状，也就是从右至左，每条广告依次增高，这样几乎所有广告都有两面毗邻新闻。有时会有一条广告将整个版面拦腰截断。这种非同寻常的编

---

① 吴定九：《新闻事业经营法》，上海：现代书局，1932年，第89页。

排形式非常抢眼，提高了读者视线投射的几率。如 1936 年 8 月 2 日第三版 3 栏大小的“国货联合广告”（含味精、香烟、牙膏、蚊香、电光灯五种产品）即是此种编排；再加上其上为本埠读者关心的本市新闻，其下为广受欢迎的副刊《小茶馆》，广告效力可想而知。

综上所述，由于《立报》广告来源稳定、广告量大、广告价格高，又注意在广告设计和编排上为广告客户着想，因此《立报》的广告收益很可观。

从另一方面讲，《立报》的广告也还有不足之处。广告是报纸收入的重要来源，但有的报纸在追求利润的过程中完全忘却了社会责任和读者利益，致使广告内容良莠不齐，并且常常挤占新闻版面，为社会所非议。正是基于此，《立报》在引进广告之初，就对广告的内容、所占版次和篇幅等进行了严格的规定，凡是《立报》认为不正当的广告，如治疗性病的药品广告或欺诈取财的骗人广告，都拒绝刊载，而且广告篇幅不超过 6 栏，只能在第四版刊登。①《立报》还强调“不会因开放广告，而影响到我们原有新闻的容量，和纸面的齐一”②。赵君豪对这种“以不登卑劣广告相号召，抱宁缺勿滥之旨”的举措激赏不已，认为“《立报》具有牺牲精神，非其他报纸所能及”③。应该说，《立报》在平稳期是切切实实地做到了，但在膨胀期和收缩期，《立报》的广告却突破了原有的限制。

其一，《立报》拒登的广告堂而皇之地出现在报纸上④。大约从 1936 年 7 月开始，像治疗梅毒、淋病等性病的“皮隆氏九一四”、“山得尔弥地”、“果乃克淋”、“梅浊克星”、“的立平”等药品的广告陆续出现在《立报》上，这些广告无不宣扬自己具有神奇的疗效。如“皮隆氏九一四”之“第一老牌　决无危险　静脉注射　疗梅圣药”；“果乃克淋”之“男女各项淋浊　无论若何凶险　用果乃克淋　行静脉注射　立赶沉疴　无有出其右者　失之毫厘　差以千里”；“山得尔弥地”之“止浊利便　功效立

① 了了：《关于添刊广告》，载《立报》1936 年 3 月 20 日第三版。

② 《〈立报·晚刊〉今日出版》，载《立报》1936 年 3 月 16 日第一版。

③ 赵君豪：《中国近代之报业》，上海：申报馆，1938 年，第 173 页。

④ 萨空了说，在《立报》广告问题上，“有条协议，不是什么广告都登，卖性病药的广告不登，因为是真是假弄不清。总之，广告的‘门’开了，我们仅守住了不能登骗人的广告这一角”（参见萨空了：《我与〈立报〉》，载祝均宙、萧斌如：《萨空了文集》，上海：上海科学技术出版社，2002 年，第 18 页）。此说不确。

见”[①] 等等。有论者认为，此类广告最大的影响就是，“每有使未染毒者，以为有专治之医药，有恃而无恐，率性冶游，致染毒而不治者，比比皆是”[②]，以致产生诸多社会问题。至于其他药品广告也有不实或夸大者，如“人造自来血”。报人徐铸成揭露这类药品几乎全靠广告上的“噱头”欺骗谋利。[③]

其二，广告挤压新闻内容。《立报》的第三版原来是不刊广告的，但从膨胀期开始也像第四、五、六版一样刊登广告了。不仅如此，《立报》还时常出现全版甚至两个版的广告，远远超过了6栏的限制。比如，1936年10月31日第四版和第五版就合刊一幅广告“华安合群公司祝蒋氏寿”。由于广告急骤增长，《立报》的新闻版面不时被挤占。如1937年10月10日第四版（见图3-2），上版为4栏的国际新闻，下版为8栏的《小茶馆》和广告。由于“L”形广告占据了左边的版面，《小茶馆》由第五栏最初的55行（正常为61行），至最末一栏也就是第九栏只有15行了，形成一个倒立的直三角，影响了读者阅读。整个副刊的篇幅也大为减少，总共只有一千一百多字，相当于平时的三分之一。至于上文论及的拦腰截断版面的广告，虽则顾及了广告客户的需要，却破坏了版面的整体性。

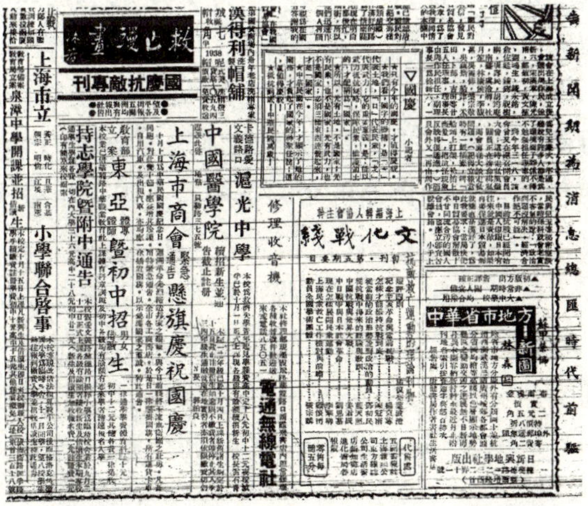
國慶抗敵專刊
上海市立
小學聯合啓事
持志學院暨附中通告
上海市商會
懸旗慶祝國慶
中國醫學院
滬光中學
漢得利帽舖
修理收音機
文化戰線
電通無綫電社

图3-2 《立报》1937年10月10日第四版下半版《小茶馆》（部分）和广告

① 相关广告可分别参见《立报》1936年7月13日第一、四版中缝；1936年8月1日第一、四版中缝；1936年10月31日第二、三版中缝。

② 闻韶：《向〈申〉〈新〉二报请命》，载《晶报》1936年10月16日第三版。

③ 徐铸成：《报海旧闻》，上海：上海人民出版社，1981年，第235页。

《立报》广告的失控与在报馆任职的董事有很大的关系。萨空了说，起初，在是否刊登广告的问题上，报馆内部是有分歧的，有人主张不登，但“我们内部有人看到有钱可赚而不赚，有些不高兴了”，“内部斗争的结果，钱占了上风”[①]。这些人是个人收益与报馆盈亏休戚相关的报馆董事。至于《立报》广告的失控也是报馆董事大开广告之门的结果。面对投资人的压力，《立报》只能作出让步，在处理广告把关问题上未能达到预期的效果。

四、重视宣传和沟通

（一）多方进行自我宣传

《立报》之重视自我宣传主要表现在三个方面：一是出版前后的广告宣传（参见第一章）；二是常登常新的宣传标语（参见附录三）；三是一年一度的创刊纪念。在《〈立报〉一周年纪念增刊》中，萨空了告诉读者，自己始终将“大众”放在心上，想办一张适合大众看的报纸，正确地批判各种问题，正确地报道各种新闻，藉以引导大众走上正确的奋斗途径，但由于环境和能力的关系，并没有完全做到，感到十分抱歉。[②] 恽逸群表示，《立报》在报道国际新闻时，凡是值得中国借鉴的新闻，决不会很简略；为了让读者获得事实真相，也一定尽可能地附加解释。[③] 褚保衡宣称《立报》记者不仅希望报告各种正确可靠的新闻，还竭力以最迅速的方法贡献给读者，《立报》记者在不分昼夜地奋斗。[④] 谢六逸说，读者希望《言林》的文章愈短愈好，自己为此时时刻刻提心吊胆，总想好好地使用这手掌大小的园地。[⑤] 阎奉璋欢迎读者告知收到报纸的时间，如果很迟才收到报纸可以来电来函询问，发行科会设法改善投递效率，发行科非常愿意和读者取得联络（见图3－3）。[⑥] 这虽然只是《立报》同人向读者汇报一年来的

---

① 萨空了：《我与〈立报〉》，载祝均宙、萧斌如：《萨空了文集》，上海：上海科学技术出版社，2002年，第18页。

② 萨空了：《只有向读者道歉》，载《立报》1936年9月20日第六版。

③ 恽逸群：《一年来的国际新闻》，载《立报》1936年9月20日第六版。

④ 保衡：《拿真凭实据报告新闻：一年来的采访工作》，载《立报》1936年9月20日第六版。

⑤ 谢六逸：《〈言林〉一周年》，载《立报》1936年9月20日第七版。

⑥ 阎奉璋：《作发行工作的话》，载《立报》1936年9月20日第七版。

工作情形，但也显示了《立报》一贯对读者认真负责的精神。

中華民國二十五年九月二十日 立報第二張 星期日 第六版

立報一周年紀念增刊

短短一年

只有向讀者道歉

一年來的國際新聞

图 3－3 《立报》1936 年 9 月 20 日第六版
上半版《〈立报〉一周年纪念增刊》

《立报》两周年纪念之际，《言林》发表了著名作家或报人巴金、屈轶（王任叔）、邹韬奋撰写的文章，畅谈《立报》的特色、读者对《立报》的热爱以及谢六逸坚持不懈的拉稿精神。[①]《小茶馆》通过七位读者的座谈会探讨了《小茶馆》的大众化立场以及敢于暴露社会黑暗的勇气[②]（见图 3－4）。此外，《立报》还利用图片展示了中外文报刊转载的《立报》的插图或漫画，显示《立报》在报界的影响力。

与一些报纸邀请各界名流题字、撰文，虚张声势，自我吹嘘不同，《立报》的纪念活动朴实无华，并没有明显的宣传意味，但确实起到了宣传的作用，让读者从多个方面了解了《立报》鲜为人知的内部情况，特别是编辑、记者忘我的工作劲头以及竭诚服务读者的态度，增进了读者对《立报》的好感。

（二）主动与读者沟通

《立报》不仅重视宣传，还主动就报纸业务方面的问题与读者沟通，

---

① 参见巴金的《我祝福〈立报〉》、屈轶的《祝〈立报〉二周年》和韬奋的《同道相知》，均载《立报》1937 年 9 月 20 日第二版。

② 一桌茶客：《论两年来的〈小茶馆〉：七个人座谈的结果》，载《立报》1937 年 9 月 20 日第四版。

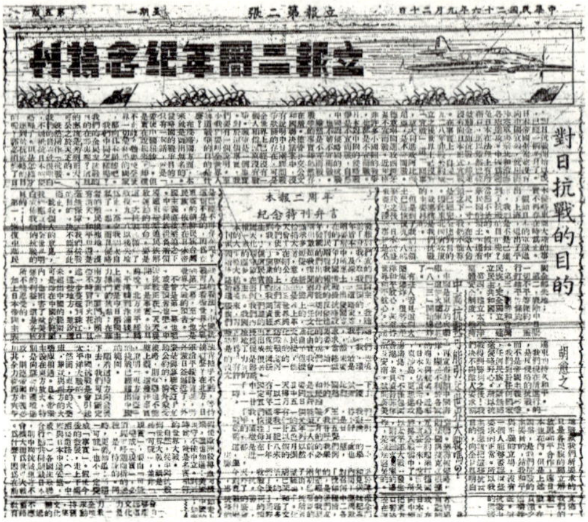
立報二周年紀念特刊

本報二周年紀念特刊弁言

對日抗戰的目的

胡愈之

图 3－4 《立报》1937 年 9 月 20 日第五版
上半版《〈立报〉二周年纪念特刊》

化解读者的疑惑或误解，回应读者提出的建议或要求，为读者提供阅报指引。这些都是由《小茶馆》担当、总编辑萨空了解答并落实的。

1. 及时解答读者疑问

在一张报纸的创办过程中，读者总有一个从陌生到熟悉、从不适应到适应的过程，因此，常常会对报纸的内容编排、发行和广告等产生疑问。《小茶馆》就经常收到这样的来信，萨空了都会仔细阅读，不厌其烦地予以解答。一个叫陈干卿的读者非常爱护《立报》，他来信指出《立报》存在三个问题：一是刊登的电影片名与实际放映的电影不符；二是新闻中经常出现“□□□”符号；三是报头的“天气报告”不准确。萨空了回答说，为了便利读者，《立报》义务为各影院刊登广告，但是一些影院临时换片却不通知报馆，即使致电询问，也不理会；补救的办法就是再次和他们交涉，如果仍是置之不理，就不再在报纸上刊登这些影院的广告，以免失信于读者。至于第二个问题，显然是国民党的新闻检查所致，限于环境，萨空了没有挑明，只是说今后将尽量减少，但声明“并不是我们不再谈应当说的话”，表明了《立报》决不屈服的立场。最后，萨空了说明“天气报告”是由徐汇天文台提供的，由于中国只有几个大城市设有气象台，网点分布不均，导致预报不准确，但有终胜于无，还是要保留，以备参考。[①]

《立报》向来以“新闻灵确”为号召，但在1936年9月有读者询问《立报》为何没有报道崇德粤籍女生吴凤玲被日本兵刺伤的新闻。萨空了不得已道出了《立报》的苦衷：事件发生时，报馆派记者去采访，但政府认为在没有完全调查清楚之前应该慎重发表，《立报》也赞同政府的态度，因此没有贸然报道。问题是政府没法管控所有的报纸，因此有部分报纸抢先报道，反而使《立报》陷于被动。[②] 这一番解释不仅消除了读者的误解，也使读者了解了《立报》报人的职业操守和大局观念。

1936年3月，《立报》开始添刊广告。《立报》历来是没有广告的，有读者对此疑惑不解，担心《立报》会像一些大报一样广告泛滥成灾。萨空了解释说，《立报》已经达到了以前规定的登载广告的销售标准，因此刊登广告；又说，《立报》对广告有严格限制，是不会妨害报纸内容的。[③] 萨空了的回复有的放矢，解除了读者的疑虑。

2. 主动向读者通报情况

《立报》常常根据报道需要或时势变化进行栏目调整或版面变动，萨空了都会主动向读者解释报纸实行这些举措的原因和目的。

1936年1月26日，《小茶馆》开辟了一个新栏目《职业英语》，专门刊登基本英文单词的发音、中文意思和用法。萨空了说明这个栏目主要针对小学毕业的店员和有志于补习英文的中学生，开办此栏目是因为中国比外国落后，大家通过自修英文可以了解和学习国外的先进技术，达到强盛国家的目的。[④] 这样就使读者明白了开办此栏目的意义，使其学习更有目标和动力。后来陆续有读者就《职业英语》提出要求或建议，萨空了都在栏目中一一回复。

《立报·晚刊》创刊当日，《小茶馆》的《职业英语》和副刊《花果山》被调整到晚刊上。萨空了及时讲明原因，说《立报·晚刊》和《职业英语》主要针对本地读者，而且《职业英语》的电台广播在外埠不容易收到，又因为报纸投递太慢，与广播不同步，因此一起迁移到晚刊上。[⑤] 消

① 了了：《答复三个问题》，载《立报》1936年1月31日第四版。
② 了了：《说明一点苦衷》，载《立报》1936年9月12日第三版。
③ 了了：《关于添刊广告》，载《立报》1936年3月20日第三版。
④ 了了：《刊职业英语基本字的理由》，载《立报》1936年1月26日第三版。
⑤ 了了：《迁移的声明》，载《立报》1936年3月16日第三版。

除了读者的误解。

1936 年 9 月 1 日，《立报》又进行了版面调整。《立报》本来已在头版刊登了一个简要启事，但萨空了担心读者不是很清楚，又专门撰文《版面变动的补充说明》给予详细解释[①]，让读者做到心中有底。

《立报》有时还向读者坦露自己在报道中遇到的一些无可奈何的事情，以使读者了解《立报》面临的艰难处境。例如，批评一件事本应直斥其非，可是写出来常常变成“似乎不对”，甚至有时连“似乎不对”都不能写；又如报道消息的时候，某个人明明活着，却要根据官方新闻机构的稿件说他已经死了等等。[②] 这样一解释，读者也就明白了《立报》的某些态度和报道不是《立报》主观造成的，而是缘于环境的逼迫，从而达成谅解。

《立报》与读者的沟通有三个特点：一是无时不在，只要有需要，随时进行；二是细致入微，对于不能接受的读者建议说明原因，而不是置之不理；三是真诚相待，多从读者角度解答问题。《立报》正是在这些点点滴滴、持之以恒的工作中获得读者的欣赏和尊重的。

五、注重社会服务

所谓社会服务是指报纸在报道新闻之外，为社会大众提供的各种服务工作。[③] 1933 年 11 月，天津《益世报》创办了一个“社会服务”版，解答读者提出的医药法律问题、办理读者请托的事务、主持赈灾募捐等等，开创了中国报馆服务社会的先例。[④] 之后两年，全国有三四十家报馆开办了社会服务专栏，演成风气。

《立报》的社会服务自创刊就已开始，如在报头刊登“气象报告”，在中缝免费登载“游艺节目”（包括“今日电影”、“今日戏剧”和“广播节目”）、“金融行市”、“航运船期”等。后期，《立报》加大了社会服务的

---

① 了了：《版面变动的补充说明》，载《立报》1936 年 9 月 1 日第三版。

② 萨空了：《只有向读者道歉》，载《立报》1936 年 9 月 20 日第六版。

③ 钱伯涵、孙思霖：《报馆管理与组织》，上海市私立申报新闻函授学校讲义，1935 年，第 131 页。

④ “社会服务”版两周年纪念之际，创办该版的刘豁轩对此进行了全面的总结。参见刘豁轩：《报纸的去向》，载《新北辰》1937 年第 2 期。

力度，由《小茶馆》担纲完成。起初，《小茶馆》的工作只是登载读者来信，帮助解决一些个人问题；后来，根据社会形势的变化，又延伸到主持捐款捐物、救济难民、主办展览会等方面，并为这些活动提供舆论支持。

（一）帮助读者解决个人问题

《立报》的读者大多数是地位低下、收入不高的工人、店员、学生、小店老板等，他们常常遇到个人困扰、失业、经商失败等问题，《小茶馆》都为其提供力所能及的帮助。1936 年 9 月，萨空了收到一位女性读者的来信，说她由于交友不慎，与人同居怀孕，害怕社会歧视，想一死了之。萨空了建议这名女青年把孩子生下来，放在托儿所，然后继续求学；如果不能求学，就自谋职业。萨空了告诉她，女性只有在经济上独立才能自立，而只有自立才能得到社会的尊重。[①] 为了帮助这位读者，萨空了把这封信刊了出来。这封信立即在读者中激起了很大的反响，有很多读者表示愿意提供帮助。萨空了为此事转信、复信、会客，忙了整整两个半天。

为帮助一些失业人员及时找到工作或为用人单位找到合适的人选，《小茶馆》还经常在《本栏启事》免费为一些机关刊发招聘信息。例如，代某文化机关征求练习生，代电话局膳食合作社招聘熟手厨师，代某大机关征聘数名擅长中文打字和书法的人员等等。有一家家庭工业社的负责人傅先生想招聘一名女教师，一直未能如愿，于是写信向《小茶馆》求助。《小茶馆》刊登了来信，并加编者按说："我们向以为社会服务为目的，傅先生很热心的为事求人，我们自愿帮忙他。"[②] 希望有能力的女士去试试。也有热心读者积极提供信息，支持《小茶馆》的社会服务工作。如 1937 年 4 月 2 日，一位江苏吴江的读者来信称吴江县政府定于 4 月 16 日招考财务人员，来信还详细介绍了考生报考资格、考试科目以及工作待遇等情况，《小茶馆》于次日将这封信登了出来。

《立报》还聘请律师和医生担任法律和医药顾问，解答读者提出的问题；开辟《所得税答问》专栏，回答读者对于所得税的各种疑问。

此外，《小茶馆》还不辞繁琐，代为寻人。如一个男孩随父亲从常州

---

① 了了：《女子只应求自立》，载《立报》1936 年 9 月 15 日第三版。

② 参见《立报》1936 年 2 月 5 日第四版《小茶馆》。

到上海学抛铜作，一次他出门后却找不到回家的路，最后被市警局送到常州旅沪同乡会。《小茶馆》特将该会的来函刊出，请这个男孩的父亲前往旅沪同乡会领人。①

巴金对《小茶馆》的社会服务工作大为赞扬，他说："《小茶馆》是一个真正为平民服务的地方，不论你是社会地位如何卑下的人，只要你怀着苦痛，怀着疑问到那里去求帮助，别人不会以闭门羹飨你的，使人与人之间的关系更为密切，将同情心更为扩大，这虽是一点点互助精神的表示，但在我们这社会里确实是很难得的了。"②

（二）举办日历月份牌展览

19 世纪上半叶，上海开埠之后，西方商人大量涌入，他们迫切需要各种广告媒介来推销商品。经过实验，他们最终采用中国年画的形式来制作广告，即通过图片带动人们注意商品信息，其基本方法就是在画幅的中间画上各种题材的图画，两边附上每个月的节令，画面的上下或左右印上商品的样式、商标记号、厂商名称和文字说明等，画幅每十二个月为一组，时称"月份牌"。③ 除了月份牌，日历也成为一种较为流行的广告形式。每到新年，各商家和工厂就向一些机构和家庭赠送日历或月份牌，以资广而告之。《立报》每年收到的各种月份牌和日历也不少。《立报》觉得，如果将所有的月份牌和日历陈列起来，不仅可以供读者欣赏、比较，更可以考察中国商家的宣传技术和商业艺术，很有意义，于是决定举办一个日历月份牌展览。

1936 年 12 月 31 日，《立报》发出通告，称《立报》将于 1937 年 1 月 15 日在上海市商会举办日历月份牌展览，请各大商家和工厂提供日历月份牌以供展出。之后，《立报》收到了很多公司和厂商的各种日历、月份牌和美术图片，截至 1 月 8 日已有四十多种，《立报》公布了这些公司的名称，并再次刊登征集广告。

1 月 15 日，展览会如期举行，总共展出日历月份牌一百多种，以国内

---

① 《本栏启事》，载《立报》1937 年 5 月 17 日第六版。

② 巴金：《我祝福〈立报〉》，载《立报》1937 年 9 月 20 日。

③ 黄玉涛：《民国时期月份牌广告兴盛的原因》，载《湖南工业大学学报》（社会科学版）2009 年第 12 期。

厂家居多。展览从上午十时开始至下午五时结束。展览会闭幕后，所有展品悉数送交上海市博物馆收藏。有报纸非常赞赏《立报》的月份牌展览，希望《立报》每年举行一次，以此考察中国实业的进步程度。①

最后，《立报》对这次展览会进行了总结，认为这些日历月份牌很难说有什么艺术价值，说明设计者的艺术修养还很低，原因在于国内艺术家只是热衷于在沙龙画模特或者在野外画风景，忽视了社会对艺术的需要，希望在此方面有很大的改进。②

通过日历月份牌展览，《立报》让艺术界看到了自身存在的问题，使其明白了艺术创作要时时与社会保持联系，只有这样才能创作出既能传达商品信息，又具有一定艺术水准的作品。

（三）组织捐款捐物活动

20 世纪 30 年代中期，中国社会战事不断，首先是 1936 年下半年中国军队的绥远抗战，继之是 1937 年以“七·七”事变为发端的全面抗战，最后是同年上海的“八·一三”抗战。抗日战争离不开民众的鼎力支持，而战争造成的难民也需要社会的救助，捐款和捐物无疑是支持抗战和救助难民的主要方式。《立报》根据社会形势的变化，积极而灵活地发起和组织了多起募捐活动，为此投入了大量的人力和版面。1936 年初，蒙古族德王投敌，在日军支持下率领伪蒙军大举进犯绥远省东北部。绥远驻军傅作义部奋起抗击，收复了百灵庙等地。从 8 月开始，日本和伪蒙军又进犯绥东，规模越来越大，战事日趋激烈。10 月 22 日，《立报》为此发起了“一日贡献国家运动”，即每个人将自己一天所得的收入捐给绥远驻军，“资助国防，为外交作后盾，以求保卫国家领土主权的完整”。《立报》这样做，一方面是《立报》同人想为国家奉献一些力量，另一方面是希望由此带动全国国民也能为国家作些贡献。这个倡议发出后，得到了社会的热烈响应，当日早上便有许多人赶到报馆询问可否代收捐款，下午又有八十个人筹集了一日的薪给派人送到报馆。《立报》立即赴上海市商会协调，请他们代收民众的捐款。市商会还通过了一个议案，除了该会所有同人捐献一

---

① 芳菲：《立报馆日历展览会》，载《晶报》1937 年 1 月 15 日第二版。
② 了了：《关于日历月份牌展览》，载《立报》1937 年 1 月 15 日第六版。

日薪金外，同时通电全国，号召广大民众踊跃参加这个运动。①

支持《立报》的团体与日俱增，不少读者来信提出各种建议或意见，如委托国人经营的银行代收捐款，请全国报纸刊物广为宣传，以进一步推进“一日贡献国家运动”的开展。②

与此同时，《小茶馆》不断向社会公布捐款情况，报道捐款活动中出现的一些感人事迹。例如，在捐款者中，大多是捐1角、2角、1元、2元的穷苦农民、工人、职员、店员、学徒、报贩和学生；虽然都是小额捐项，可是两天时间就收到了300多元。有一位读者是杂货店学徒，既无工资又无津贴，他每天晚上帮一个卖晚报的报贩叫卖报纸，四十多天时间赚得2角钱，全部捐了出来。③ 有的捐1次，觉得太少，又捐3次、5次。

为了鼓动民众的捐款热情，1936年10月22日《立报》发布启事，向读者征求《一日贡献国家歌》。两个月的征集工作完成后，《立报》于12月12日在《小茶馆》刊出歌词和曲谱，以便大家传唱。④ 为了让读者了解绥远地区和绥远抗战的有关情况，11月20日《立报》还特地增出两个版面刊登《绥远专刊》（见图3－5）；同时《立报》还捐赠一万份报纸给全国的学校和团体，以扩大援绥宣传的影响。⑤

---

① 了了：《关于“一日贡献国家”》，载《立报》1936年10月23日第三版。

② 了了：《两个读者的建议：关于“一日运动”》，载《立报》1936年10月26日第三版。

③ 了了：《共起援绥》，载《立报》1936年11月20日第三版。

④ 《一日贡献国家歌》由雷石榆作词、丁珰作曲。歌词分为四段：（1）每人少用一天钱，敌人多送几条命，只要大家合力干，哪怕领土不完整。（2）我们捐出一天钱，可叫飞机飞满天，只要大家合力干，哪怕失地不收还。（3）我们捐出一天钱，换来武器不内战，只要大家合力干，哪怕强敌和汉奸。（4）每人少用一天钱，敌人多送几条命，只要大家合力干，哪怕民族不复兴。参见了了：《介绍〈一日贡献国家歌〉》，载《立报》1936年12月12日第六版。

⑤ 1936年11月20日，《立报》在第一版发布《本报赠报万份启事》。“启事”云：“本报本日因发行《绥远专刊》篇幅扩增为二张，《花果山》暂停刊一日。并为期大家增加对绥远的认识起见，特捐送今日本报一万份，专赠予全国各学校各团体（个人不赠）。凡欲得本日本报之学校或团体，在本埠者，请具正式公函，来本馆索取，当予照给；外埠亦请具正式公函来索，并附寄报邮资，即可照寄。”

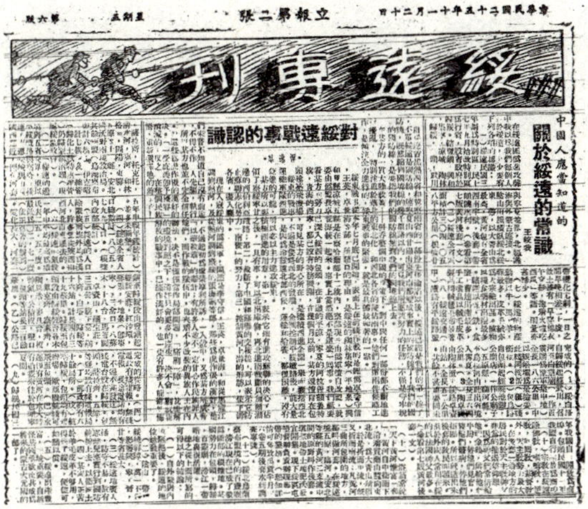
中華民國二十五年十一月二十日 立報第二張 星期五 第六版

綏遠專刊

對綏遠戰事的認識

中國人應當知道的 關於綏遠的常識

图 3－5 《立报》1936 年 11 月 20 日第六版上半版《绥远专刊》

从 1936 年 11 月初开始，《立报》几乎每天都在《小茶馆》公布该报收到的捐款人名单和捐款数额，宣传捐款人的善举。1937 年 4 月 16 日，《立报》汇出了最后一批援绥捐款，5 月 7 日收到绥远省政府主席傅作义的来函和收款收据，《立报》像往常一样将信件和收据制版刊于报端，接受社会监督。①

“七·七”事变发生后，《立报》又组织读者为慰劳廿九军抗敌将士捐款，出于某种考虑，宋哲元将军退回了汇款。《立报》决定利用这笔钱再加上陆续收到的捐款共 8 000 元钱救济上海难民或举办技术工人收容所，但因种种原因都放弃了。考虑到寒冬已至，前线仍有战士衣服单薄，《立报》于是委托厂家缝制棉背心，送交上海市慰劳委员会，请该会转送兵站总监沪办事处代为分发。《立报》还在背心上印上“努力杀敌　上海立报读者捐赠　民国廿六年十月共捐一万二千三百五十件”字样②，激励战士们英勇抗战。

① 傅作义来函云：“迳启者，接准贵社四月十七日函以由上海中国银行汇来代收劳军捐款壹仟柒佰陆拾玖元贰分嘱查收见复等由；查此项汇款，兹经照数收讫，除公布前防将士外，谨制具收据壹纸，随函送请查照，再去岁绥远剿匪，厚蒙贵社热心宣传，予以倡功，并代收各界捐款，源源接济，爱国赤诚，尤深钦感，谨代前线官兵申谢。此致　傅作义　四月卅日。”

② 了了：《向捐款读者报告》，载《立报》1937 年 10 月 29 日第四版。

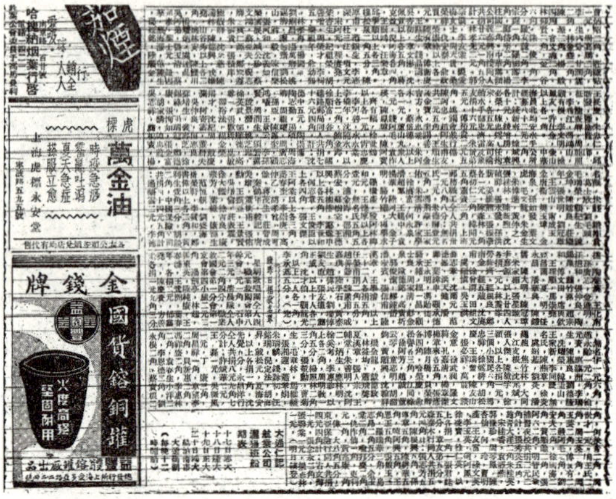

图3-6 《立报》1937年7月17日第六版下半版
刊登的《昨日本报收到慰劳廿九军捐款》

1937年7月27日，上海市各界抗敌后援会筹募委员会议决定征募捐款，定名“救国捐”，号召民众“当有毁家纾难之精神，捐款救国，救国自救”。8月3日，《立报》开始代收救国捐，并逐日以“本报代收救国捐露布”的形式公布捐款总额、捐款人单位或姓名以及数额。萨空了还撰文号召每个国民减少浪费，将节省下来的人力和物力用到抗战上去。①

9月初，《立报》又受读者委托办理救助被难工人事宜。15日，《立报》发布启事希望有人借与一间可住八百人的大房子，以作收容所。收容所开办后，这些工人因缺衣少被忍寒挨冻，《立报》又号召社会各界捐献棉衣棉被。②《立报》同样向社会公布了捐赠人姓名及其捐赠的衣物。

在组织捐款和捐物活动中，《立报》总是以身示范，带动一批人，然后不惜版面（有时达半个版面），表彰他们的善举，进行舆论动员，产生了很好的效果。

总之，《立报》从事社会服务工作，突出了其重视大众利益、竭诚服务大众的特色，同时也借此进行了自我宣传，拓宽了销路。

---

① 了了：《节省人力财力》，载《立报》1937年8月5日第六版。

② 《本报代难民征募棉衣裤及棉被》，载《立报》1937年9月27日第二、三版中缝。

第二节 《立报》的收益与待遇

一、《立报》的收益

《立报》是一家合股经营的报纸，虽然并非纯粹以赢利为唯一目标，但赢利是不可或缺的，一者是报纸再生产需要源源不断的资金，二者是股东投资报纸需要利益回报。对于后者，我们无须讳言。例如，《立报》在开办之初，由于印刷质量不好，又没有吸引人的新闻，每天发行量不过六七千份，董事们就心有不悦，对张友鸾将水灾新闻置于头条冷嘲热讽；但当《立报》因“顾竹轩案”报道销量骤升时，这些董事则大加赞赏。张友鸾就觉得这一贬一褒说明这些董事对卖报赚钱看得很重。[①] 还有一件事也可以引为证明。作为总编辑，萨空了将《立报》管理得井井有条，但他思想“左倾”，这一点让一些董事颇为不满，董事会对萨空了的去留产生了争论。萨空了回忆：成舍我告诉董事们，如果报纸想赔钱，就让萨空了走；想赚钱，就让萨空了办。董事们觉得赚钱要紧，还是留用了萨空了。[②] 可见，这些股东投资办报并不是纯粹为了达到一个高远的社会目标，只是因为达到这个社会目标所进行的报道宣传可以带来切实的利润，他们才容忍一个思想立场与之相左的总编辑。此外，在《立报》筹备期间，各股东就约定成舍我“非到报馆经济基础确实巩固，销路已达到预定标准，不能离开，即在必要情形下，必须回平，料理《世界日报》，亦只许以两星期为度”[③]，这也是为了确保《立报》稳赚不赔。

为了创造利润，《立报》采取的办法就是厉行节约，增加赢利渠道，细大不捐。《立报》集股 8 万元之多，如果购置两部崭新的轮转机，按照

---

① 张钰：《报坛驰骋三十年》，载《张友鸾纪念文集》，上海：文汇出版社，2000 年，第 245 页。

② 萨空了：《我与〈立报〉》，载祝均宙、萧斌如：《萨空了文集》，上海：上海科学技术出版社，2002 年，第 19 页。

③ 成舍我：《从上海到香港——想起十年前手创的〈立报〉》（下），载《新闻天地》1952 年总第 229 期。

市价就要全部耗尽其资金，但成舍我得知《朝日新闻》门司分社有两部废置不用的法国马立诺式小型轮转机，稍作修理，即可派上用场，于是前往购买。结果，每部轮转机不到3 000元，加上修理总共花费7 000元左右，这样就节省了一大笔开支。总之，“一切支出，力求经济”。因此，《立报》开始运行时，收支刚好平衡，没有外债。此外，《立报》员工的薪水低，待遇差，这在一定程度上也节省了报馆的支出，相当于增加了报馆的利润。

《立报》的收入来源分为三大块：一是发行；二是广告；三是副业。与一般大报不同，《立报》的发行是赚钱的。据报人徐铸成计算，以一般大报为例，一张对开白报纸，成本大约是7厘到1分之间。以日出3张（大报的起码张数）计算，成本为2分1厘到3分。若每份报纸定价3分6厘，以六五折批发给报贩，实收只有2分3厘多，加上油墨、机器折旧，卖出一份报就要亏损几厘到六七分，这还不包括房屋、设备、职工开支等。[①] 如果每天出报八九张，则亏损更多。以《晨报》为例。《晨报》1932年4月创刊，经营四年，每月平均亏损近3 000元。1936年1月，《晨报》终因亏蚀而停刊。[②]《晨报》每天发行2张半，每份3分5厘，显然属亏本发行。可以说，这也是《晨报》整体亏损的重要原因。

《立报》实行“大报小办”，只有四开一张，相当于对开报纸的二分之一，其白报纸的成本只有4厘左右。《立报》售价铜元4枚，约为1分2厘。由于《立报》是以直接订阅为主，免除了报贩的打折盘剥，估计每售出一份报纸基本上能赚8厘左右，除开运送、工资、原料分摊等费用开销，每份报纸都有微利。因此，《立报》不像一般大报发行越多，亏损越多，严重依赖广告收入来填补亏空。《立报》只要扩大发行，达到一定的数量，就能收支相抵，进而产生盈余[③]（见表3－5）。因此，成舍我说：“我们发

---

① 徐铸成：《报海旧闻》，上海：上海人民出版社，1981年，第236页。

② 伊人：《〈晨报〉停刊一席谈》，载《晶报》1936年2月1日第二版。

③ 《世界日报》也与此相似：“（《世界日报》）报价一般是高于纸价，虽然为数甚微，但积少成多。如按最低数计算，每份盈余半分，销一万份，每日可余50元，一月合1 500元。若日销万份以上，而盈余又多于半分，数目就更大了。”参见张友鸾等：《世界日报兴衰史》，重庆：重庆出版社，1982年，第140页。

行利润，因为数字庞大，积少成多，仍很优厚。”[①]《立报》收支平衡约在出版后第十个月，即 1936 年 7 月。[②] 此时《立报》的销量已经增长到 10 万份。按照其售价计算，每天可收入 1 200 元左右。换言之，只要《立报》维持这个收入，就能维持生存。此后，《立报》的销量继续增长，直到 1937 年 8 月突破 20 万份，照此估算，每天发行毛收入就有 2 400 元，纯收入在一千元以上。

表 3－5 1936 年上海主要报纸发行张数、价目及盈亏状况

报纸	开数	每日发行张数	每份定价	每份盈亏状况
《申报》	对开	5 张至 10 张	4 分五厘	亏损
《新闻报》	对开	5 张至 10 张	4 分五厘	亏损
《时报》	对开	2 张至 3 张	3 分 4 厘	亏损
《时事新报》	对开	3 张至 4 张	4 分 2 厘	亏损
《立报》	四开	1 张	铜元 4 枚	盈利

资料来源：《上海市各报发行张数价目表》，载张研、孙燕京：《民国史料丛刊（1002）史地·年鉴：民国二十五年上海市年鉴（下）〈二〉》，郑州：大象出版社，2001 年，第 214 页。本表参考以上资料编制而成。

《立报》引进广告后，由于广告需求旺盛，广告量持续增长，加以广告价格高，也为《立报》带来了丰厚的收入。

此外，《立报》还有一些其他收入来源。一是出售《立报》合订本。

---

① 成舍我：《从上海到香港——想起十年前手创的〈立报〉》（下），载《新闻天地》1952 年总第 229 期。

② 关于《立报》赢利的时间，众说纷纭，主要有两种观点：一是“成舍我说”。1938 年 11 月 24 日，成舍我在香港《立报》撰文《上海〈立报〉奋斗的经过》，指出《立报》“在出版第十个月时，营业方面，收支得到平衡；第十四个月起，股东就有了股息”。也就是说，《立报》取得收支平衡的时间为 1936 年 7 月，获得盈余的时间为 1936 年 11 月。1952 年 7 月，成舍我又撰文《从上海到香港——想起十年前手创的〈立报〉》，说《立报》“平衡时期，约在出版半年以后”，即 1936 年 3 月以后；“一年以后，投资者已分到股息红利”，亦即 1936 年 9 月以后。这一说法与前述的时间又不一样，只是后者接近一些。二是“《晶报》说”。1937 年 11 月 28 日，《晶报》新闻《四报纸之自动停刊谈》报道，《立报》“于今春立定脚跟，每月收支，渐由不赔而至于赚钱”，也就是《立报》在 1937 年春才开始有盈余，与“成舍我说”距离更大。由于没有确切的实证材料可以查考，此处援引当事人成舍我最早的说法。

《立报》每月将报纸汇编成册，再装上烫金封面，每册售价 1 元。铢积寸累，亦成大利。另外，还出售本馆出版的书籍，如严谔声的《印花税法浅释》等。二是代印报纸。《立报》有两台轮转印刷机，印完当日的报纸后基本闲置，《立报》便收揽印刷《大美晚报》中文版[①]的业务，使印刷机得到了充分利用。[②] 1937 年 11 月《立报》停刊后，将铅字、机器等租与《大美晚报 · 晨刊》，租金每月为 2 700 元。[③] 这又是一笔可观的收入。

这里不能不提及《立报》一种隐蔽的赢利方式。我们知道，《立报》实行的是“精编主义”的编辑原则，相比大报，这意味着编辑、记者必须付出更多的脑力劳动。这种复杂劳动，一方面为《立报》提供了重要的新闻，增加了新闻数量，另一方面由于每条新闻都很简短，总体减少了新闻篇幅，从而减少了报纸张数。因此，《立报》虽然只是四开报，它报道的重要新闻并不一定比大报少，但节省了读者的金钱、时间和精力，更重要的是降低了纸张、油墨、运输和人工等费用。而大报则正好相反，新闻冗长，张数多，成本高。换言之，《立报》通过加大编辑、记者的劳动强度，降低了原料和人工成本，但却并未相应地提高编辑、记者的工资待遇，《立报》由此获利。1931 年 4 月，成舍我在燕京大学新闻学系发表演讲时批评“上海报纸，虽年有盈余，然此种盈余，实际上只是从极力减低同仁的俸给、新闻费及一切事业费而来”[④]。然而，《立报》也未能超越这种赢利方式，反而有所加深。

总之，成舍我后来给《立报》算了一笔账：“战前每一万元的投资，连同过去所获利润，大约收回了等于战前币值的三倍。单就经济的意义说总算未赔有赚。”[⑤]

---

① 《大美晚报》(*The Shanghai Evening Post and Mercury*) 英文版由美商创办于 1929 年 4 月。1933 年 1 月该报又增出中文版晚刊，1937 年 12 月出版中文版《大美晚报 · 晨刊》(1938 年 5 月改名《大美报》)。太平洋战争爆发后，各报均被日军查封。参见《上海新闻志》编纂委员会：《上海新闻志》，上海：上海社会科学院出版社，2000 年，第 176、182 页；王欣：《一份颇具影响的外商华人晚报——〈大美晚报〉》，载《新闻研究资料》1991 年第 3 期。

② 报人：《上海报界现状》，载《上海人》1938 年第 1 期。

③ 镇冠：《上海报界之大变动》，载《晶报》1937 年 12 月 2 日第二版。

④ 成舍我：《中国报纸之将来》，载刘家林等：《成舍我新闻学术论集》(上)，广州：暨南大学出版社，2012 年，第 39 页。

⑤ 成舍我：《由小型报谈到〈立报〉的创刊》，载李瞻：《中国新闻史》(六)，台北：台湾学生书局，1979 年，第 388 页。

二、《立报》的待遇

在《立报》工作，一是任务重，二是待遇差。作为总编辑，萨空了必须每天下午四点就上班，第二天早晨四五点才回家，然后吃饭、睡觉，下午两点起床，到附近公园散步，接着又去上班。一天工作十二三个小时，只有两个小时的自由支配时间，每天如此。萨空了平时担负的工作很多，有一次病了八天，只得请几位朋友帮忙。[①]

普通编辑也不轻松，其主要工作是筛选、改写和缩写各类稿件。成舍我规定排字房可以拒排油印稿，任何编辑发排的稿件必须是手写的，[②] 旨在杜绝可能出现的取巧行为。以恽逸群为例，他要对各通讯社的来稿进行取舍改编，不仅要把错综复杂的国际问题改写得通俗易懂，还要加进适当的解释和背景资料，使读者容易理解。这种对稿件的深度加工要花费很多的精力。[③] 因此，褚保衡说："在《立报》做一个编辑，是相当辛苦的。"[④]

在《立报》，不仅编辑辛劳，记者也很辛劳。舒宗侨回忆："我们晚上在编辑部，除了写稿、发稿之外，还要同时和外界核对新闻事实，补充稿件，用电话采访新闻。我每晚要和外国报纸、通讯社交换新闻，看看有无遗漏。特别是英文《大陆报》、《大美晚报》，我每天下午、晚上都要通电话。《立报》的记者，一般均在晚上十时以后才离开报馆回家。即使回家以后，倘若发现新闻，再给编辑部通电话。"[⑤] 即一天中大部分时间都处于工作状态。1937 年 6 月 11 日，舒宗侨到苏州采访"七君子"审讯情况。庭审到下午六时才结束，舒宗侨从法院出来，立即搭上返回上海的火车，就在火车上赶写稿件，回到报馆又加工整理，一直忙到次日凌晨两三点。

至于排字印刷工人也是同样情况。这些从"新专"初级职业班毕业的学生，共有十四人。他们来到《立报》后，每晚九时上班，第二天清晨六时才下班。下午二时起，还要到工厂还字，又要工作两三个小时，每天要

---

① 了了：《病了八天》，载《立报》1936 年 6 月 6 日第三版。
② 马之骕：《新闻界三老兵》，台北：经世书局，1986 年，第 229 页。
③ 顾雪雍：《奇才　奇闻　奇案——恽逸群传》，上海：上海人民出版社，1996 年，第 83 页。
④ 马之骕：《新闻界三老兵》，台北：经世书局，1986 年，第 229 页。
⑤ 舒宗侨：《〈立报〉采访生活回忆》，载《新闻记者》1987 年第 3 期。

工作十一二个小时。一年到头，天天如此。[①]

《立报》的工作环境也很差。由于报馆面积狭小，没有电风扇，一到夏天，十分炎热。1936 年夏，谢六逸因为体胖怕热，称病请假一个月，由夏仁麟暂时代理编辑工作（由于夏仁麟资历尚浅，报馆规定他每天必须将编好的稿件交与谢六逸审阅）。后来，在同人的再三要求下，《立报》才添置了电扇，谢六逸也“病愈到馆”了。[②]

与工作强度和工作环境形成强烈反差的是工资普遍偏低。“该报经费夙主撙节，待遇馆友，并不过丰。”[③] 比如，恽逸群担任国际新闻编辑，每月仅 80 元，相当于 20 世纪 20 年代同等职位中等收入水平（见表 3－6）。按照生活费用计算，这笔钱只能够满足一家（四五口人）基本生活需要。[④] 后来，他兼任评论工作，一个人承担两个人的工作，仅仅增加了 40 元工资。如果另外请人，每月工资至少 80 元。这样算来，报馆每月又节省了 40 元。恽逸群的外甥顾雪雍在上海一家报馆工作。他说，恽逸群虽然工作很艰苦，却没有得到相应的报酬，“老板从恽逸群剥削了不少”[⑤]。作为副刊编辑，谢六逸的月薪也只有 80 元。

戈公振在 20 世纪 20 年代谈到上海报人的工作待遇时说，由于上海生活程度太高，报人薪水太低，不少报人不得不兼任馆外之事。[⑥] 这种情况到了 30 年代仍然存在。像恽逸群、谢六逸、舒宗侨等除了《立报》的工作还有其他兼职。例如，恽逸群还兼任新声通讯社编辑。谢六逸兼职更多，收入也多一些。“以在复旦任事的情形说，一个系主任的办公费是四十元，两个八十元，在新闻系文学系各担任几门课程，每句钟三元，另外在暨南大学中国文学系担任课程，不时在各刊物写写稿。”[⑦] 舒宗侨则要为外地报纸拍发电报、写通讯，以增加一些收入。

---

① 贺逸文、夏方雅、左笑鸿：《北平〈世界日报〉史稿》，载张友鸾等：《世界日报兴衰史》，重庆：重庆出版社，1982 年，第 156 页。

② 夏仁麟：《忆谢六逸先生》，载《一般》1944 年第 2 卷第 2 期。

③ 露轩：《朱虚白主编〈立报〉》，载《晶报》1936 年 2 月 9 日第二版。

④ 陈明远：《文化人的经济生活》，西安：陕西人民出版社，2010 年，第 255 页。

⑤ 顾雪雍：《奇才　奇闻　奇案——恽逸群传》，上海：上海人民出版社，1996 年，第 88 页。

⑥ 戈公振：《中国报学史》，北京：三联书店，1955 年，第 246 页。

⑦ 夏仁麟：《忆谢六逸先生》，载《一般》1944 年第 2 卷第 2 期。

表3-6 20世纪20年代上海报馆不同职位月薪

职 位	月 薪	备 注
社长	200~400元	—
总编辑	150~300元	—
电讯、要闻、地方、本埠编辑	60~100元	—
本埠外勤记者	40~80元	专职，车费除外
普通访员	10~30元	兼职
副刊编辑	40~80元	—
编译	60元左右	—
校对、译电	20元左右	—

资料来源：黄天鹏：《中国新闻事业》，上海：联合书店，1930年，第93页。本表根据以上资料绘制而成。

而来自“新专”的学生的工资待遇更低。根据在校成绩，这些学生的月薪本来定为三等，甲等生22元、乙等生20元、丙等生18元；到了上海后，其工资都相应下调，分别改为20元、18元、16元，没有任何福利待遇。对于工作条件，学生们总结出四个“无”：一无休假，长年累月上班；二无食堂，有家的回家吃饭，无家的吃包饭；三无厕所，上街使用公共厕所；四无医疗，生病自费上医院。[①] 这样，报馆也就不用负担医疗费、房租、雇工工资等一大笔费用了。

在《立报》，由于成舍我对工作效率要求较高，对工作报酬一贯坚持低等，于是一些人或因不堪忍受其盛气凌人的作风，或因不耐烦其家长式的命令和微薄待遇而提出辞职。[②]

较之《立报》，老牌报纸《申报》和《新闻报》的工资待遇就好得多。如《申报》和《新闻报》年功加俸已成定例。1934年末，《新闻报》工友加薪四个月，职员加薪三个半月。[③]《申报》则经常组织旅行团到外地

① 贺逸文、夏方雅、左笑鸿：《北平〈世界日报〉史稿》，载张友鸾等：《世界日报兴衰史》，重庆：重庆出版社，1982年，第156页。

② 张常人：《成舍我创办上海〈立报〉的前前后后》，载文昊：《他们是怎样办报的》，北京：中国文史出版社，2005年，第112页。

③ 戊巳：《望平街的新闻》，载《晶报》1935年1月14日第二版。

旅游。不管是职员还是工友，每人只需缴纳很少的钱即可，不足部分由报馆贴补。1936年3月，他们就先后到无锡、常熟等地游览。[①]

尽管有人因为待遇等问题而离开，但留下来的则表现出极高的工作热情和奉献精神。舒宗侨回忆："那时我年纪轻，事业心强，工作志趣高，虽然待遇微薄，却不以为苦，反而觉得能在《立报》这样一个有发展前途，又能磨炼自己的报纸工作，是莫大的幸运。"[②] 像舒宗侨一样，其他几个二三十岁的外勤记者也都想在记者岗位上干出一番业绩，而且每个人都心怀爱国之心，因此工作非常勤奋，不在乎个人得失。"新专"的学生也是如此。

《立报》员工的工作热情未因待遇微薄而受影响，更未因此发生任何形式的劳资纠纷（这在上海报纸中司空见惯）。这不能不说是《立报》内容精彩、赢利殊丰的重要原因。

① 小杰：《〈申报〉提倡团体旅行》，载《晶报》1936年3月6日第二版。

② 舒宗侨：《〈立报〉采访生活回忆》，载《新闻记者》1987年第3期。

第四章 《立报》的重大新闻报道

20 世纪 30 年代中期，在不到一年的时间里，中国接连发生了“七君子”事件、“西安事变”和“八·一三”抗战等影响中国走向的重大事件。《立报》审时度势，紧紧抓住这些事件，利用报纸的放大效应，运用各种新闻手段，对事件进行追踪报道，宣传“精诚团结，共同抗日”的救国主张。如“七君子”事件报道巧妙运用多种新闻体裁和编辑手段，营造营救七位爱国人士的舆论氛围；“西安事变”报道则通过评论和新闻报道的有效配合，揭露亲日派的阴谋，促进抗日民族统一战线的建立；“八·一三”抗战报道则主要运用《小茶馆》和评论大声呼吁民众贡献全部力量，誓死保卫大上海。《立报》的报道既披露了事件真相，宣传了抗日，又在潜移默化中培育了读者的国家观念和民族意识，让读者真切感受到个人命运与国家存亡唇齿相依的关系。这正是《立报》的重要目标和使命。

第一节 营救爱国人士
——“七君子”事件报道

20 世纪 30 年代初期，由于国民党政府坚持“攘外必先安内”的错误政策，日本对中国的侵略不断加剧，中国面临着空前严重的民族危机。在上海，一批知识分子首先举起了抗日救亡的大旗。受其影响，各界民众的救国运动蓬勃开展，上海妇女救国会等各种救国会组织陆续建立。为了团结抗日力量，1936 年 1 月，各救国会又联合成立了上海各界救国联合会。在上海救国运动的推动下，许多地方也相继成立了救国会。为了将全国各地的救国力量团结起来，1936 年 5 月，全国各界救国联合会在上海创立。

在“全救会”的指导下，各地救国会组织进一步发展和壮大。正当全国抗日爱国运动如火如荼地开展的时候，国民党政府于1936年11月23日在上海逮捕了救国会的领导人沈钧儒、章乃器、邹韬奋、李公朴、沙千里、王造时、史良七人，制造了震惊中外的“七君子”事件。

在此之前，萨空了在办报的过程中就已结识了李公朴，又通过李公朴认识了救国会的其他重要成员，如陶行知、邹韬奋、胡愈之等。他非常赞同救国会“抗日救国已成为每个同胞的神圣天职”的主张，认为作为一个新闻工作者，宣传抗日救国应是自己的天职。萨空了说：“我的这种认识自然会反映在《立报》上，也就形成了《立报》的倾向性。”① 在《立报》管理层，严谔声、恽逸群、谢六逸等也都持有相同的立场。恽逸群是地下党员，担任上海各界救国联合会和全国各界救国联合会的新闻干事，编辑上海文化界救国会等出版的半公开刊物《救亡情报》。严谔声、谢六逸与其他文化界人士则于1935年12月联名发表了《上海文化界救国运动宣言》，提出“停止一切内战”、“释放一切政治犯共赴国难”的主张。这个宣言也是萨空了在恽逸群的要求和鼓励下，冲破国民党的禁令，首先在《立报》披露的，在社会上引起了很大反响。② 1937年7月，萨空了、严谔声和谢六逸又一起参加了上海文化界救亡协会。正因为《立报》高层同情救国会的主张，并积极参与其活动，被捕事件一发生，《立报》就全力投入报道，展开了营救“七君子”的工作。③

一、紧密跟踪事态进展

1936年11月23日凌晨二时左右，沈钧儒等七人先后被捕，章乃器的夫人胡子婴和另外一个人赶到立报馆，向萨空了报告了这一紧急情况。为了阻止七人被捕可能招致的不测，《立报》当即不经国民党的新闻检查在第一版发布了一条加框的新闻——《今晨七人被捕》：“今晨二时半，市公安局会同公共租界及法租界捕房，逮捕七人。上午解法院。”消息没有提

---

① 萨空了：《我与〈立报〉》，载祝均宙、萧斌如：《萨空了文集》，上海：上海科学技术出版社，2002年，第21页。

② 顾雪雍：《奇才　奇闻　奇案——恽逸群传》，上海：上海人民出版社，1996年，第98页。

③ 萨空了：《我与〈立报〉》，载祝均宙、萧斌如：《萨空了文集》，上海：上海科学技术出版社，2002年，第20页。

及七人的名字，这是为了避免引起国民党查封报馆等严重问题，这样既巧妙地保护了自己，又得以将这一重大消息披露出去。[①] 这是关于七人被捕的最早的报道，立刻引起了社会的注意和其他报纸的跟进报道，迫使国民党当局打破缄默，说明原因。次日，中央社对此进行了报道，《立报》通过引用这条消息告知读者，七人是因为“组织非法团体，勾结赤匪，煽动罢工罢课罢市，阴谋扰乱治安，企图颠覆政府”，依据《危害民国紧急治罪法》而被捕的。[②] 自此，“七君子”事件成为《立报》报道的重点。尽管上海市公安局通令各报禁登与此相关的消息，中宣部也招待上海新闻界，发出了同样的命令，但《立报》仍旧我行我素，紧抓不放，成为报道“七君子”事件最积极的报纸。[③]

从“七君子”被捕到1937年8月初被释放，《立报》派出专门记者坐镇上海和苏州两地采访，将整个事件的起因、发展过程和结果完整地呈现在读者面前。这些报道主要包括：1936年11月23日七人被捕后保释，市公安局复以“七人有逃亡之虞”于次日再行逮捕；12月4日沈钧儒、章乃器、邹韬奋、李公朴、沙千里和王造时六人被移送苏州高等法院；家属探视关在看守所的沈钧儒等；11月24日史良逃亡，12月30日又向高等法院投案；1937年2月4日七人羁押期满，高等法院裁定延期羁押两月；4月3日七人以“危害民国”罪名被起诉，七人准备应诉；6月7日沈钧儒等向法院提交答辩状；法院开审前夕家属再次赴苏探望沈钧儒等；11日沈钧儒等在刑事第一法庭受审；12日沈钧儒等以全体推事“显有偏颇之虞”声请回避，诉讼程序暂时中止；杜月笙等欲保释沈钧儒等；17日回避申请被高等法院裁定照准；18日沈钧儒等被诉案办理卷宗移送手续，改由刑事第二法庭审理；22日沈钧儒等呈送第二次答辩书；24日沈钧儒等与律师草定共同意志书，提交高等法院；25日七人在法院受审；7月31日沈钧儒等交保出狱；8月1日沈钧儒等由苏州抵达上海，受到热烈欢迎。

据粗略统计，《立报》对此事件先后进行了55次报道，平均每月近8次，特别是在七人被捕的1936年11月和两次庭审的1937年6月这两个关

---

① 顾雪雍：《奇才 奇闻 奇案——恽逸群传》，上海：上海人民出版社，1996年，第99页。

② 《李公朴等七人 被捕已保释》，载《立报》1936年11月24日第一版。

③ 龙子木：《胡愈之与救国会》，载周天度、孙彩霞：《救国会史料集》，北京：中央编译出版社，2006年，第1063页。

键时刻，报道密度更大，几乎每天都有一篇新闻见诸报端。为了使报道不致冷场，《立报》灵活转移报道方向，重启新的报道主题。例如，审判暂时中止时期，《立报》“因感各方人士，对该案很是关切”，又开始了《沈钧儒等案停审中七人家属访问记》的系列报道，由诉讼本身转向当事人家属。总之，《立报》不放过事件发展的每个关节点，及时向读者报告事件的最新动态，激发读者关注事态进展，关心七人的命运。

二、运用多种新闻手段

为了使报道达到预期的效果，《立报》除了加大报道密度、跟踪事态发展外，还利用消息、专电、通讯、特写、评论等各种新闻体裁以及多种编辑手段进行突出报道。

1. 运用多种新闻体裁报道新闻

《立报》一般以消息的形式发布新闻，而当遇到重大紧急的情况时，常常采用专电披露新闻。如 1937 年 2 月 3 日是沈钧儒等被羁押两个月的最后一天，但国民党当局还没有提出起诉。时至当日中午，苏州高等法院突然裁定七人延期羁押两个月，记者立即以专电向《立报》报告了这一情况，《立报》次日刊发了新闻《沈钧儒等七人　延长羁押期两月》。沈案暂停审判期间，杜月笙等人赴苏州准备保释沈钧儒等。获悉这一动向，《立报》于 6 月 15 日以专电报道《沈钧儒等一案　日内将有新发展》。

对于比较复杂或重要的新闻事件，《立报》则采用通讯进行报道。例如，1937 年 6 月 12 日第一版“本报特派员苏州通讯”《沈钧儒等被捕案昨在苏高院开审》翔实而生动地报道了开审前街上的紧张气氛、法庭拒绝公众听审以及沈钧儒等和律师的抗争、庭审的情景和对话等。这篇几乎占一个整版的长篇通讯一发表就轰动了全上海，进而又传遍了全国，给国民党当局极大的舆论压力。①

特写历来是《立报》运用较多的一种新闻体裁，在“七君子”事件报道中也不例外。如 1937 年 7 月 2 日第三版本报特写《救济四川灾民　沈钧儒等写字屏》描述了沈钧儒等虽身陷囹圄，却心系灾民，为了救助四川灾

① 萨空了：《我与〈立报〉》，载祝均宙、萧斌如：《萨空了文集》，上海：上海科学技术出版社，2002 年，第 31 页。

民参加赈灾义卖活动这一事件。

《立报》有时也就一些重要事件曲折地发表自己的看法，为“七君子”辩护。1937 年 6 月 7 日，沈钧儒等向法院递交了答辩状，《立报》就此发表了一些“感想”：“往往有许多事情，在政治观念上讲是非常正当的，而从呆板的法律条文说则可以认为犯罪。要救济这种缺点，必须执行司法权的法官有相当丰富的政治知识，能够随时理解当时的政治问题。”表面上只是探讨政治和法律的关系，实则是阐述沈钧儒等组织救国联合会的正当性，提示法官要了解当前的政治形势，要从现实政治考虑法律问题，“司法独立，只应该解释为不受任何方面人事上的影响，决不是说司法可以独立于政治之外”。评论还以美国总统罗斯福因为美国最高法院屡次判决新政为违宪，建议改革司法为例，说明法律往往落后于政治，法官要跟上时代的步伐，公正审理沈案。[①]

国民党政府以“危害民国”的罪名向法院提起公诉后，即内定对沈钧儒等按《危害民国紧急治罪法》判处两年以上徒刑，随审随判，如沈钧儒等不作任何辩护或上诉，即押送南京反省院，写具悔过书，然后交保释放。[②] 为了保护沈钧儒等，《立报》就此发表评论指出：“这几天社会上竟发生许多谣言，有的说该案尚未开庭，而早已定谳；有的说该案将不待充分辩论，一庭之后即判决，甚至称决定判处徒刑五年，对援引的条文，也言之凿凿。这种谣言，在我们看起来，绝对是不负责任者等散放的谰言；而这种谰言的传播，无论动机如何，都足以削弱政府的声誉，动摇国内团结一致的基础。”表面上是驳斥谣言荒诞无稽，实质上揭穿了国民党当局准备随审随判的企图。评论最后说中国的司法是独立而有尊严的，“上述那种谰言，只要稍具常识的人，就可以断其不确”[③]，再次提醒读者注意“谣言”的动向。这篇文章发表后，激起了广大群众的义愤，许多人相约前去苏州听审，甚至传出了要“劫场”，使国民党当局吓慌了手脚。[④]

---

① 《怎样沟通政治和法律》，载《立报》1937 年 6 月 8 日第二版。

② 周天度：《救国会史略》（代前言），载周天度、孙彩霞：《救国会史料集》，北京：中央编译出版社，2006 年，第 17 页。

③ 《应具辟谣的常识》，载《立报》1937 年 6 月 10 日第二版。

④ 萨空了：《我与〈立报〉》，载祝均宙、萧斌如：《萨空了文集》，上海：上海科学技术出版社，2002 年，第 30 页。

2. 运用多种编辑手段突出处理新闻

为了引起读者的注意，沈案的大多数新闻都安排在地位显著的第一版刊出，其次则是第二版或第三版。据统计，刊登在第一、二、三版的新闻分别为24次、15次和14次，第四、五版都只有一次。对于一些重要的新闻，《立报》不惜篇幅，连续转版。如1937年4月7日的新闻《苏高等法院检察官　对沈钧儒等起诉书》就由第一版依次转版，直到第四版，公布了起诉书的全部内容，包括“有意阻挠中央根绝赤祸之国策”，“不承认现政府有统治权，并欲于现政府外更行组织一政府”，“蔑视政府，故为有利于共产党之宣传”，“以危害民国为目的而组织团体，并宣传与三民主义不相容之主义”，“组织工人罢工后援会”，“勾结军人，谋为轨外行动”等等，让读者了解了七人所犯何种“罪行”，国民党政府又是如何定罪的。同年6月8日刊载的《沈钧儒等答辩状》则由第二版一直转到第四版，详尽披露了七人对起诉书的批驳，指出“被告等从事救国工作，无非欲求全国上下团结一致，共御外侮，与政府历来之政策，及现在之措置，均无不合”，起诉书“颠倒是非，混淆黑白，摧残法律之尊严，妄断历史之功罪”。通过对照起诉书和答辩状，读者不难得出国民党政府肆意罗织罪名和沈钧儒等“爱国无罪”的结论。

对于一些特别重要的新闻，《立报》常常运用一些版面符号加以强调。如1936年12月2日《立报》得知沈钧儒、章乃器、邹韬奋、李公朴、沙千里和王造时六人将于日内由上海市公安局移送苏州高等法院，乃于次日发布了一条一百一十余字的加双正线的消息《沈钧儒等　将移送高法院》，告诉读者沈案出现了新的变化。

除了文字报道，《立报》还刊发照片，报道七人的生活状况。如1937年6月11日第一版新闻《沈钧儒等案　苏高院今午开审》就配发了沈钧儒、章乃器、邹韬奋、李公朴、沙千里和王造时的狱中合影（六人羁押在横街高等法院看守分所，史良羁押在司前街女看守所——笔者注）。与此同时，《立报》还陆续刊登了七人的题词手迹，如1937年6月12日第一版与新闻《沈钧儒等被捕案　昨在苏高院开审》同时刊发的有沈钧儒的“主张坚决，态度和平”，邹韬奋的“力争救国无罪，力保民族人格”，史良的“大众的要求就是治国平天下的好方法”。13日第二版与新闻《沈钧儒等七人　声请推事回避状全文》一起刊载的有王造时的“我相信救国无罪，因为我相信世间犹有是非，人类尚有正义”，李公朴的“刑庭判决书，阻止不住思想的进步”，沙千里的“力争民族的解放，直到最后一滴血为止”，表达了七人坚定的思想主张和为救国勇于牺牲的精神。这些题词，大义凛然，对记者和广大读者均是一种激励。[①]

三、侧面表达态度和倾向

除了以上从正面入手、较为客观地报道整个事件，《立报》还转换角度，利用特写和副刊从侧面入手，或者通过他人之口，或者诉诸情感，显示自己的倾向性。

1937 年 6 月 11 日沈钧儒等将第一次受审。就在此前两天即 6 月 9 日，《小茶馆》刊发了一组读者来信。一位读者说，他并不赞成沈章等人的行为，但他们的案件一再迁延也不是办法。他们无辜被捕，声誉日渐高涨，影响越来越大；如果让他们自由了，社会也就不再注意他们了。[②] 另一位读者说自己并不了解沈钧儒等的救亡主张，但蒋委员长在三中全会后发表谈话，说要集中人才，释放政治犯。这七位先生也可算是应集中的人才，政府为什么还要起诉他们呢？现在中国正处在非常危险的时刻，如不集中人力，岂不是要亡国吗？[③] 这些读者虽然政治立场不同，讨论问题的出发点也不一样，但无一例外都要求释放沈钧儒等，代表一部分民众的意见，而这也正是《立报》的主张。因此，萨空了以《谈两件事》为题强调说："现在若把他们放了，一方可以示政府的宽大，一方也可以减轻一般人对他们的注意。不论从那方面讲，对国家都是没有害处的。"[④]

就在审判暂时中止时期，《立报》又对七人的家属展开了采访，这就是陆续发表在《立报》第二版的本报特写《沈钧儒等案停审中七人家属访问记》。这些报道包括《李公朴的孩子说：爸爸，快些回来吧！》（6 月 16 日，检扣 41 字），《王造时太太　天天在骗孩子》（6 月 18 日），《邹韬奋夫人　含着眼泪的话》（6 月 19 日，原文见附录三），《一个拥护正义的母

---

① 舒宗侨：《〈立报〉采访生活回忆》，载《新闻记者》1987 年第 3 期。

② 穀羽：《由思想测验谈到化伟大为平凡》，载《立报》1937 年 6 月 9 日第六版。

③ 吴瑛：《不甚了解他们　但望释放他们》，载《立报》1937 年 6 月 9 日第六版。

④ 了了：《谈两件事》，载《立报》1937 年 6 月 9 日第六版。

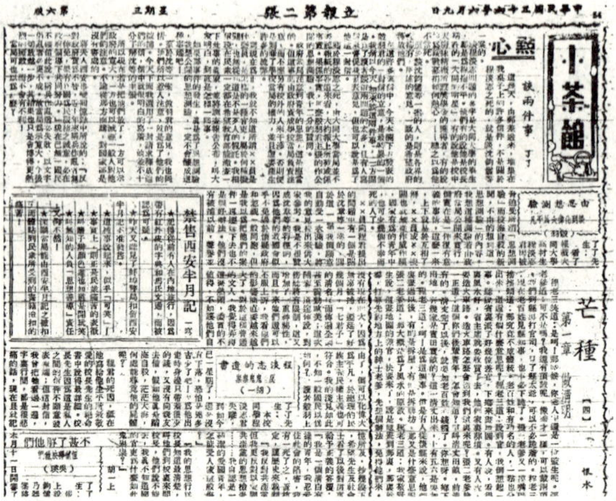

中華民國二十六年六月九日 立報第二張 星期三 第六版

小茶館

熱心

談兩件事

丁丁

禁售西安半月記

芒種

图 4－1 《立报》1937 年 6 月 9 日第六版上半版

《小茶馆》关于“七君子”事件的读者来信

亲》（6 月 20 日，检扣 86 字），《章乃器夫人 打算住亭子间》（6 月 21 日，检扣 378 字），《沙千里太太 含着泪的哀诉》（6 月 22 日），《沈老先生在狱中 关心儿孙学业》（6 月 23 日）等。记者通过对李公朴夫人张曼筠、王造时夫人朱透芳、史良母亲、邹韬奋夫人沈粹缜、章乃器夫人胡子婴和沈钧儒的大儿子沈谦的采访，向读者介绍了七人在狱中的饮食起居情况和他们对父母、孩子的挂念。特写还着重描绘了七人被捕给各个家庭造成的影响和家人的反应，如李公朴的孩子“恨中国的警察，不该听长官的话，来把他们的爸爸捉去”；王造时的孩子“甚至想写信给检察官，要求他请他赶快把他们的爸爸释放出来”；沙千里的母亲哭诉道：“唉！被捕已经七个月了哪！再不出来，我的眼睛会哭瞎哩！他们哪里有罪呢?”记者在报道中不着一字一句之褒贬，但融入感情，让场景（冷寂愁惨的家庭气氛）、事实（孩子天真的言行）和当事人说话，引起读者对沈钧儒等的同情以及对国民党政府违背民意、一意孤行的愤慨。

如果说庭审报道注重客观，家属访问记诉诸情感，那么刊登在第三版《花果山》的《救国罪案花絮录》则从细节入手，化“硬”为“软”，让读者在趣味中了解“七君子”事件。“花絮录”共有六篇文章，分别为《苦了几位大律师》（6 月 29 日），《法院的钟不守法》（6 月 30 日），《史良的一个好娘姨》（7 月 1 日），《七君子的态度》（7 月 2 日，原文见附录三），《韬奋有阔汽车了》（7 月 3 日，原文见附录三），《庞大的律师团》

(7月4日)。这些花絮语言轻松活泼，生动地讲述了庭审期间发生的一些感人的或富于情趣的故事。比如，二十多位律师不辞辛劳，在倾盆大雨中赶往法院为当事人辩护；法院的钟也不“守法”，走时不准；陪同史良的女看守像随时服侍的女佣人；邹韬奋颇为“得意”地乘坐高规格汽车出庭；律师团阵容强大，有时驳得法官理屈词尽，欲逃避而不得。特别是《七君子的态度》夹叙夹议，抓住七人的神态和语言，几笔勾勒，展示了七人在庭审时无所畏惧、镇定自若的风采。例如，沈钧儒讲起话来不慌不忙，有条有理，从不发火；章乃器说话兼有学者和政治家的风度；邹韬奋态度倔强，竟然以“这意见牛头不对马嘴，我莫名其妙”来反驳检察官；王造时不脱大学教授的风格，说话有时未免长而无当；李公朴不停地抚摩胡子，说话声音响亮；沙千里喜欢背着手，答话稳健；史良常常面带笑容，可是一旦厉害起来似乎超过其他六个人，“检察官说他们污辱检察官，她却说检察官污辱救国会”。这些花絮不仅让读者了解了七人的政治主张，还一识七人的人格魅力。

总之，家属访问记和新闻花絮录对庭审报道形成了有力的补充，成为《立报》通过报道生发舆论，推动解决“七君子”事件的重要组成部分。

第二节　促进联合抗日
——“西安事变”报道

“一二·九”运动爆发后，全国的抗日运动风起云涌，但蒋介石固执己见，仍然执行“攘外必先安内”的政策，逼迫东北军和西北军进攻红军。1936年12月4日，蒋介石飞抵西安，再次督促两军“剿共”。两军领导人张学良和杨虎城力劝蒋介石联共抗日，但遭到拒绝。12日凌晨，张、杨的部队拘禁了蒋介石以及随同其来陕的党、政、军高级官员，并提出八项救国主张。[①] 这就是震惊中外的“西安事变”。

---

① 这八项主张为：(一) 改组南京政府，容纳各党派，共同负责救国；(二) 停止一切内战；(三) 立即释放上海被捕之爱国领袖；(四) 释放一切政治犯；(五) 开放民众爱国运动；(六) 保障人民集会结社之政治自由；(七) 确实遵行孙总理遗嘱；(八) 立即召开救国会议。

在“西安事变”发生前，《立报》根据时势的变化已经确定了新的报道方针，即团结和动员各阶层爱国人士共同抵御日本帝国主义的侵略。“西安事变”发生后，《立报》立即投入到促进建立抗日民族统一战线的报道中去。[①]

一、促进联合抗日

“西安事变”发生后，南京政府切断了与西北的一切通讯和交通，新闻检查官焚毁了来自西北的报纸。西安的电台全天广播，一再声明不会与中央军作战，并解释他们扣蒋的原因，呼吁各方保持冷静，以和平为重；但是南京强大的广播电台不断进行干扰，淹没了他们的声音。与此同时，国民党又竭力扣压真实的新闻报道，向世界播发一些愚不可及的谎言。[②]一时谣诼四起，人心惶惶。《立报》的新闻也是在持续不断的报道中随着消息来源的增加和事件的日益明朗而越来越清晰、越来越准确的。

从 1936 年 12 月 13 日开始直至 1937 年 3 月初前后近三个月，《立报》记录了“西安事变”发生、发展、和平解决以及后续问题的演进和化解的全过程，主要包括：张学良扣押蒋介石及其随员；政府和各界要人要求张学良释放蒋介石；地方政要表示拥护中央；蒋介石的顾问、澳大利亚人端纳赴西安调停；前财政部长、中国银行董事长宋子文赴西安斡旋；西北剿匪军前敌总司令蒋鼎文携蒋介石的亲笔信赴南京；中央军与东北军发生激战；宋子文与蒋介石夫人宋美龄赴西安谈判；张学良陪同蒋介石返京；各界欢庆蒋介石脱险；蒋请辞本兼各职未准；张学良被判处徒刑；“西安事变”善后等等。在一系列报道中，《立报》紧紧抓住促进抗日民族统一战线的建立这一报道中心，及时披露事实，表明自己的观点和态度，引导社会舆论。特别是恽逸群撰写的评论发挥了很大的作用，他对全国形势的深刻分析和准确判断，为全国上下团结抗日起了极大的动员作用，受到舆论界的高度重视。[③]

---

① 萨空了：《我与〈立报〉》，载祝均宙、萧斌如：《萨空了文集》，上海：上海科学技术出版社，2002 年，第 37 页。

② ［美］埃德加·斯诺著，董乐山译：《西行漫记》，北京：东方出版社，2005 年，第 421～422 页。

③ 许清茂：《萨空了、恽逸群和〈立报〉》，载《厦门大学学报》（哲学社会科学版）1991 年第 2 期。

事变发生后，国民党政府内部对事变的处理分成了两派：一是以何应钦为首的亲日派主张轰炸西安，欲借机扩大事态，取代蒋介石；二是以宋子文和孔祥熙为首的亲英美派反对武力征伐，希望和平解决事变。全国面临内战的危险。在此紧要时刻，恽逸群发表评论，指出“团结”是当时最迫切的目标。他说：中华民族已经处于万分危机之中，我们要“一致团结起来，集中全国一切力量以对付最主要的敌人”，“凡是违反民族团结的原则的举动，都不是中国国民应有的举动”。针对亲日派指责张学良和杨虎城为“民族敌人”、“汉奸”，恽逸群指出：“对于汉奸的判断，不能不十分郑重，否则为了一时的武断而轻易把和自己有不同的意见的人们归入‘民族罪人’之列，无论动机如何，终是有损于民族的大错。”[①] 戳破了亲日派的险恶用心。

12 月 14 日，《立报》在第一版发布新闻《张学良电孔表示　负责保卫蒋安全》，称：“蒋委员长现留西安城内，□□□□□（检扣五字——笔者注），甚安全，与蒋同时被劫持者，尚有邵力子、蒋作宾、蒋鼎文、朱绍良、钱大钧、陈调元、陈继示等。”打破了人们对蒋介石人身安全的担忧，也粉碎了亲日派进攻西安的借口。也就在这一天，恽逸群又发表评论，呼吁全国上下“重视国家民族的前途，而力避抵消国家力量的举动”，“使国力能完全用在‘为民族争生存’的工作上面”[②]。

就在蒋介石被扣押时，端纳会晤了行政院代院长孔祥熙，自告奋勇地提出愿意飞往西安，了解事态的发展，同时为蒋介石提供帮助。[③] 12 月 15 日，端纳由西安返抵洛阳，并致电孔祥熙“在西安曾晤蒋委员长，蒋甚平安”[④]。恽逸群据此发表评论《中国决不会作西班牙》[⑤]，认为“今天只有对外问题而没有对内问题。在对外问题上，全国军民已早有一致的认识与要求，如果有人违反这个要求，必然会引起全国军民的反对。如果有人要

---

① 《御侮必须团结》，载《立报》1936 年 12 月 13 日第二版。

② 《重视国家民族的前途》，载《立报》1936 年 12 月 14 日第二版。

③ ［美］鲍威尔著，邢建榕、薛明扬、徐跃译：《我在中国二十五年——〈密勒氏评论报〉主编鲍威尔回忆录》，上海：上海书店出版社，2010 年，第 245 页。

④ 《端纳昨由陕飞返洛　报告晤蒋经过》，载《立报》1936 年 12 月 16 日第一版。

⑤ 西班牙内战是指 1936 年西班牙共产党和其他党派组织的人民阵线在国会选举中获胜，成立了联合政府。西班牙将领佛朗哥在德、意法西斯的支持下叛变，发动内战。战争持续两年半，佛朗哥推翻了联合政府，使西班牙成为德、意法西斯的附庸国。

利用这个对外要求而掀起对内的争端，更必为全国军民所共弃”[①]，既明确指出“西安事变”有和平解决的可能，人们不必为此过虑，也警告亲日派勿要轻举妄动。

12月17日，《立报》又在第一版报道了《时局将急转直下　陕事日内可解决》，消息称“蒋委员长与张学良及其部下，仅在政策上，意见不同，张学良及其部下，实不欲危害蒋委员长”，透露了张学良扣押蒋介石的真正原因，打破了南京政府给张学良“叛国”的定罪。同时，《立报》还在同一版又登载了《国府下令讨伐张学良　任何应钦为讨逆总司令》[②]。这无疑告诉读者，既然事变已有重大转机，何应钦何以执意要讨伐张学良呢？可见其心怀叵测。

12月18日，《立报》独家报道蒋鼎文带来了蒋介石致何应钦的亲笔信（检扣12字）。各报纷纷转载了这条新闻，大大加强了宋美龄对付主战派的力量。[③] 就在当日，恽逸群配合新闻发表了一篇评论，说“六日以来，所以举国皇皇者，即为政军当局，不能得到蒋委员长的指示。现在蒋委员长既有文件面交蒋鼎文带出，则一切善后办法，蒋委员长必可详细指示”[④]，揭示了亲笔信的重要意义，对亲日派起到了一定的震慑作用。19日，《立报》公布了信函的全部内容。[⑤] 为了加强报道效果，《立报》又于22日在第一版右下方刊登了蒋介石亲笔函的照片。[⑥]

12月19日，日本外相有田八郎在东京与中国驻日大使许世英的会议上公然宣称对“西安事变”“不能静观”，“已有断然决心”。恽逸群对日本的这种蛮横无理深表愤慨，指出“这种态度就是从善意解释，也不能不

---

① 《中国决不会作西班牙》，载《立报》1936年12月16日第二版。

② 1936年12月16日国府令云：“张学良背叛党国，劫持统帅，业经褫夺各职，交军事委员会严办，乃犹不自悔悟，束身待罪，反将所部军队，集中西安，负隅抗命，希图遂共逆谋，扰害大局。全国人民，同深愤慨。政府为整饬纪纲起见，不得不明令讨伐，着令由讨逆总司令何应钦，迅速指挥国军，扫荡叛逆，以靖凶氛，而维国本。此令。”

③ ［美］埃德加·斯诺著，董乐山译：《西行漫记》，北京：东方出版社，2005年，第430页。

④ 《人心可以安定了》，载《立报》1936年12月18日第二版。

⑤ 此函云：“敬之吾兄：闻空军昨日在渭南轰炸，望即令停止，以近情观察，中于本星期六日前可回京，故星期六日以前，万不可冲突，并即停止轰炸为要。中正手启，十二月十七日。”参见《有亲笔函致何应钦　蒋今日可望回京》，载《立报》1936年12月19日第一版。

⑥ 此照片同时附加了一段说明亲笔函迟迟未刊的文字：“此函系前晚十一时后由京用高价雇汽车送沪交本报及《新闻（报）》、《申（报）》、《民报》者，不意汽车因深夜中沿途多阻，致昨早始到，只得今日付刊。”

说是失态”，严正声明“如其有任何一国，企图藉此干涉中国的政策，不管他提出的主张，是否适合于中国，都是侵犯我国主张；如其出以威吓的手段，则更非独立自主的中国所能容忍”，希望“在陕省一带的将士，能时时想到民族的前途，觉悟到破坏民族御侮阵线，就是民族万世的罪人，幡然改图，保持国家的整个力量，毋使‘亲痛仇快’”①。

此后，《立报》不时报道出面斡旋的宋子文和宋美龄在洛阳、西安、南京等地的行踪以及在西安与蒋介石会晤的情形，同时披露了更多的事变真相。

经过多次谈判，“西安事变”终于和平解决。12 月 25 日，《立报》报道了蒋介石与宋美龄、宋子文等搭乘波音飞机，在四架飞机的护送下抵达洛阳，同时也报道了各地民众欢庆蒋介石脱险。② 《立报》为此倍感欣慰，指出：“现在蒋委员长安然离陕了，今后全国上下，仍可以在蒋委员长领导之下，团结一致，为挽救国难而努力，这是何等值得称庆的事。”③ 国家从岌岌可危的内战边缘终于走上团结御侮的正常轨道，击碎了日本渔翁得利的幻想。这正是《立报》期盼已久、孜孜以求的结果。

12 月 31 日，恽逸群对 1936 年进行了一次简要的回顾，评价“西安事变”“不仅未损害一点国力，反而增强了国力的统一”，并延续其一贯的力谋团结的评论主旨，号召全国各界真正精诚团结，一致努力于救亡图存的工作。④

二、敦促释放张学良

事变当天，东北军和西北军师以上将领联名通电国民党中央、国民政府和全国各界，要对蒋介石作“最后之诤谏”，“保其安全”，并提出了八项救国主张。《立报》也收到了这个通电，由于国民党的新闻检查，通电没能公开发表，但其所表达的殷殷爱国之情令《立报》深受感动，《立报》的态度是支持张学良和杨虎城。张学良被捕后，《立报》的同人对张学良深表同情。为了使张学良重获自由，《立报》密切关注事态进程，不断发

---

① 《不能容忍任何威吓》，载《立报》1936 年 12 月 20 日第二版。

② 参见《昨下午由陕抵洛阳 蒋今晨飞返首都》、《全国欢声雷动庆蒋脱险 京市民准备今晨赴机场迎蒋》，均载《立报》1936 年 12 月 26 日第一版。

③ 《欢迎蒋委员长到洛》，载《立报》1936 年 12 月 26 日第二版。

④ 《送民国二十五年》，载《立报》1936 年 12 月 31 日第二版。

表新闻和评论，以期从舆论上促其实现。①

1936 年 12 月 26 日，张学良陪同蒋介石飞抵南京，函呈蒋介石自请惩处。② 30 日，《立报》在第一版报道了张学良交军事委员会处理，蒋介石呈请特予宽大。

1937 年 1 月 1 日，《立报》在第一版报道了张学良受审情形和判决书全文以及张学良最终判处十年徒刑后蒋介石呈请国府特赦（见图 4 -2）。事实上，虽然会审是以南京政府的名义进行的，但从“审张”、“赦张”到“管束张”完全是按照蒋介石的意思办理的，就连判决书也是蒋介石亲自交下的。③

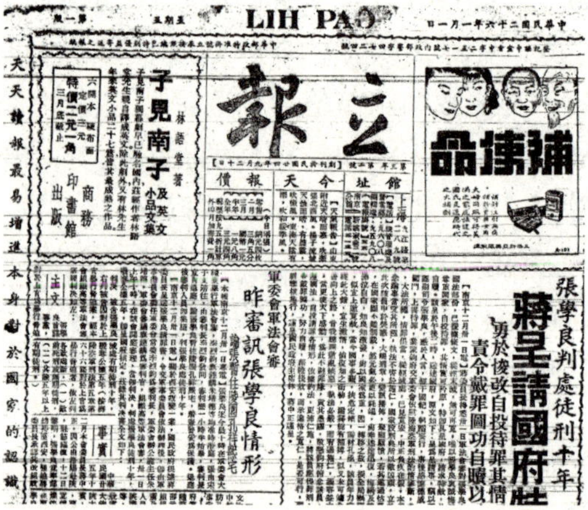
LIH PAO

立報

子見南子及英文小品文集 林語堂著 商務印書館出版

天天讀報最易增進本身對於國家的認識

軍委會軍法會審 昨審訊張學良情形

張學良判處徒刑十年

蔣呈請國府特

图 4 -2　《立报》1937 年 1 月 1 日第一版上半版关于审讯张学良的报道

1 月 2 日，《立报》在第一版报道《国府新年后召开会议　张学良将获特赦》，说“军委会军法会审，判处张学良徒刑十年后，此间各界咸认此案将因蒋委员长之呈请，国府将予赦免，并令戴罪图功”。

1 月 3 日，《立报》又报道国府次日将讨论张学良特赦案，同时配发评

① 萨空了：《我与〈立报〉》，载祝均宙、萧斌如：《萨空了文集》，上海：上海科学技术出版社，2002 年，第 38、46、48 页。

② 该函略谓：“学良生性鲁莽粗野，而造成此次违犯纪律不敬事件之大罪。兹腼颜随节来京，愿领受钧座之责罚，处以应得之罪，振纪纲，警将来。凡有利于吾国者，学良万死不辞，乞钧座不必念及私情有所顾虑。”参见《在热烈欢迎声中　蒋昨由洛飞抵京》，载《立报》1936 年 12 月 27 日第一版。

③ 宋连生：《蒋介石与西安事变》，北京：团结出版社，2008 年，第 201 页。

论指出“在国难严重万分的现在，我们正应集中国内的一切力量，以共同对付最主要的敌人，尤其是人才，只要他有一技之长，应该使他能充分应用到救国工作上来”①，吁请要爱惜张学良这样的人才。

1月4日，《立报》在第一版分别以“本报南京三日专电”和“南京三日电（路透社讯）”报道《特赦张学良案 国府今晨可核准》，其中写道：“国府委员会，将于明晨召集，考虑蒋委员长请特赦张学良的呈文。据一般人意见，以为特赦必可邀准。”表示特赦张学良已无悬念。针对有人“治乱世，用重典”的论调，《立报》认为“凡是中国人民，除少数的汉奸外，没有一个人肯在这个民族危机中自起纠纷，自乱阵线”，一些人对政府不满是因为对政府希望太切，因势利导，则有助于国家，现在不能使用严刑峻法，应该大赦。②

1月5日，《立报》在第一版报道《国府委员会昨通过 明令特赦张学良》，说“张学良日内将飞返西安，向其部属宣达中央德意”。也就在这一天，政务院任免了一批陕甘军政官员。6日，《立报》又报道：“张学良仍寓孔祥熙宅，门外有宪兵四名保护，日来以读书阅报为消遣，绝少应酬。饮食起居，由军委会派姚琮负责照料。”③ 表明张学良没能返回西安任职。《立报》特地就“张学良所处十年有期徒刑，本刑特予赦免”的国府命令的意义访问了多名法学家，并发表了本报特写《张学良的“徒刑”与“公权” 特赦并未恢复公权》：原来“特赦”只限于十年徒刑，“要想取消褫夺公权，一定要经过‘复权’的手续。照训政时期约法第六八条，国民政府行大赦特赦及减刑复权，所以复权还是要经国府会议通过，要再经过这手续，张学良才能恢复公权”④。

自此之后，《立报》不断报道张杨部队要求张学良回陕的消息。2月16日，《立报》在第一版发表了《国府昨颁明令 恢复张学良公权》的新闻。事实上，张学良早已失去了人身自由，所谓特赦和恢复公权不过是掩

---

① 《特赦与大赦》，载《立报》1937年1月3日第二版。

② 《再谈大赦》，载《立报》1937年1月4日第二版。

③ 《张学良仍寓孔宅 以读书阅报为消遣》，载《立报》1937年1月6日第一版。

④ 据该报道介绍：“褫夺公权据第卅六条规定，要褫夺下列资格：一、为公务员之资格；二、公职候选人之资格；三、行使选举、罢免、创制、复决四权之资格。褫夺公权依法自主刑赦免之日发生效力，便不能再担任任何公职。”参见《张学良的“徒刑”与“公权” 特赦并未恢复公权》，载《立报》1937年1月6日第一版。

人耳目的表面文章而已。

总之，自张学良被捕后，《立报》就不断发布消息，发表评论，一再敦促政府赦免张学良，希望一个为联合抗日作出了重要贡献的军人能够继续发挥自己的才能。由于蒋介石的专断，《立报》的努力终未如愿。

第三节　保卫大上海
——“八·一三”抗战报道

1937 年“七·七”事变爆发。随着华北战事的迅速扩大，东南的局势也日趋紧张。8 月初，日本军队不断集结上海。面对日军的嚣张气焰，中国军队也加紧了在上海的作战准备。8 月 9 日，日军肆意挑起了“虹桥机场事件”，中日两军剑拔弩张，一触即发。13 日清晨三时，日军突然向闸北的中国守军射击，中国守军未予还击。上午九时许，日军又向中国军队的阵地发起进攻，中国军队当即反击，“八·一三”抗战爆发。为了保证“八·一三”抗战取得最后的胜利，使上海不沦于敌手，《小茶馆》再次担负起引导舆论，号召市民为保卫上海而各尽其责的重任。《立报》为抗战救国大造舆论，成为抗日宣传阵营中一支不可忽视的力量。①

一、报道中国军队的战绩

“八·一三”抗战由最初以汇山码头战斗最为激烈的街市攻坚战，到 8 月 23 日转战罗店、宝山、吴淞的江岸阻击战，由 9 月 10 日中国军队后撤，移至北站、庙行、刘行、罗店西南、浏河一线的阵地战，到 10 月 27 日转移沪西苏州河南岸的河岸防御战，以至 11 月 11 日中国军队全线撤退，华界全部陷落，前后经历了三个月的时间。近在咫尺的战争成为上海市民时时关注的焦点。为了让市民了解战事状况，《立报》派出各路记者分赴前线和上海各地深入采访。

---

① 杨国强、张培德：《上海通史（第 7 卷）：民国政治》，上海：上海人民出版社，1999 年，第 342 页。

一是着重报道中国军队所取得的战功。为了激发战士和市民的抗战决心，记者尽量淡化中国军队遭受的败绩，极力突出中国军队在战争中取得的每一场胜利，这样的报道几乎每天都有一篇，并且登在头版头条位置。[①] 比如，8 月 22 日《残敌图作最后挣扎　攻白龙港被我击退　进犯吴淞亦受重创》；9 月 19 日《九一八之夜我空军大显威力　飞沪袭击予敌重创》；10 月 8 日《昨大雨中全线激烈　蕴藻浜渡河之敌　受重创将全部解决》；11 月 1 日《沪西昨炮战激烈　敌五次偷渡失败》等等。

二是表现中国官兵勇往直前、舍身为国的精神。中国军队在战斗中十分英勇，轻伤不下火线，敢打敢拼，不怕牺牲。如《立报》在 10 月 21 日第二版发表了本报战地特写《前线访某师长　来沪两月数度血战　忠勇指挥倍见辛劳》，报道某师与日军虽几次血战，但仍然保持着昂扬的斗志。该师钟师长还为《立报》题词，表达官兵“抗战到底”的决心。新闻还报道了某团团长在一次指挥战斗中腿部受伤，但他不愿住院治疗，仍然留在前方作战。

三是重点报道“八百壮士”守卫四行仓库的壮举。10 月 27 日，中国军队由大场撤至苏州河南岸，留下第八十八师的一个近四百人（号称“八百人”）的加强营留守北岸的四行仓库，由中校团附谢晋元、少校团附上官志标和少校营长杨瑞符率领。[②] 四行仓库原为第八十八师的司令部，极其坚固，贮存了大量的饮水、粮食和弹药；其东面、西面和北面已为日军占领，但南面为公共租界，日军不能越界发动进攻。因此，四行仓库成为战士与日军作战的堡垒。《立报》全程报道了守军从进驻四行仓库，攻守四天，到最终退出的全过程，表现了守军视死如归的精神。

---

① 事实上，其中有不少新闻都是有选择地报道的，并非完全是真实的。据担任《立报》战地记者的曹聚仁回忆，他在采写战地新闻时不会把中国军队的战场实情直接报道出来，而是有所侧重的，所以报纸上的新闻看上去很热闹，令人兴奋，实际情况却相反。到了淞沪战争的后半场，“我们所写的军事新闻，其真实性，也越来越远了”。他由此对一些研究者通过新闻报道研究战争提出了质疑。参见曹聚仁：《我与我的世界：曹聚仁回忆录　浮过了生命海》（下），北京：三联书店，2011 年，第 606 页。

② 第八十八师留驻闸北是蒋介石的一个政治策略。1937 年 11 月初，九国公约签字国将在比利时首都布鲁塞尔开会。蒋介石希望通过此举让国际社会知道中国的抗日军队仍坚守在上海市区，从而争取国际社会的同情。因为只是为了达到政治目的，该师决定部分官兵留守苏州河北岸，选择原来的师部四行仓库为据点。参见毕洪、秦风：《1937 淞沪会战》，济南：山东画报出版社，2005 年，第 116 页。

10 月 29 日，《立报》在第一版刊登了本报特写《誓与闸北共存亡　我忠勇孤军壮烈义举　决死守最后阵地　四行仓库国旗飘扬》，开头便热烈赞扬了守军为保卫国土，勇于牺牲的精神："坚守闸北四行仓库的我孤军一营，昨天仍镇静守卫，准备流最后一滴血，作最后牺牲。他们这种英勇悲壮的作战精神和业绩，可与宝山、姚营先后媲美，已引起全市民众关怀，也已使举世震惊同情，将在我抗战史上，留着不磨不朽的最壮烈光荣的一页。"接着讲述了英雄们的几个小故事：27 日夜，一个战士送出一叠信件，向父母和妻子诀别，他们在信中嘱咐亲人"善自谋生"，表达了他们誓与阵地共存亡的决心。28 日晨，驻守公共租界的英军感于他们的忠勇，劝他们解除武装，退入租界，被他们谢绝。当天，记者通过望远镜看到守军与日军战斗的场景："（只）见堆栈五楼及楼顶我三五英勇战士尚从容上下，英姿爽然。……守卫的战士见楼下敌踪，即以手榴弹、步枪、机枪轰击，予敌以迎头痛击，使不敢迫近。"守军的壮举令市民深为感动，他们踊跃捐赠战士们急需的糖、盐、光饼等食品，并设法运进去。上海市商会还派一个女童子军送去了一面国旗，半夜又有人送去了两面巨大的国旗。该报道从第一版转到第二版，还配发了沈逸千的速写《我孤军扼守的四行仓库》。

10 月 30 日，《立报》在第一版刊登了谢晋元的题词手迹"吾人抱定最后决心，与倭寇周旋到底"；在第二版发表了本报特写《大中华男儿气壮山河　闸北孤军奋斗到底　国旗凌空飘扬群众遥瞻致敬　四行仓库坚如堡垒敌难进犯》（见图 4 – 3），报道三日来战士们镇定果敢，屡次击溃日军的进犯；许多群众隔岸观战，高呼口号，以示声援；中外人士纷纷筹款，购买食品，慰劳战士。这篇报道还配发了谢晋元的头像和鲁少飞的漫画《中外敬仰!》。《立报》同时发表评论，指出守军驻守闸北不仅表现了中国军队誓死卫国的精神，还打击了汉奸蠢蠢欲动的所谓"和平"的妥协运动，意义重大。[①]《立报》在第三版又配发了"四行仓库及附近形势"地图，刊登本报特写《向我闸北孤军献旗的四拾一号女童子军》，详细介绍女童子军杨惠敏于"九・一八"事变后在东北义勇军从事宣传工作，"八・一三"战事之前加入上海童子军战地服务团的有关情况。10 月 31 日，《立

① 《粉碎汉奸的"和平"阴谋》，载《立报》1937 年 10 月 30 日第二版。

报》又刊登了谢晋元的决心书和守军作战的新闻。

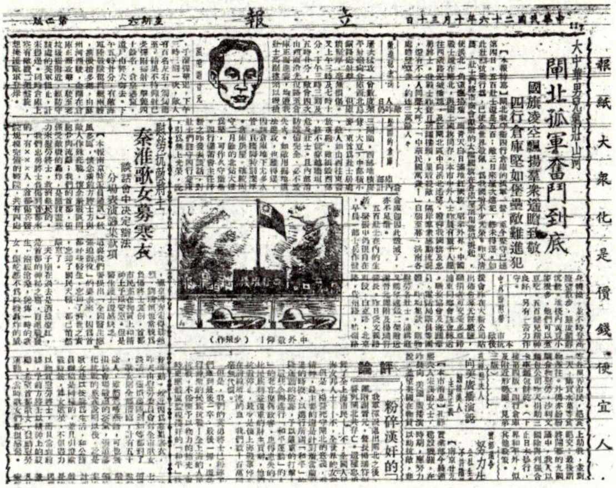
立報
中華民國二十六年十月三十日 星期六 第二版
閘北孤軍奮鬥到底
國旗淩空飄揚羣衆遙瞻致敬
四行倉庫堅如堡壘敵難進犯
秦淮歌女募寒衣
評論
粉碎漢奸的
報紙大衆化，是價錢便宜，人

图4-3 《立报》1937年10月30日第二版上半版报道“八百壮士”的新闻《闸北孤军奋斗到底》

11月1日，《立报》在第二版发布消息《闸北孤军安全退出 将赴前线继续杀敌》：守军接到最高当局撤退的密令，在机枪的掩护下，冒着日军密集的炮火，安然退出仓库，共计三百三十九人生还。

至此，《立报》结束了对“八百壮士”浓墨重彩的报道。四行仓库孤军抗敌的新闻轰动了整个上海，极大地鼓舞了市民的抗战勇气。

《立报》的战地报道获得了巨大的成功，受到越来越多读者的欢迎，[1]这与《立报》上下特别是奋战在前线的记者的努力是分不开的。其中表现最为突出的是曹聚仁。曹聚仁是暨南大学教授，《言林》的基本撰稿人。“七君子”事件后，他觉得知识分子抗日光口头呐喊是不行的，要做一些实际的考察和研究。淞沪战役爆发后，他握笔从戎，从书斋走向战场。[2]曹聚仁常驻闸北前线的八十八师司令部，先为《大晚报》和《立报》采写战地新闻，后又兼任中央社战地特派员。[3] 9月初，他开始与《立报》合作，利用得天独厚的条件，为《立报》采写了几十篇“本报战地特讯”或

① 1937年8月15日，《立报》在报眼发布启事，称《立报》销数激增，为减少印刷时间，大量供给读者，自当日起报名“立报”暂不套印红色，改用黑色。可见在抗战期间《立报》之大受欢迎至少在“八·一三”抗战发生前后即已显现。

② 行止：《曹聚仁传略》，载《晋阳学刊》1983年第2期。

③ 曹聚仁：《采访外记 采访二记》，北京：三联书店，2007年，第47页。

“本报特写”，仅三个月就有七十余篇新闻登上头版头条。除此之外，他还撰写了《战场小语》系列军事评论。[①] 这位编外记者为《立报》销量的增长发挥了重要作用。曹聚仁回忆：“成氏（成舍我）说到抗战期中，《立报》销数达到二十万份的空前纪录，和我的第一线采访，不无相当关系。”[②] 其次是舒宗侨。舒宗侨拥有战地通行证，经常深入战区，报道战况。一次，他在跟随运送军用物资的汽车采访时差点被炸。此外，熊岳兰虽然没能担任战地记者，但有一次利用随妇女慰劳会慰问前线的机会，悄悄踏上了战场，以后她又多次走上前线。[③] 其他记者还有褚保衡、于友等。而“新专”学生的采访热情也特别高，他们在完成每日的排版工作之后，就奔赴前线采访战讯，“终日枪林弹雨，无孔不入，毫不畏惧”[④]。

二、动员民众保卫大上海

进攻上海是日本妄图吞并中国的一个步骤。“八·一三”战事发生后，《立报》就启动了保卫上海的宣传报道工作。其宣传宗旨就是消除一切阻碍抗战的消极因素，动员广大市民各尽所能，为抗战贡献力量。除了新闻报道，《立报》还利用评论、副刊、增刊和插图等各种手段进行宣传，其中《小茶馆》发挥了强大的动员功能。

（一）呼吁救济难民

随着战争的展开，越来越多的人沦为难民，涌入租界。《立报》认为没有受到损失的人应该帮助这些受到损失的人，救人等于自救，因为“叫流亡的难民得所，可以叫后方安定，可以间接减少汉奸，对前方极为有利”[⑤]。后来，上海陆陆续续建起了十几个救济难民的收容所，但仍然满足不了需要。《立报》号召有空屋者借屋，有钱者立即捐钱，以解燃眉之急；

---

① 《战场小语》刊登在《立报》1937年9月30日至10月25日的第二版，包括《阵地战》、《大刀》、《预备队》、《游击战》、《母性的》、《主将》、《书生用兵》、《第×师的增援》等十篇文章。其间，曹聚仁和恽逸群还就中国抗战应该采取阵地战还是运动战进行了探讨。

② 曹聚仁：《我与我的世界：曹聚仁回忆录　浮过了生命海》（下），北京：三联书店，2011年，第445页。

③ 《记战地记者（十）：熊岳兰》，载《东方日报》1938年1月5日第三版。

④ 马之骕：《新闻界三老兵》，台北：经世书局，1986年，第235页。

⑤ 了了：《救济流亡》，载《立报》1937年8月14日第四版。

同时提醒上海地方协会、抗敌后援会和各救亡协会马上行动起来，开展宣传动员工作。[①] 针对一些收容所的负责人大吃大喝，却让难民忍饥挨饿，《立报》语重心长，希望这些人提高认识，明白自己是在为国家工作，提议各收容所负责人相互监督，消除这种腐败现象。[②]《立报》后来又进一步提出要调查、惩处这些人，以儆效尤。[③]《立报》说“办救济的目的应为组织被难的难民，叫他们不但不要受敌人利诱去作汉奸，同时还要积极的叫他们变成有助国家有助战争的分子”。因此，从事救济工作的人员不仅不能虐待难民，还要把难民的事看成自己的事，要经常检查自己是否真正做到了。[④]

（二）号召捐款救国

为了加强抗战力量，1937 年 7 月，上海市各界抗敌后援会筹募委员会决议征募捐款，定名“救国捐”，号召民众“捐款救国，救国自救”。8 月，又征募金银物品和不动产，以充救国捐。“八·一三”战事爆发，筹募委员会发出紧急通告，呼吁市民“肩负起筹募救国捐，接济前方忠勇战士的伟大光荣的责任”[⑤]。《立报》主动担负起代收救国捐的工作，并且每天向社会公布捐款情况。由于捐金银比捐法币更有价值，《立报》希望拥有金银首饰、戒指、镯子的人家把这些物品献给政府，“在这为国家民族求生存的时代，人力不能尽，财力再吝啬，自称为中国人，岂不有愧于心！”[⑥] 为此，《立报》还发表了一位读者的来信，动员社会踊跃捐献金银。这位读者是一位铜匠，历年积蓄了 100 元银币，以备逃难时急用。由于“思想简单，认识不足”，尽管政府三令五申要求交出金银兑换法币，但他不曾交出。现在他认识到，中日开战，每一个中国人都应该有钱出钱，有力出力。因此，他决定捐出这笔钱，希望同胞认识到“倾巢之下，焉有完卵”，也捐出金银，“把我们的敌人——日本帝国主义赶出上海、华北、东四省以及全中国”[⑦]。《立报》说这是最近所有来信中最动人的一封，“希

---

① 了了：《再谈救济难民》，载《立报》1937 年 8 月 15 日第四版。

② 了了：《给后方工作人员》，载《立报》1937 年 8 月 22 日第四版。

③ 了了：《写给救济机关的负责者》，载《立报》1937 年 9 月 1 日第四版。

④ 了了：《谈办救济》，载《立报》1937 年 9 月 7 日第四版。

⑤ 杨国强、张培德：《上海通史（第 7 卷）：民国政治》，上海：上海人民出版社，1999 年，第 349 页。

⑥ 了了：《请捐金银》，载《立报》1937 年 8 月 16 日第四版。

⑦ 钱厚发：《巢覆无完卵　捐硬币百元》，载《立报》1937 年 8 月 20 日第四版。

望他的毅然捐出这些银币精神，能够在社会中发生较大的影响，否则我们是太有负他的苦心了！”①

（三）督促完善救护工作

在淞沪战争中，军队伤亡很大，救护伤兵显得非常迫切；但由于医药设备还很落后，救护工作受到了一定的影响。《立报》希望医师和看护要像治疗和照顾自己家人那样来对待受伤的战士，以弥补物力的欠缺。②

有读者反映，有救护人员乘坐公车看电影。《立报》建议上海各界抗敌后援会设立一个监察机关，监管民众创办的各种事业，严厉惩治那些侵占公家财物的人。③ 还有读者反映自己做过多年军医，想为国家贡献力量，但因为没有证书而被拒绝。《立报》建议管理部门举办一次不论资格的医师考试来选用救护人员。这样，一方面解决了人才缺口，保障了受伤战士的生命，另一方面也使民众尽了其责任。④

对于一些救护单位拒绝民众的慰劳活动，《立报》认为救护是为国家尽力，慰劳也是为国家尽力，不能因为慰劳出现了一些问题就因噎废食。《立报》建议有关管理机关制定一个切实合理的规章，如规定慰劳团人数和慰劳品数量，凡慰劳必须得到管理机关的许可等，使伤兵既得到身体治疗，也得到精神抚慰。⑤

（四）呼吁市民各尽其责

沪战发生后，不少年轻人抗战热情很高，都想上前线为国尽力。针对这种现象，《立报》认为有职业的青年在后方做好本职工作就够了，比如在金融界的青年与同事合力谋求金融的安定，在实业界的青年提供国人所需的产品等，其功绩不下于在前线作战的战士。因为长期抗战并不是只靠士兵的拼杀来决定胜负的，还要靠两国国力的较量来决定胜负。⑥《立报》进而号召每个人为抗战奉献出自己的一份力量，“有钱的人最大的力量是

---

① 了了：《介绍一位工友的信》，载《立报》1937 年 8 月 20 日第四版。
② 了了：《谈救护工作》，载《立报》1937 年 8 月 24 日第四版。
③ 了了：《建议设立监察机关》，载《立报》1937 年 9 月 17 日第四版。
④ 了了：《谈救护医师的遴选》，载《立报》1937 年 9 月 21 日第四版。
⑤ 了了：《关于慰劳伤兵》，载《立报》1937 年 9 月 2 日第四版。
⑥ 了了：《救国不一定要上前线》，载《立报》1937 年 8 月 29 日第四版。

奉献钱；没有钱的知识分子，可以奉献他们的时间精力，宣传抗战的意义，叫民众醒觉；贫苦大众，则可以奉献他们的膂力”①。

战事使许多技工和知识分子陷入失业或半失业状况，这些人不是赋闲在家，就是流落街头。《立报》认为这是极大的浪费，他们本可以成为抗战的重要力量的。《立报》建议负责组织工作的人员登记造册，为他们分配工作，使之各尽所能。②

还有一些人有知识，有财力，却躲在租界里苟且偷生，既不愿出力，也不愿出钱。《立报》觉得这些人太可悲，批评道：“不要说亡国，只等着看看大上海不保之后，你们所将受到的一切是不是还会和今日一样吧！那时后悔，已晚了！”③ 希望这些人幡然醒悟，尽一个市民应尽的责任。

除了文字，《立报》还利用插图的形式激励民众保卫上海。如1937年9月27日第二版鲁少飞的插图《誓雪此仇!》：一个人手握匕首刺向一个头戴军帽、上有日本国旗标志的秃鹫，这只秃鹫正在啄食累累堆积的平民尸骨，表达了民众对日军残害中国平民的愤怒反击。又如，11月1日第二版《人民武装起来!》（见图4－4）：两只书有“保卫大上海”的巨手将枪支和子弹分发给市民，人们欣然荷枪走上战场，表现了民众为保卫上海拼死杀敌的昂扬斗志。

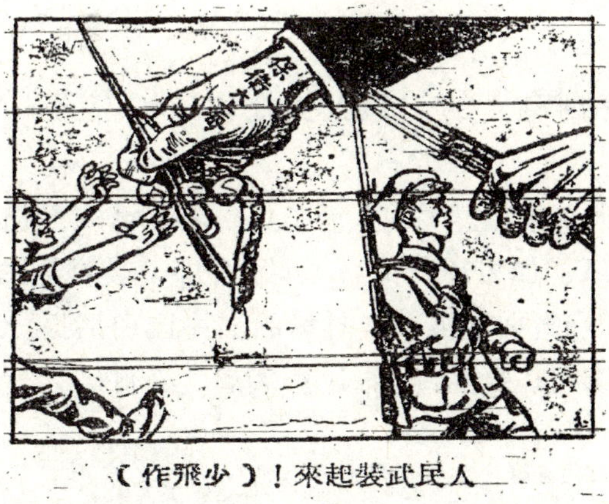

图4－4　《立报》1937年11月1日第二版漫画《人民武装起来!》

① 了了：《只有奉献力量》，载《立报》1937年9月18日第四版。

② 了了：《再谈组织民众》，载《立报》1937年8月21日第四版。

③ 了了：《盼能当机立断》，载《立报》1937年11月2日第四版。

结 语

尽管上海各界都在为保卫上海而竭尽全力，但国民党军队的失败已无可挽回。1937 年 11 月 11 日，国民党军队全线撤退，华界全部陷落。至此，《立报》面临两种选择，要么接受日军的新闻检查；要么“挂洋旗”，保持中立立场。这都是《立报》所不能接受的。《立报》抱定“勿为瓦全”的决心，于 11 月 24 日宣布停刊。《立报》在终刊词《本报告别上海读者》中重申“我们必然能获得最后的胜利”，希望“留在上海和上海附近的同胞，每一时每一刻都记着我们的民族，记着我们的国家”。《立报》停刊后，美商《大美晚报》（中文版）正好准备出版《大美晚报·晨刊》，《立报》于是将机器和铅字租与《大美晚报》，而《立报》的部分员工也成为《大美晚报·晨刊》的班底。① 《立报》最终结束了“两年又六十六天”的历史。

一、具有开创意义的“报纸大众化”

中国的报纸大众化经过了一个漫长的过程。清末民初，开始出现面向大众的白话文报纸，如彭翼仲的《京话日报》、裘可桴的《无锡白话报》（后更名为《中国官音白话报》）、林獬的《中国白话报》等。裘可桴力陈开办白话报的意义和必要性：“欲民智大启，必自广兴学校始，不得已而

---

① 萨空了说，为了使《立报》的产业不至散失，他们把《立报》的全部设备和物质转让给了《大美晚报》。此说似不确，应该是“租与”而非“转让”。1945 年 10 月 1 日《立报》在上海复刊后，告诉读者“（《立报》）馆址则于沦陷的时期，为附逆份子所占，机器物件，悉遭散失”，“两架卷筒机，被敌人分作两个地方使用了几年”；经过四个多月的交涉，这两台机器终于于 1945 年 12 月底物归原主（参见严服周：《本报的机器回来了》，载《立报》1946 年 1 月 16 日第二版；报人：《上海报界现状》，载《上海人》1938 年第 1 期）。可见，如果是“转让”，就不存在向有关方面交涉和索要机器的问题了。

其次，必自阅读始，报安能人人而阅之，必自白话报始。”[①] 表明报人们已经认识到文言报与广大民众的隔绝，试图通过降低文字难度来打通报纸与民众的联系。然而，大众化报纸的时代并未来临，一个重要原因是当时报人办报主要针对识文断字的读书人或说书人等边缘知识分子，与广大民众终究是隔离的。新文化运动以后，一批报人有意识地将报纸从少数士大夫的垄断中解放出来，但仍旧针对边缘知识分子，未能普及到广大的工农中去。20 世纪 20 年代初，以“新闻为本位”的报人提出了新闻要满足“多数阅者的兴味”，但到底如何满足，在理论和实践上都缺乏具体的分析与指导。记者仍然热衷于政治新闻的采访，而对大众的生活状态和阅读需要不甚了了。20 年代末，以声势浩大的文艺大众化运动为背景，新闻与大众相结合开始成为一种普遍而坚实的办报思潮。[②]

《立报》就是在这一思潮的背景下产生的。《立报》旗帜鲜明地打出了“报纸大众化”和“以日销百万为目的”两个口号，使昔日报人面向大众的理想落到了实处，同时也充实了“报纸大众化”的内涵。

一方面，对于读者而言，“报纸大众化”包含着“大众立场”、“大众内容”和“大众价格”三个相互联系的方面。《立报》指出“我们的大众化，却要准备为大众福利而奋斗”，“我们始终认定，大众利益，总应超过于任何个人利益之上”[③]。正因为此，《立报》立于“大众立场”，在新闻报道和评论中不知疲倦地反映广大底层民众的生存状态和诉求，为改善他们的生活困境而不懈呼吁。不仅如此，《立报》还“欢迎各地和本市的读者把他们所看到的认为不对的事，应当揭露的事，全都写给我们发表”[④]，“希望各级阶层中的读者，都肯写信给我们，把他们切身的新闻供给我们”[⑤]，《立报》还经常就报纸的业务问题与读者进行探讨。可以说，《立报》实行的是一种民主办报和合作办报的思想，一定程度上体现了读者的意志。所以，萨空了在谈到《小茶馆》时说，如果《小茶馆》对社会大众有一些贡献，“那功绩决不是我个人的，我顶多只能分居四分之一，其他

① 徐培汀、裘正义：《中国新闻传播学说史》，重庆：重庆出版社，1994 年，第 227 页。

② 单波：《20 世纪中国新闻学与传播学·应用新闻学卷》，上海：复旦大学出版社，2001 年，第 77 页。

③ 成舍我：《我们的宣言》，载《立报》1935 年 9 月 20 日第一版。

④ 了了：《我们需要的稿件》，载《立报》1936 年 7 月 9 日第三版。

⑤ 了了：《我们希望读者报告新闻》，载《立报》1936 年 9 月 20 日第三版。

的四分之三全是读者的功劳”[1]，并非言过其实。为了减少读者的阅读障碍，《立报》在刊发文章时，尽量使用浅近通俗的语句，少引经据典，力避佶屈聱牙；在报道新闻时总是估量读者的知识背景和文化程度，对新闻内容进行必要的解释。中国报纸之所以普及率不高，主要在于一般民众识字率低，收入微薄。而有关机构的调查表明，收入因素有时起着更加重要的作用。因此，《立报》力求把自己办成一份廉价报纸，并且永远保持低价。为此，《立报》实行“大报小办”，通过减少白报纸用量来降低各方面的成本，但“减量不减质”。

另一方面，对报馆而言，“报纸大众化”还隐含着“唤醒民众”的意旨。为什么《立报》要实行“报纸大众化”？一个重要原因是，当此暴日侵华，国势陵夷之时，“最大多数的国民，知识太低，不认识国家，过分缺乏国家意识”，“没有什么国家存亡荣辱的观念”[2]。在此形势下，《立报》认为“要树立一个近代的国家，当然万分困难。要打破这种困难，第一步，必开创一种新风气，使全国国民，对于报纸，皆能读，爱读，必读，使他们觉到读报，真和吃饭一样的需要，看戏一样的有趣；然后，国家的观念，才能打入最大多数国民的心中，国家的根基才能树立坚固”[3]。《立报》的思路是，通过刊登适合读者阅读的内容来吸引读者，使之产生阅读兴趣，然后引导其思想，提高其认识，体现了《立报》颇为高明的宣传策略。总之，《立报》推行“报纸大众化”，其旨即在于“唤醒民众”积极投入反抗侵略、卫护疆土的神圣使命中，而这也是民众最大的利益所在。

《立报》的“报纸大众化”具有不可低估的开创意义。首先，《立报》一改以往一些报纸眼睛朝上，热衷追踪达官贵人的倾向，第一次将目光投向底层民众，报道他们的生活，反映他们的要求，向他们传播知识和文化，培植他们的政治参与意识，使他们也能公平地享受“精神食粮”；而无论是政党报纸还是商业性报纸和文人论政的报纸都未能做到这一点。政党报纸由于其在政党体系中的地位和功能，以宣传本党思想为天职，大量刊登政论文章，不太重视新闻报道，且主要针对本党成员和上层知识分

---

① 了了：《两周年的话》，载《立报》1937年9月20日第四版。

② 成舍我：《“报纸救国”》，载《十日杂志》1935年第3期。

③ 成舍我：《我们的宣言》，载《立报》1935年9月20日第一版。

子；其在内容上与广大民众没有多少适切之处，它们与民众始终是隔离的。商业性报纸以迎合市场为手段，以赢利为目的，与读者不过是一种交易关系；其内容虽然较政党报纸接近民众，但出于利润的考虑，常常在重大问题上立场飘忽，态度暧昧，未能肩负起领导舆论的责任。文人论政的报纸注重政治新闻，重视观点的张扬，其读者对象主要是政府官员或中上层知识分子等精英阶层，期于通过影响这些人达到其“参政”的目的。显然，一般民众并不在其关注和影响的范围之内。可以说，在《立报》出现之前，对一般民众而言，报纸还只是可望而不可即、与他们的生活关系不大的“奢侈品”；在此之后，《立报》则成为与他们的生活息息相关、须臾不可分离的“日用品”了。《立报》在一定程度上填充了报纸与民众之间由来已久的传播鸿沟。

其次，《立报》力避西方大众化报纸唯利是图的做法，力主维护公众利益。《立报》认为自己的“报纸大众化”对于中国报业而言是一种“新运动”，而对于世界报业而言则是一种“新革命”。这一方面是因为中国还没有哪一家报纸像《立报》那样去真正做到“大众化”，另一方面是因为《立报》力图剔除西方大众化报纸只顾投机发财、罔顾公众利益的做法。20 世纪 30 年代初，成舍我偕友人赴欧美考察报业，亲身感受了西方大众化报纸过度商业化所造成的严重后果。他批评说：“因为现在（欧美）的报纸，完全成了资本主义下的产物，所以在主张方面，只顾到资产阶级的利益；所谓公众福利，实际上全是空话。又因为他们的目的，只在赚钱，他们对于一个新闻的记载，大部分只求怎样可以迎合社会病态的心理，诲淫诲盗的消息，尽可以长篇累牍，触目皆是。”成舍我毫不隐讳其反感情绪，以后又不断对这种过度商业化提出了批评，一再申明对于欧美报纸“我们是不能再去抄袭”①，“我们并不想跟在他们的后面去追逐，而是要站在他们面前来矫正”②。《立报》正是抱着这样的理念进行自我设计的，也正是这样身体力行的。《立报》实行的是商业化经营，但并非一切以赢利为转移，而是保持克制，努力维护其社会责任，最终成为一张格调纯正、内容严肃、贴近读者的报纸。

① 成舍我：《世界新闻事业的发达与中国报纸的前途》，载《民众周报》1931 年第 182 期。

② 成舍我：《我们的宣言》，载《立报》1935 年 9 月 20 日第一版。

二、社会责任与商业原则的完美结合

商业性报纸深谙经营之道，但利润至上，往往视社会责任为累赘。文人论政的报纸以引导舆论、影响社会精英为己任，但常常因不擅经营而难以为继。而《立报》既承担了社会责任，又遵循商业原则，达到了赢利目标，实现了两者的完美结合。

首先，《立报》的“报纸大众化”既确立了《立报》对社会责任的担当，也提供了《立报》赢利的前提条件。前文已述，“报纸大众化”主要包括“大众立场”、“大众内容”、“大众价格”和“唤醒民众”四个方面。“大众立场”决定了《立报》对大众利益的维护；“大众内容”意味着《立报》对大众生活状态的关注；“大众价格”体现了《立报》对大众购阅能力的适应；它们最终都指向《立报》“唤醒民众”，培养民众国家观念和民族意识的意旨。“真正代表大众利益的报纸，则其经济生命，当然亦唯有赖于大众之购读，与各种公告费用之收入”，“凡真能拥护大众利益的报纸，则大众即当予以热烈的拥护”①。《立报》的“报纸大众化”基于立场和内容的指向也必然获得广大读者的拥护，进而为《立报》“以报养报”，实现赢利目标准备条件。

其次，《立报》为获得经济收益进行了周密的布置。同情大众利益的报纸并不必然造成良好的经济收益，如果没有充足的物质基础，没有较强的经营能力，也还是“叫好不叫座”。《立报》从事的是精神交往的工作，但从另一方面看，它又是一家纯粹的企业，完全按照商业原则办事，要完成赢利目标。为此，《立报》进行了充分的准备：其一，筹集足够的资金以备周转，避免因弥补短期亏损而过度商业化，降低报纸质量。其二，购买两台印刷机，提高印报效率。这样一方面可以推迟齐稿时间，获得最新消息；另一方面也可以对外招揽印刷业务。其三，请懂经营、善管理的成舍我驻沪一年，组建管理机构，聘用人才，制定规章制度，贯彻办报方针，规范日常生产，使《立报》步入正轨。其四，制定赢利模式，即先完善内容，吸引读者，提高销量，继而争取广告。其五，在“开源”的同时

---

① 成舍我：《我们的两个目的》，载刘家林等：《成舍我新闻学术论集》（上），广州：暨南大学出版社，2012年，第50页。

实行“节流”。一方面通过“大报小办”削减原料、运输等各项支出；另一方面实行低工资政策，减少人工成本。由于准备充分，经营得法，《立报》的发行量不断攀升，广告收益也日见增长。1936 年 7 月，《立报》收支达到平衡；11 月，开始获得盈余。事实上，《立报》在短期内赢利大大缓解了股东的投资焦虑，有利于维护《立报》内容的纯正和社会责任的担负。

最后，管理高层把关避免了《立报》过度商业化的可能。《立报》实行商业化经营，与一般商业性报纸不同的是，这种经营方式并没有侵蚀《立报》的社会责任。这与成舍我和萨空了对“报纸大众化”的严格遵循有着密切的关系。成舍我很早就主张“新闻事业，固然要商业化，但是这种商业，绝不能和普通商业一样。报纸的主张和言论，应该完全听‘民意’的支配”[①]。也正因为此，《立报》也就没有像商业性报纸那样竭力迎合读者的低级趣味，也没有在面对重大事件时出于营业的考虑瞻前顾后，保持缄默。当然，萨空了也受到了报馆董事的压力。比如，《立报》本来对广告刊登的版次、篇幅和内容进行了严格的规定，但由于董事的介入，萨空了不得不有所退让，放松规定。

总之，《立报》没有因为承担社会责任而影响赢利，反而以此塑造了良好的社会形象；《立报》也没有因为实行商业原则而忽视社会责任，而是不惜版面，参与社会服务，甚至赠送报纸，宣传抗战。《立报》的社会责任与商业原则达到了完美的结合。

三、不能复制的成功

《立报》的成功有赖于多种有利因素在一个时间段的密集集中。首先，抗日救亡的时代潮流为《立报》提供了施展的舞台。由于日本对中国的侵略日益扩大，中国的民族危机日渐加深，国内政局不宁，人民生活痛苦。诞生于内忧外患的《立报》一出版就将“驱逐敌寇”、“严惩贪污”作为自己的办报宗旨，顺应了时代民心。

其次，《立报》的编辑、记者、排字工人等受爱国精神的激励，也受

① 成舍我：《世界新闻事业的发达与中国报纸的前途》，载《民众周报》1931 年第 182 期。

事业心的驱使，不计个人报酬，忘我工作，为《立报》贡献了精彩的版面和内容。正是由于《立报》员工的辛勤劳动与和衷共济，《立报》才有销量冠于上海乃至全国、获利丰厚的骄人业绩。

最后，《立报》恪守自由主义新闻立场，以监督政府、守望社会为天职，客观报道，严正评说；尽管屡屡受到官方严苛的新闻检查，但总是“千方百计的想在字里行间吐露出一些真话，透泄一点真消息”，有时甚至“不顾一切阻碍，竟登出了我们要说的话，要刊载的消息”[①]。正是这种立场和勇气，使《立报》赢得了社会的普遍尊重。

成舍我说，如果不是日本军阀残暴侵略，“八·一三”炮火毁灭了和平繁荣的上海，则《立报》的成就将不可限量。[②] 此话当然没错，但或许也可以说，正是“八·一三”抗战将《立报》的成就推向了巅峰。毫无疑问，任何一张报纸的发展都离不开时代的支撑。正是在抗日救亡的时代背景下，各种有利因素集中于《立报》，才造就了《立报》的成功。缺少以上任何一个因素（特别是人的因素），都很难为《立报》的成功自圆其说。

1945 年 10 月 1 日，《立报》在上海复刊。它沿袭了初创时期的版面结构和编排形式。比如，在第一至四版报边分别刊出重新拟定的宣传标语，仍然以“报纸大众化”为号召：“天天读报最易增进本身对于国事的关切，故实行民主必先使报纸大众化”；“报纸大众化是价钱便宜，人人买得起，文字浅显，人人看得懂”；“无个人好恶，无党派偏见，凭良心说话，拿真凭实据报告新闻”；“以精编方针为读者便利，重要新闻一条不少，特别消息尽量求多”等等。同时，恢复备受读者喜爱的《言林》、《花果山》和《小茶馆》三个副刊。《立报》在《复刊献词》中表明“决不因过去曾创造中国报纸发行数字的新记录，拥有二十万以上读者，而稍敢骄慢怠惰”，要在新的时期“改造国民心理，转移社会风气”。然而，《立报》在刚出版时销量大增，不久便不断下滑，直至 1946 年 3 月 7 日猝然停刊。4 月 25 日，《立报》重整旗鼓，再次复刊，但仍旧毫无起色，不得已于 8 月 16 日出售给国民党政府官员陆京士（后者将《立报》改组为工人报纸，至 1949 年 4 月 30 日宣布停刊），结束了《立报》的历史。

---

① 萨空了：《只有向读者道歉》，载《立报》1936 年 9 月 20 日第六版。

② 成舍我：《从上海到香港——想起十年前手创的〈立报〉》（下），载《新闻天地》1952 年总第 229 期。

《立报》在不到两年的时间内两度停刊，究其原因在于报业竞争太激烈，各报大打价格战，抵消了《立报》的低价优势；而此时上海物价飞涨，《立报》成本骤增，亏累不赀，股东又无力增加投资，《立报》只好关门了事。这只是客观原因。综合考察，人的因素则更为突出。

由于上海物价居高不下，报馆工人（即排字、印刷工人、杂役等）生活艰难。1946 年初，劳方组织上海市报业职业工会要求各报馆自 2 月份起增加各馆工人工资，劳资双方各执一词。经市劳资争议仲裁委员会裁决[①]，各报馆就工人加薪办法与工人达成协议，但《立报》仍然争持不下。3 月 6 日，成舍我由北平飞抵上海，工人又派代表与之谈判。成舍我素来不愿受人牵制，态度强硬，表示即便停刊也不让步。次日，《立报》即告停刊。[②]

同样是《立报》，初创时期的《立报》员工不因工资微薄而稍有懈怠，而报馆工人只因要求维护自身的正当权益，导致劳资双方不欢而散，《立报》解体。可见，前者付出了多大的牺牲。

《立报》复刊之初，凭借昔日的口碑，一纸风行，《立报》因以“一守陈旧，不事改进”[③]。当类似小报的方形周刊大量涌现时，《立报》副刊已相形见绌，“《立报》三附刊所有特点，周刊中几无一不有，且丰富周详过之”[④]。不唯如此，当《立报》于 1946 年 4 月 25 日再度复刊时，竟然取消了《小茶馆》，令读者大失所望。有读者质疑，《小茶馆》历来利用舆论的力量揭发了许多贪官污吏和土豪劣绅，在复刊初期理应再接再厉，扩充篇幅，现在反而停刊，是不是因揭露社会黑暗遭到威胁而胆怯了。[⑤] 虽然《立报》解释是因为恢复教育文化消息而引起，但《小茶馆》终未复刊。

与初创的《立报》相比，复刊后的《立报》无疑丧失了“认真奋斗，自强不息”的“动”的精神；不仅如此，面对问题丛生的社会现实，《立

---

① 该裁决云：资方应根据劳方各人工作技能、服务经验及各报馆过去惯例、营业状况，与劳方在最低法币三十元、最高五十元之间，个别商定工资基数，再乘当月之工人生活费总指数（由政府公布）计算。以后每月工资，概依各该月工人生活费总指数升降。参见《中央日报等二十家报社与上海市报业职业工会增加工资劳资纠纷争议》，上海市档案馆档案卷宗号：Q19－1－9。

② 参见李时新：《1946 年上海〈立报〉改组探因——澄清〈立报〉晚期的一段史实》，载《新闻知识》2010 年第 12 期。

③ 白茅：《八月份起增出一张〈立报〉再度革新》，载《海光》1946 年 7 月 24 日第六版。

④ 小生：《一万万七千万让渡〈立报〉》，载《海晶》1946 年 3 月 21 日第七版。

⑤ 孔维钧：《批评〈立报〉》（二），载《立报》1946 年 5 月 17 日第二版。

报》立于民间立场、大胆放言的精神亦销蚀殆尽。

综上所述，正是《立报》原有人才队伍风流云散，才导致后来的《立报》一蹶不振的结局。而成舍我已经不可能再罗致到这些人才了。[①] 换言之，如果《立报》仅有一套行之有效的办报理念，而没有一群切实执行和不计个人得失的报人，要想成功是不可能的。从这一点看来，《立报》是独一无二的，其成功是不可复制的。

---

① 有人说，成舍我在《世界日报》“训练”了不少人才，如罗敦伟、张友鸾、万梅子、萨空了、吴范寰等，“有了成老板的严格督促，才有这般人的成就”。但是，正因为此，抗战胜利后，当成舍我需要用人时，“被他‘训练’出来的人，谁也不愿‘归队’，再去吃他的‘排头’”（参见吴事生：《成舍我与〈世界日报〉》，载《新闻纪事》1949 年第1 卷第1 期）。原因之一，乃是成舍我生硬、苛求的行事作风令昔日的属下避而远之。

参考文献

一、报纸

《东方日报》，上海图书馆馆藏。

《大报》，上海图书馆馆藏。

《福报》，上海图书馆馆藏。

《福尔摩斯》，上海图书馆馆藏。

《晶报》，上海图书馆馆藏。

《立报》，上海图书馆馆藏。

《铁报》，上海图书馆馆藏。

《上海滩》，上海图书馆馆藏。

《社会日报》，上海图书馆馆藏。

《申报》，上海图书馆馆藏。

《世界晨报》，上海图书馆馆藏。

《笑报》，上海图书馆馆藏。

二、资料、文集

《报展》，上海：复旦大学新闻学系，1936 年。

陈江、陈庚初：《谢六逸文集》，北京：商务印书馆，1995 年。

穆欣：《韬奋新闻工作文集》，北京：新闻出版社，1985 年。

上海通社：《上海研究资料》，上海：中华书局，1936 年。

《上海新闻志》编纂委员会：《上海新闻志》，上海：上海社会科学院出版社，2000 年。

《社会日报三周年纪念册》，上海：社会日报社，1934年。

《十年》，上海：申时电讯社，1934年。

《时事大观》（民国二十二年至二十三年），上海：时事新报编行，1934年。

陆炳炎：《恽逸群同志纪念文集》，上海：三联书店，2005年。

《张友鸾纪念文集》，上海：文汇出版社，2000年。

《中国大百科全书·新闻出版》，北京：中国大百科全书出版社，1992年。

祝均宙、萧斌如：《萨空了文集》，上海：上海科学技术出版社，2002年。

张研、孙燕京：《民国史料丛刊史地·年鉴》，郑州：大象出版社，2001年。

三、著作

［美］埃德加·斯诺著，董乐山译：《西行漫记》，北京：东方出版社，2005年。

［美］鲍威尔著，邢建榕、薛明扬、徐跃译：《我在中国二十五年——〈密勒氏评论报〉主编鲍威尔回忆录》，上海：上海书店出版社，2010年。

包天笑：《钏影楼回忆录续编》，香港：香港大华出版社，1973年。

毕洪、秦风：《1937淞沪会战》，济南：山东画报出版社，2005年。

毕克官、黄远林：《中国漫画史》，北京：文化艺术出版社，2006年。

曹聚仁：《我与我的世界：曹聚仁回忆录　浮过了生命海》（下），北京：三联书店，2011年。

曹聚仁：《采访外记　采访二记》，北京：三联书店，2007年。

陈明远：《文化人的经济生活》，西安：陕西人民出版社，2010年。

陈致：《余英时访谈录》，上海：中华书局，2012年。

方汉奇：《中国新闻事业通史》（第2卷），北京：中国人民大学出版社，1996年。

戈公振：《中国报学史》，北京：三联书店，1955年。

郭箴一：《上海报纸改革论》，上海：复旦大学新闻学会，1931年。

顾雪雍：《奇才　奇闻　奇案——恽逸群传》，上海：上海人民出版社，1996 年。

黄旦：《传者图像：新闻专业主义的建构与消解》，上海：复旦大学出版社，2005 年。

胡正强：《中国现代报刊活动家思想评传》，北京：新华出版社，2003 年。

李磊：《成舍我研究》，北京：中国传媒大学出版社，2011 年。

李楠：《晚清民国时期上海小报》，北京：人民文学出版社，2006 年。

李秀云：《中国新闻学术史（1834—1949）》，北京：新华出版社，2004 年。

刘家林、王明亮、陈龙、李时新：《成舍我新闻学术论集》（上、下册），广州：暨南大学出版社，2012 年。

林语堂著，刘小磊译，冯克利校：《中国新闻舆论史》，上海：上海人民出版社，2008 年。

卢敦基、周静：《自由报人——曹聚仁传》，杭州：浙江人民出版社，2003 年。

马光仁：《上海新闻史（1850—1949）》，上海：复旦大学出版社，1996 年。

马之骕：《新闻界三老兵》，台北：经世书局，1986 年。

钱伯涵、孙恩霖：《报馆管理与组织》，上海市私立申报新闻函授学校讲义，1935 年。

秦绍德：《上海近代报刊史论》，上海：复旦大学出版社，1993 年。

单波：《20 世纪中国新闻学与传播学·应用新闻学卷》，上海：复旦大学出版社，2001 年。

邵培仁、刘强：《媒介经营管理学》，杭州：浙江大学出版社，1998 年。

宋军：《申报的兴衰》，上海：上海社会科学院出版社，1996 年。

宋连生：《蒋介石与西安事变》，北京：团结出版社，2008 年。

文昊：《他们是怎样办报的》，北京：中国文史出版社，2005 年。

吴成：《非常时期之报纸》，上海：中华书局，1938 年。

吴定九：《新闻事业经营法》，上海：现代书局，1932 年。

忻平：《从上海发现历史——现代化进程中的上海人及其社会生活》，上海：上海人民出版社，1996 年。

徐培汀、裘正义：《中国新闻传播学说史》，重庆：重庆出版社，1994 年。

徐铸成：《报海旧闻》，上海：上海人民出版社，1981 年。

杨国强、张培德：《上海通史（第 7 卷）：民国政治》，上海：上海人民出版社，1999 年。

曾宪明：《中国百年报人之路（1815—1949）》，呼和浩特：远方出版社，2003 年。

曾虚白：《中国新闻史》，台北：三民书局，1986 年。

周天度、孙彩霞：《救国会史料集》，北京：中央编译出版社，2006 年。

张昆：《大众媒介的政治社会化功能》，武汉：武汉大学出版社，2003 年。

张鸣：《重说中国近代史》，北京：中国致公出版社，2012 年。

张伍：《我的父亲张恨水》，北京：团结出版社，2006 年。

张友鸾等：《世界日报兴衰史》，重庆：重庆出版社，1982 年。

张仲礼：《近代上海城市研究（1840—1949 年）》，上海：上海文艺出版社，2008 年。

赵君豪：《中国近代之报业》，上海：申报馆，1938 年。

周孝庵：《最新实验新闻学》，上海：时事新报馆，1930 年。

四、论文

陈灵犀：《〈社会日报〉杂忆》，载《新闻研究资料》1981 年总第 9 期。

成舍我：《世界新闻事业的发达与中国报纸的前途》，载《民众周报》1931 年第 182 期。

成舍我：《从上海到香港——想起十年前手创的〈立报〉》，载《新闻天地》1952 年总第 229 期。

葛娴、陆宏德：《访新闻界前辈萨空了》，载《新闻战线》1984 年第 5 期。

黄玉涛：《民国时期月份牌广告兴盛的原因》，载《湖南工业大学学报》（社会科学版）2009 年第 12 期。

君宜：《关于特写》，载《战时记者》1939 年第 1 卷第 9 期。

李时新:《“大报小办”与“小报大办”——近代上海报业发展的两种取向》,载《湖北大学学报》(哲学社会科学版)2010年第37卷第3期。

李时新:《〈晶报〉对〈立报〉的模仿及其败因探究》,载《阅江学刊》2011年第3卷第1期。

李时新:《对上海〈立报〉专栏评论的分析》,载《新闻界》2012年第9期。

李时新:《1946年上海〈立报〉改组探因——澄清〈立报〉晚期的一段史实》,载《新闻知识》2010年第12期。

萨空了:《抗战发动后的新闻界工作》,载《战时联合旬刊》1937年第1期。

舒宗侨:《〈立报〉采访生活回忆》,载《新闻记者》1987年第3期。

舒宗侨:《改善国际新闻编辑之我见》,载《报学季刊》1935年第1卷第4期。

唐克明:《广告伦理化与中国的广告》,载《青年界》1935年第7卷第3期。

陶喜红:《大众化:成舍我的报业思想及其实践》,载《湖北大学学报》(哲学社会科学版)2010年第37卷第3期。

小记者:《小型报纸之将来》,载《绸缪月刊》1939年第2卷第2期。

夏仁麟:《忆谢六逸先生》,载《一般》1944年第2卷第2期。

谢小鲁:《我国各大报纸面构成之分析及其批评》,载《新闻学期刊》1935年。

行止:《曹聚仁传略》,载《晋阳学刊》1983年第2期。

许清茂:《萨空了、恽逸群和〈立报〉》,载《厦门大学学报》(哲学社会科学版)1991年第2期。

一屏:《〈立报〉论》,载《留东学报》1936年第2卷第5期。

语堂:《所望于〈申报〉》,载《宇宙风》1935年第1期。

语堂:《〈申报〉的医药附刊》,载《宇宙风》1936年第18期。

张佛千:《追思成舍我先生》,载《传记文学》1997年第73卷第2期。

政之:《作报与看报》,载《国闻周报》1935年第12卷第1期。

祝均宙:《上海小报的历史沿革》(中),载《新闻研究资料》1988年第43期。

附录一：

《立报》大事记

（1935 年 9 月 20 日至 1937 年 11 月 24 日）

1935 年（民国 24 年）

9 月 20 日　《立报》创刊，四开一张，共四版。

11 月 1 日　萨空了加入《立报》，接编副刊《点心》（此前原主编吴秋尘已离职），改名《小茶馆》，增减部分栏目。

12 月　总编辑张友鸾辞职，随即《花果山》主编张恨水因合约届满，亦离开《立报》，与张友鸾赴南京办报，由包天笑接替张恨水。

1936 年（民国 25 年）

3 月 16 日　创办《立报·晚刊》，八开一张，先后由朱虚白、吴中一主编；同时，副刊《花果山》迁至晚刊。

3 月 17 日　开始刊登广告。

6 月　国际新闻编辑及评论主笔恽逸群应邹韬奋之邀，赴香港编辑《生活日报》和《生活日报星期增刊》（后改为《生活日报周刊》）。7 月底，《生活日报》停刊，恽逸群重返《立报》。

6 月 1 日　取消《立报·晚刊》，改为号外；同时，增添《立报·增刊》，八开一张，第五版为《文化体育》专版，第六版为《花果山》。

7 月 1 日　代理总经理一年期满，社长成舍我将总经理一职交与严谔声，返回北平。

8 月 1 日　第五版《文化体育》专版改为《文化社会》专版，体育新闻转至第四版下半版。

8 月 18 日　第五版《文化社会》专版改为《文化体育》专版。

9 月 1 日　取消第一版第一栏的《评论》专栏，改在第二版刊出；同时，取消第五版的报头，开辟《文化与体育》（不久改为《教育与体育》）和《经济》两个专栏（与第六版作为《立报》第二张）。

9月20日　萨空了正式接任总编辑和经理之职；出版《〈立报〉一周年纪念增刊》。

10月11日　出版《视察上海附近各地特刊》。

10月22日　发起“以一日贡献国家运动”。

11月20日　出版《绥远专刊》。

12月10日　原在第三版的《小茶馆》与第六版的《花果山》对调位置。

1937年（民国26年）

1月初　加入上海日报公会。

1月15日　在上海市商会举办“日历月份牌展览会”。

8月14日　遵照上海日报公会决议，缩为四版；同时《花果山》停刊，第六版的《小茶馆》移至第四版。

9月13日至11月11日　曹聚仁为《立报》撰写“本报战地特讯”和“本报特写”等。

9月20日　出版《〈立报〉二周年纪念特刊》。

10月10日　出版《国民对日经济绝交讨论专版》。

10月23日至11月1日　组织“九国公约测验”民意调查并公布结果。

11月24日　发布终刊词《本报告别上海读者》，宣布停刊。

附录二：

《立报》创刊词、纪念文章和相关文章[①]

我们的宣言

(《立报》创刊词)

成舍我

在整个中国和整个世界，正被不安定，不景气的阴云笼罩着，而我们却在此时，来筚路蓝缕，开始我们所认为对于国家最紧要的一件工作，——这就是《立报》于中华民国二十四年九月二十日出版。

我们应深切了解，并永远记忆，《立报》在今天，仅是一个刚刚坠地的婴孩。他的诞生，一方面离开我们过去最沉痛的一个节日还只有两天；一方面，眼看青面獠牙，世界最凶恶的战神即将光临。灾难本已是人类的家常便饭，而此年，此时，此地的中国，却更已达到灾难的尖点。我们怀抱着这个吉凶未卜的婴孩，站在如此危险万状的尖点上，应如何才能打开当前的灾难，这的确是一桩最不容易的事。

我们不相信什么叫国运，我们相信，只有生息在这个团体中的全人类，共同奋斗，无论何种灾难，都自然可以度过。我们认为不仅立己立人不能分开，即立国也实已包括在立己的范围以内。我们要想树立一个良好的国家，我们就必先使每一个国民，都知道本身对于国家的关系。怎样叫大家都能知道，这就是我们创办《立报》唯一的目标，也就是我们今后最主要的使命。

在今日以前我们曾向社会宣布过我们发刊《立报》的要旨，我们揭举

---

① 所有收录的文章、新闻报道和评论等，均系撷其有代表性者，且不分体裁，按照其发表的时间顺序编排，这样可以把握《立报》发展的思路和内容变化的轨迹；尊重原始文献，除了少数标点符号有所调整，个别漏字有所补充，其他一仍其旧，以保持文献原貌。

两个口号:“报纸大众化”,“以日销百万为目的”。这两个口号,或许有人会批评我们,第一个很新奇,第二个太夸大。但我们的认定,却正在这种批评的反面。

第一,“报纸大众化”,这是十九世纪以来,近百年间世界新闻事业,最共同普遍的一个原则。从一八三三年美国彭佳命创办纽约《太阳报》,到一八九六年英国北严爵士发刊《每日邮报》,报纸大众化的潮流,实已弥漫了全世界新闻王国的任何角落。只有我们孤立自诩的贵国,到现今,所谓“精神食粮”也者,还只在极少数的高等华人中打圈子,也只有这极少的高等华人,才可以有福享受这种高贵的食粮。占最大多数的劳苦大众不但不能了解报纸的使命,甚至见着新闻记者,还要莫名其妙的问:“恭喜贵行,究竟做的是什么买卖。”我们从整个世界新闻事业的潮流说来,“大众化”不但不新奇,而且腐之又腐。我们提出这个口号,正和民国初年,拿剪辫子,放小脚,当做新政,是同一的叫人惭愧。尚何新奇之有?

第二,“以日销百万为目的”,如果我们从中国的人口土地来比例计算,那只能说,这是“大众化”报纸的一个起码数字。我们试看,不满五千万人口的英伦三岛,只伦敦一处,日销两百万份的大众报,就有四家。即人口不及百万的比利时京城,仅一个《晚报》,就销四十万。那么,我们纵不拿全国四万万五千万人口做对象,而只就所谓将近四百万人口的大上海说,这个“日销百万”的数字,还能算是夸大么?

不过我们虽然不承认“大众化”是新奇,“百万销路”是夸大,但我们所标举的“大众化”,与资本主义国家报纸的大众化,却实有绝对的差异。我们并不想跟在他们的后面去追逐,而是要站在他们前面来矫正。因为最近的数十年中,报纸大众化,已被许多资本主义者,利用做了种种的罪恶。他们错将个人的利益,超过了大众的利益,所以他们的大众化,只是使报馆变成一个私人牟利的机关,而我们的大众化,却要准备为大众福利而奋斗。我们要使报馆变成一个不具形式的大众乐园,和大众学校。我们始终认定,大众利益,总应超过于任何个人利益之上。

我们所揭举的报纸大众化,不仅是对于中国报业的一种新运动,并且也是对于现在世界上所谓大众化报纸的一种新革命。不过我们特别感觉到中国报纸大众化的需要,那就(是)因为中国近百年间,内忧外患,纷至沓来,甚至遇到了空前国难,而最大多数国民仍若漠然无动于心。根本毛病，即在大多数国民，不能了解本身与国家的关系。何者为应享的权利，何者为应尽的责任，都模糊影响①，莫名其妙。一方面政治可以听其腐败，领土可任人蚕食；一方面自己也不肯为国家有分毫牺牲。人人只知有己，不知有国。其所以造成这样现象，我们敢确切断言，最大多数国民，不能读报，实为最主要原因中之最主要者。诚如韦尔斯氏所说："中国报纸，内容艰涩，国民能完全了解报纸中所记载者，为数极少。"且中国多数报纸，定价高，篇幅多，文字深，所载材料，又恒与最大多数国民，痛痒无关。此种报纸，固然自另有其宝贵的价值，但欲达到普及民众之目的，则显然十分困难。以致现有报纸，只能供少数人阅读，最大多数国民，无法与报纸接近，国家大事，知道的机会很少，国民与国家，永远是隔离着。在如此形势之下，要树立一个近代的国家，当然万分困难。要打破这种困难，第一步，必开创一种新风气，使全国国民，对于报纸，皆能读，爱读，必读，使他们觉到读报，真和吃饭一样的需要，看戏一样的有趣；然后，国家的观念，才能打入最大多数国民的心中，国家的根基才能树立坚固。《立报》所以揭举大众化的旗帜，其意义在此，其自认为最重大的使命，也在此。

不过"唤起民众"的重大使命，决不是这样一个刚刚坠地的婴孩，所能负荷得起。尤其不是我们这十几个能力薄弱的创办人，所能保其必达的。我们仅是愿意在这划时代的中国报业的新运动中，各做一名开路的小卒。我们正期望着中国——尤其报业最发达区域的上海的先进同业，来共同努力。更期望最大多数的读众，在达到"立己"、"立人"和"立国"的共同目的下来给我们许多的指导。

此外关于《立报》营业和编辑的方针，我们还可以向读者声明今后的四个原则：

凭良心说话。

用真凭实据报告新闻。

除国家币制，及社会经济，有根本变动外，我们当永远保持"一元钱看三个月"廉价报纸的最低价格，决不另加丝毫，以增重读众的负担。

除因环境及不得已的原因外，我们认定，报纸对于读众，乃一种无形

① 此句语意不通，原文如此——笔者注。

的食粮，和无形的交通工具，应当终年为读众服务，无论任何节日，概不许有一天的休刊。

（原载《立报》1935 年 9 月 20 日第一版）

开场白

（《言林》创刊词）

谢六逸

本报的标语有一句是“五分钟能知天下事”，因此我们的开场白只能花费阅者五秒钟。小型报跟短文章，现在很流行，这是因为大众需要它们的原故。现代人过着劳苦挣扎的生活，只能够看看小型报跟短文章。

报纸不愁小，小中可以见大。文章不怕短，短中可以见长。篇幅虽然紧缩，品质却已增高，这就是我们的希望。

这块草地，从今天起开放，凡对于人生社会，百般问题喜欢开口的人，都请到这里来谈天。

（原载《立报》1935 年 9 月 20 日第二版副刊《言林》）

“点心”上市

（《点心》创刊词）

秋　尘

今日“点心”上市，我们就谈谈点心。“新闻纸是社会精神上的食粮”，这意思便是说，人不看报就有如不曾吃饭一样的空虚，而报纸的本身，便也应以供给“社会精神上的食粮”为第一要义。

在这版中所载的稿件，又正像食品中的点心。点心，是和饭微微有些不同，除了充饥以外，还有些小而美的意味在内；但这并不是一种无益的消费，多少是有着他的意义的。

当本报送到读者诸君眼前时，正是你预备吃早点，或是正在吃早点的时候，我希望读者们在吃物质上的早点时，也能吃点这种精神上的早点。它一定可以供给你不少的需要和趣味。

（原载《立报》1935年9月20日第四版副刊《点心》；另“秋尘”即“吴秋尘”）

“点心”一览表

秋　尘

有不少的读者来函，问我们这家小小的点心店，出售的点心共有几种，开单如次。

一、小言：站在民众的立场上，说几句应说的话。

二、小统计：把大家应该知道而又常忽略的事，用数字表示出来。

三、小见闻：多登一点有趣而又有益的各种事情。

四、常识：供给些大家应备的常识。

五、名人访问：写出他们的生活，作大家的标准。

六、团体生活：使大家多注意一些正当的团体的生活。

七、家庭与妇女：谈谈家庭、妇女、儿童的一切。

八、书报推荐：替大家选择读物，提起读书的兴趣。

九、娱乐：每日刊载些娱乐的小消息，供大家参考。

十、小说与图画：用来增加读者的趣味。

此外，我们想到什么，再添。

（原载《立报》1935年9月21日第四版副刊《点心》）

谈小报

秋　尘

“大报”和“小报”只能在量上分，而不应在质上分，纸面有大小，字数有多少，职务和责任，是没有什么区别的。

办小报，应当有办大报的精神；办大报，也应采取办小报的技术，然后才不失之于织巧，不失之于枯燥。

办大报易，办小报难，因为小报更容易深入民间，办报的便更要顾到各种社会读者的需要和程度。

小报应当使家家可读，人人可读。“到家庭去”，是办小报者一条大出路。

果然，小报能大报化，大报能小报化，“大报”和“小报”两个名词，根本便可取消。

我愿意大家记住，报之分大小，只应该是一个“型”，一个“型”而已！

（原载《立报》1935 年 9 月 22 日第四版副刊《点心》）

也来谈小报

芹　影

本月二十二日，秋尘先生在本刊写了一篇《谈小报》，引起了我“也来谈小报”。

一般人的见解，以小报和大报是两个不同的天地，大报是冠冕堂皇的记载，小报犹如剧台上的小丑可以不正经的说话。所以大家要知晓社会的琐事秘闻，都跑到这块“小报”的领域中来。小报的老板，因之专去搜集趣味的材料，迎合着社会的心理。

过去的小报是这样的。

今年，小报特别多，有人称为“小报年”，似乎是不良的现象，然而现在的“小报”，正足以改进过去的“小报”。本报有一句标语：“拿真凭实据报告新闻”，内容的记载，以事实为根据，当然与过去一部分的小报面目不同。

现在的小报，是大报的缩影，小中可以见大，具深长的意味，目的在给人智识，动人观感，做到“开卷有益”的地步。在本刊第二号的《“点心”一览表》中可以看出许多有益身体的滋补菜肴了。

普及教育，指导社会，纠正大众生活，引起纯伦理的观念，为今日报纸要负的使命。大报如此，小报亦如此。

（原载《立报》1935 年 9 月 26 日第四版副刊《点心》）

关于《花果山》

山 人

《花果山》今天已问世十一日，好是不配说，不过在读报先生看过之后，足可以供给您一些喝茶饮酒的谈料。而我们的意义，“卑之毋甚高论”，也不过如此！

《花果山》云者，说这块豆腐干，上面有花有果，我们把他当了一座山头，请大家驰目一游。此外并无什么奥妙。有人把这副刊叫《鹦鹉洲》，有人把副刊叫《沉水》，有人把副刊叫《快活林》。我们“山”他一下，有何不可？

这里既是个游目骋怀的所在，仿佛杭州城里的城隍山，开封城里的中山市场，而我们也无非在这里摆些说书摊，把戏棚子而已。讲经，论道，演说，全用不着。至多说两句相声，也总以说戏迷传的口吻出之，很不愿发什么议论。破口骂人，那是一百辈子不来哉！

投稿，我们是十二分欢迎的，但总要言之有物。虽本栏总是废话，总也不要太费话！

（原载《立报》1935年9月30日第三版副刊《花果山》）

谈小小品

以 霖

拉丁文学里对于“诗铭”（epigramma）有一个解释：“诗铭像蜜蜂，应具三件事：一是刺，二是蜜，三是小身体。”（见周作人氏的《谈龙集》）

我以为这个解释很可借来作为对于小小品的说明。自然，小小品的身体是短小精悍的，并且他有刺，也有蜜。正唯其如此，“短中可以见长，小中可以见大”（借用安徒先生语）。这也是小小品的价值。

小小品也就是几分钟可以读得完的文字，所有的小品的特色，也就是小小品的特色，因为在性质上两者本来没有什么差别。然而对于题材的取舍及其表达，后者应该更较前者经济，绝不容无谓的浪费。

跟着小型报的勃兴，希望大家多多写作有意义的小小品，因为这是一个适合于现代人阅读的文体。

（原载《立报》1935年10月4日第二版副刊《言林》）

小型报与现代家庭

兰

有人说，新闻是人类精神的食粮，可是，在我国，有多少家庭不闹着这种饥荒呢？就中上等的家庭而论，订阅报纸的，也许不在少数，然而仅仅以之为点缀或消遣品，却是常事；如较诸欧美人民，将报纸视为和晨餐一般的重要和普遍，恐怕只是少数吧？

我们知道：报纸要能普遍，它的本身，至少当具有两个主要的条件：一是订价低廉，一是种类繁多；对于读者，除一面须能适应各种需要外，还不能不从经济上，时间上着眼。

我们相信，过去，在一般家庭中，看报者之稀罕，并不是由于不喜欢看报，或无看报的习惯；事实上，只怪要找到能适合以上种种条件，在日常生活中，足供随时咀嚼，调剂一下我们的味口的实在太少了！

今年秋季，上海小型报纸，已如异军突起，风起云涌地出现在我们的眼前！其特点是：在形式上，较大报小；篇幅，只限于一二张；内容，关于新闻，副刊等，无不应有尽有；而文字和记载，则力求简明扼要，并富于趣味性。

因此，我们最后认为：处在现社会潮流中的每一个家庭，如果要想使思想和见闻，向着新闻活泼现代化的路上走去，今后只要是质地精良，报格高尚的小型报纸，当不难满足这个要求。

（原载《立报》1935 年 10 月 7 日第二版副刊《言林》）

文墨余谈

宏

不捧名花，不谈色情，为记者应有的新闻道德。

（原载《立报》1935 年 10 月 9 日第二版副刊《言林》；另“宏”即“谢六逸”）

论“言林体”

陈子展

倘若你是关心了这十多年来国内小品文的发展的话，我要杜撰一个

“新青年体”，你就会想到陈仲甫主编的《新青年》杂志及《每周评论》里所谓“随感录”的文章。我要杜撰一个“语丝体”，你就会想到《语丝》周刊里的一些文章。我要杜撰一个“论语体”，你就会想到《论语》半月刊里的一些文章。我要杜撰一个“自由谈体”，你就会想到《申报·自由谈》改版以后，其中所载的杂文，是上承“新青年体”，下开“太白体”的。虽说《太白》半月刊已经无疾而终，和它对立的《人间世》半月刊还在，确乎显出了林语堂先生所说江浙人不懂的福建人的蛮劲。然而“人间世体”似乎是不及“太白体”那样轮廓鲜明的，依我个人的愚见。但我于两方都是特约撰述人，并无恩怨之见，或入主出奴之见存乎其间。

倘若你肯承认我所杜撰的各体小品文存在，那么，我就再进一步来假定各体小品文的倾向或风格。我以为上承“（新）青年”下开“太白”的“自由谈体”，是偏于辛辣的。虽说至今这种倾向还是不甚显明，然而并不减少它的严肃性。这个正和《申报》六十年来老成持重的态度成适合。我以为“论语体”是偏于幽默的，何况它本来以幽默为号召。我以为“人间世体”是偏于闲适的，正如它的发刊旨趣所说。至于“语丝体”，我以为是偏于趣味的。《语丝》久已停刊了，这种趣味文学似乎至今已不单独存在。其实它由中间性分化而为辛辣幽默闲适各体，正显出了思想界的分野，然而趣味还是各体通有的一种要素，不过这一要素已成为次要的一种东西了。

如今《立报》出世，《言林》这一副刊所能容纳的小品文，只是小品中之小品，或者略称“小小品”。固然它也须要具备一切小品文必需的条件，它也可以写成倾向或风格不同的各种体式，然而因为它自身的特别短小，更须要精悍一点，那是不待说的。它将以最新的姿态出一头地，建立“小小品”，自成一种“言林体”，我看是可能的罢。

（原载《立报》1935年10月14日第二版副刊《言林》）

向“下”走的告白

（《小茶馆》创刊词）

了　了

从今天起本栏一切都有了点改变。栏目换了《小茶馆》，而《小茶馆》的地位则改称“点心”。长篇小说也换了一篇，还添加了劳动生活调查的《血与汗》，以外仍想要添的有《苦人模范》等等。这种改变的目的，我想应当向读者声述一下。但这绝对和要人们的宣布大政方针不一样，因为我是想树立一个理想，请大家帮忙以求它实现，并不是说一片好听的话，欺骗大众。

在本报出版后这一个多月的时光里，本栏收到了许多许多爱护它的读者寄来的稿件，思想和文字好的都极多，可是大半没能发表，这就是他们没有知道本栏的目的是什么的缘故。所以我今大决定先说说本栏的理想，叫热心帮忙的人，也可有个标准。

本栏的目的，绝对的希望，把它贡献给“上层社会的人们”心目中所称的“下层民众”。要努力于：以浅显通俗的文字，写出些有益于他们的进步思想和应具常识。

栏目所以改称《小茶馆》，就是希望黄包车夫也可以走进来坐坐，而不像××饭店之类，叫苦朋友们走到门口，都不敢迈进去。并且还有一个有趣的原因，那就（是）觉得只应该《小茶馆》里卖《点心》，不应该将《小茶馆》装在《点心》里面。其余的像《血与汗》，是要叫他们认识自己的处境；《街头科学》，则是想灌输给他们一点普通常识；《苦人模范》，是要恢复苦朋友们的自信力，叫他们知道愈是苦朋友才愈有大作为，温饱安适之流，反没有什么希望；就是新换的长篇小说，也是想描写国破家亡的惨痛，与下层民众的对国家破灭的反抗挣扎，以期给他们一点提示。以外我还想在本栏内，作一些辅助识字运动的工作。

不过我决不信我们几个人所想到的一点，就已竟是很完善的理想，所以我希望，凡赞助我们这向“下”走的活动的人，都能（自）告奋勇来助一臂之力。

最后我祈求，我这要求帮忙和为苦朋友服务的一点诚心，能为有知识的朋友们，和苦朋友所接受！

（原载《立报》1935年11月1日第四版副刊《小茶馆》；另“了了”即“萨空了”）

我们的态度

张恨水

报纸上的副刊，这不过是调剂读者滋味的一种刊物。甜、酸、苦、辣，各凭报纸的立场去采取，事实上是不能一律的。

《花果山》的稿件从来是偏于叙述，少发议论。纵然有时带点商量的意味，却也不是斗争的。最近，本栏接到许多近于斗争的投稿，或是对某一问题、某一个人、某一机关，带着激刺意味的指摘。我们觉得这种稿件，纵然文字优美，理由充足，但就《花果山》的性质而论，却似乎有点不十分恰合。

借了这个原故，我们再申明一下。《花果山》的滋味，甜、酸、苦，都不妨有，可是我们不愿有那刺激性的辣。而文字既是偏重于叙述的，也无辣之必要！

自此以后，希望赐稿诸公，纵然有什么故事要商量时，也只以《花果山》为限。免编者偶一不慎，至有耘人之田的嫌疑。

（原载《立报》1935年11月2日第三版副刊《花果山》）

社中偶记

谢六逸

文章虽短而意味深长，既有蜜也有刺，这就是陈子展先生所说的“言林体”。但这种形式的文章不易写得好。最近郭沫若先生来信说：“目前因为翻译一部大东西，弄得颇有点筋疲力尽。短文章实在比长文章难做，因为须短而好，实是文章的结晶体，以后有得一定奉上。”茅盾也来信说：“《立报》出版后已阅读，这是小型的报纸，生面别开，甚有意义，委嘱作稿，俟有题时当即写奉。盖小品文最难得题也。想荷亮察。”我对于他们的意思都有同感。这两位小说家也是写短文章的好手。郭氏的《山中杂记》，茅盾的《散文集》与《话匣子》，尽有许多尖锐的作品，富有艺术价值，投稿诸君不妨用作参证。

（原载《立报》1935年11月5日第二版副刊《言林》，有删节）

社中偶记

六 逸

今天是大除夕，《言林》和读者见面，已有百余次了。当初我们的计划，只想多登几篇“平淡”的文章，给大家看看，后来时代的波涛，越来越汹涌，不提笔则已，一提笔就不免要触及“现实”，虽欲保持平淡，已不可能，终于走向“辛辣”方面。这真是始料所不及的。

《言林》产生只有三个多月，从各地寄来的信函和投稿，倒也不少；有的鼓励我们，有的提供意见。《言林》有了这许多亲切的读者，我们应当感谢，今后只有努力发奋，以副读者的期望。

从元旦起，我们想把本栏的内容略为扩充。除纯文艺外，特约社会科学、自然科学专家，用散文的笔调，为我们解说许多新知。这种文章，想来读者一定乐于接受的。

（原载《立报》1935年12月31日第二版副刊《言林》）

元旦吉立

——开头第一天开首第一句

天 笑

商界里的老规矩，每一年，就要换一本新账簿。这新账簿，自然是每年新岁开始，所以新账簿的第一行，便大书道“中华民国某某年元旦吉立”这一行字。

元旦总要讨一个吉语，这不但是吾们中国，只怕世界各国都是如此吧。因为元旦是一年的第一日，人总是有一个希望，譬如去年倒了霉，总希望今年恢复过来，要比去年好些。无论什么颓丧的话，到了元旦那一天，也隐藏起来，说些好听的话儿。起初我总想不出为什么旧时逢着新年，友朋相见，大家要说“恭喜恭喜”，既而想也不过希望今年胜于旧年，一个预贺罢了。

新闻也是一本账簿，去年的赚钱蚀本，一笔旧账不必说了。现在从新立起一本新账簿，希望记一点吉祥的事儿，大家所希望读到的吉祥事儿，因此也该写上四个字道：“元旦吉立”。

再者，尤其是我们这个《立报》，希望“吉”祥加到“立”字上去，那个“吉立”两字，更为贴切一点，所以《花果山》开头第一天，开首第一句，写上“元旦吉立”。

（原载《立报》1936年1月1日第三版副刊《花果山》；另“天笑”即“包天笑”）

小型报的胜利

徐蔚南

《立报》刚出世时，有人问我，此报如何。

我说，此报可以成功的。

办报的人意识现代新闻纸的浪费篇幅，有意要把篇幅紧缩起来，这于新闻纸的本质，不特无害，并且有益。

因为篇幅小了，新闻的编辑，便须特别郑重。每个新闻的弃取都要郑重考虑。精选的、仔细编辑的新闻与随便杂凑的新闻相比，自然精选的远胜于杂凑的了。

一般人以其篇幅与从来的小报一样，便也当作从来的小报看待，这是错误的。从来小报所以存在的理由，是在其态度取游戏的，即以娱乐读者为目的的。小型报是以几大张的报纸意识地紧缩起来的报纸，其态度必然是格外严肃的。

小型报因篇幅小，文字少，校对时可以格外精细，错字便可大为减少。这也是小型报的特长。

态度严肃，新闻精选，仔细编辑，错字减少，其能成功，自不待言。

从来，我每天看二种报，早上看《申报》，晚上看《大晚报》。自从《立报》出世后，清晨便多看一种《立报》。

《立报》的送达最早，要比别的报早送到半小时，《立报》于是成为我们最先阅读的报纸了，这确是《立报》强点之一呢。

我妻颇赞成《立报》。她读《立报》，是在床上读的。《立报》到了，她就在床上直起身来，披了一件衣，一下子，就把《立报》的新闻和附刊读完了。平时，她不大注意天下大事，但读《立报》后，她对于天下大事，近来居然知道；对于文艺的兴趣，也增加不少。

我妻为《立报》所征服了，我想有不少类似我妻的女人为《立报》所征服。《立报》的侵入家庭，就是《立报》的胜利。

（原载《立报》1936年1月10日第二版副刊《1936言林》）

小型报与文艺

徐蔚南

上海报纸对于文艺，近来只取“小型文艺”，以敷衍文艺。

小型报是意识的改革报纸，是值得赞美的，但小型报对于文艺，不特传统的因袭从来报纸的态度，并且因其小型之故，更彻底的专取最小型文艺。

欧洲日本报纸的如何重视文艺，可不必说，但主张改良报纸的人，至少理应认识上海报纸冷淡文艺的错误。既知报纸的改良为小型，而对于文艺不加（假）思索仍取传统的冷淡政策，其对于文艺的认识不足，当无从讳言。

每星期日小型报纸应出一特刊，篇幅也是四开一张，登载一篇名家所作的小说或剧本或游记或传记，每文一次登完，并须加以丰富之插图，如果纸张能用特别考究一点的则更为佳妙。这是我们所希望于小型报纸的。

（原载《立报》1936年1月24日第二版副刊《1936言林》）

答复三个问题

了　了

前天我收到了一位陈干卿君的来信，他说："我自以为和贵报是自家人，所以不来夸贵报的一切长处，而来谈谈我所见到的缺点。"希望我们改善。

他所举出来的，一共有三点。

（一）是我们所刊载的影院开演的片名时间有时不对，比如星期一已换了片子，但我们还刊载着星期日的片子。

（二）是他希望对我们不能刊载的新闻，干脆不刊，不必以"□□□"来代，省得使人看了不明白，反因而闹了一肚子气。

（三）是他说我们所刊的"天气报告"，往往不对，比如报告本市今天天晴，就许今天下雨之类。

对于陈君的信，我本想直接答复他，但是因为来信中未写地址，又想到这三个问题，也许有许多读者都在这样想，所以我就决定今天在此作一个总答复。

对于影戏院换片问题，我们的确尽了相当的力量。我们为了便利读者，义务的给各影院刊登广告，不料有许多电影院对于这有益于他们的营业的事，毫不注意。请他们在换片前送个预告来，或是打个电话来，有的影院对此竟不理会；无已我们自己天天打电话去请问他们，他们有时还是不愿意告诉。本报的片名误报，就是为了这个缘故。现在我们已定了补救的办法，那就是我们最近再和他们各家正式交涉一次，请他们送预告来，如果仍是置之不理的影院，我们就不再在本报刊登该影院的广告，省得对读者失信。

至于“□□□”问题，话说起来，实在太长，所以我只总括的说一句。现在的“□□□”，是因为时间上不能容我们再更改了才出现的，以后我们自当努力使他不再出现，可是这意思，也并不是我们不再说应当说的话，我想读者应能相信我们。

至于“天气报告”问题，本报的“天气报告”是由徐汇天文台供给的。不正确的缘因，实在是中国的气象网没有布置好。现在只有几个大地方有气象台，这样自难免有不对的时候。可是有终胜于无，所以这一点我除了盼望研究气象的人更努力外，这报告是还要保留，以备参考，陈君以为如何？

（原载《立报》1936年1月31日第四版副刊《小茶馆》）

“非常时”的文艺作家

无　堂

现在咱们中国正是天灾、人祸、外侮、内讧、失地、丧权……的“非常时”，当这“非常时”的文艺作家（只要他承认还是中国国民的一分子），无疑地都应紧紧抓住当前的时代背景，来创造有意义有价值的作品。换句话说，就是应该适应这危难的“非常时”，积极从事救亡的宣传作品——创造富于反抗性的有力的适合大众的文学作品，传给咱们的同胞，使大众深深地意识到目前的危机，而唤起组织他们的力量，在这危难的氛围中向前奋斗。这是目前文艺作家的使命。不过这种重大的使命，并不是少数人所能胜任的，必须全国作家总动员，大家一致踏上战线，努力工作，始克奏收宏效。最好是有大规模的文艺界组织，并尽量发行适合大众阅读的通俗的文艺刊物，散播于都市及农村，使各地大众都得阅读的机会，必如是方能完成这重大的使命。

咱们相信，同一宣传救亡的文字，而文艺作品是比普通呆板的“宣言”，更会感动大众，更会唤起大众奋斗的热情。希望文艺作家都来从事这“非常时”的重要任务罢。

（原载《立报》1936年2月10日第二版副刊《1936言林》，有删节；另“无堂”即“谢六逸”）

报纸救国

了　了

前天我们收到了一篇从汉口寄来的挂号信，封面写：“汉口江岸平汉路车务第三总段办公处钱缄”。拆开来看，里面是一位钱宝青君寄来的稿子。他写的那篇东西，题目是《〈立报〉救国》。里面的大意说，现在中国可看的报很少。一些大报广告占的地方太多，而且满纸都是不关痛痒的话，报价又贵。至于《立报》目前并无上述的毛病，只要省吃一根油条，已差不多够买一张《立报》的了。此外他还说了许多《立报》各版的长处，最后他主张，大家都来订阅《立报》。他说中国识字的人，大约至少可以有千分之一，只要他们都肯来订阅《立报》，天天去念一念给他们的家人和朋友听，他相信文盲的知识饥荒是非常大的，他们一定会转向他们的同伴们宣传，这样渐渐的可以叫文盲知道了中国现在处境的困难。什么地方，已被人拿了去，什么地方，又将要被人拿了去，他们知道了这一切，心里决不会毫无感觉。这样，渐渐他们会感觉到前途的危险，团结的需要，那么不是由看《立报》就可以救国了么？

钱君的这篇文章写来之后，我们很想给他寄回去，因为我们不愿意在自己的报上来恭维自己，并且目前我们虽然得到了不少读者的重视，可是我们自己对自己的工作，并未认为十分满意。

继而我想钱君这个建议是很有道理的，我们不能因为不愿意受人恭维而牺牲了他的好的建议，所以我今天把他的文章大意重述一下，而特别多谈了些他的结论。

我们同意他的向民间推广报纸的运动，中国的弱，的确是因为国民的糊涂，而糊涂的缘因，就是因为不知道看报，以致对社会国家完全不明了。

我们并不是说人人一定要看《立报》，我们希望能在各地都有抱了为国家社会服务为职志的人，在各地创办像《立报》这样的报纸——以贱价卖意识正确的报给民众看，那真是可以救国的。

如有人肯热心作这种报纸救国运动，自己办报，要介绍好报给人看，那就是我们的同志，我们愿意举起双手来欢迎他们！

（原载《立报》1936 年 3 月 5 日第四版副刊《小茶馆》）

《立报·晚刊》今日出版

《立报》定（订）户本月内一律赠阅
明日起开放一小部分地位容纳正当广告

《立报》自今日起，加出晚刊，篇幅比《立报》更小，定价比《立报》更廉。它的取材标准是注重“当天的”“重要的”国内外随时发生的事件，它与《立报》，同样守着精编的原则，但要电专讯，仍求其灵确充实，藉以满足读者的需要。

为优待直接定（订）户起见，自今日起（一）凡定（订）阅《立报》者，一律附送晚刊至本月底止。（二）专定（订）晚刊者，本月报费一律免收。（三）自四月一日起，合定（订）《立报》及晚刊者，两刊报费均按九折计算。晚刊报价如左：

零售：铜元三枚；一月：二角五分；三月：七角；半年：一元三角；

全年二元五角。外埠邮寄每月另加一角。

至于《立报》内容，除将《花果山》移登晚刊外（小说《艺术之宫》因系长篇未完，故仍留载《立报》，惟改入《小茶馆》版），其余较前，并无变更。新闻方面及一切材料，今后且更将力求丰满精美。

我们过去，因《立报》第一期日销十万份的计划，还没有完成，且限于篇幅，所以无论任何方面送来刊登的广告，我们均无法接受，只好谢却，尤其对于一月前许多为服务社会大众提倡职业教育的学校招生广告——如第一中华职业补习学校及中华无线电传习所等——我们也未能照登，更感到无限的歉憾！现在发行的初步目的，业已达到，而增加晚刊，篇幅问题，又相当得到解决。我们因此，决定从明天起，将第四版地位，开放一极小部分，容纳广告，但淫秽、迷信、欺诈，和一切不正当的宣传，我们却坚决拒绝。并且我们可以向读者保证，今后并不会因开放广告，而影响到我们原有新闻的容量，和纸面的齐一。

（原载《立报》1936 年 3 月 16 日第一版）

迁移的声明

了　了

从今天起，《小茶馆》将有一度较大的改变。现在，我把改变的情形，在这里，为读者解说一下。

从今天的下午起，本报的晚刊将正式产生，因为它产生，所以本报的副刊《花果山》，也就跟着乔迁过去。为了《花果山》的乔迁，本栏遂有了改变的需要。

第一，是《花果山》的长篇小说，张恨水先生的《艺术之宫》，搬到了本栏里来。因为这篇小说，现在还未终了。我们不愿因为《花果山》的搬家，而要强迫着已经看惯了这篇小说的人去另看晚刊。

第二，因为《花果山》搬走，怕一些喜欢看点有趣味故事的读者，感觉到减少了兴致，于是本栏便决定改变一下性质，使他成为过去的《小茶馆》与《花果山》的合型。这也可以说是应读者的要求而出此，因为我们过去收到过不少说本报副刊过多的信。

第三，《职业英语》，也迁移到晚刊上去，因为我们知道离上海稍远的地方，便不能听到周椒青先生的广播，日报销行较远，使不能听广播的人看这基本字当然没有道理。晚刊，则上海读者，无疑的要占最大多数。

第四，本栏过去所有的《血与汗》，以后不再逐日刊登，因为《血与汗》，我们已经载了一百多篇，各方面苦人的生活，也已报告了不少，——“一·二八”战争给他们的影响，在这百业萧条的现社会中他们的生活之苦，和在外人统制下的本市上，他们所受到的一些苛虐的待遇，大致都报告过了。有的读者曾写信来说这类文章很好，但是天天登，未免单调，所以我们现在就改为对这类稿件，必需有特别的事实的才再登。其余如《街头科学》、《大众常识》等稿，本来就是轮流刊登的，此后，也还是如此。

另外我们要增加的就是“花果山型”的稿子，不过我们对这类稿子，希望他有兴趣，且须有新闻性，兴趣还不能低下。今后的《小茶馆》就是这样的姿态了，我希望读者仍以过去的精神来同我们合作！

（原载《立报》1936年3月16日第三版副刊《小茶馆》）

关于添刊广告

了　了

最近这几天，因为本报添刊广告，而写信给我的读者，很有几个人，他们都是因为对本报的添广告有些不大明白，所以来问我，有的信没有写住址，所以我决定在这里给他们一个答复。也许有其他的读者也抱有同样疑问时，那么也可因此而得到解答了。

我先说，我们为什么添广告。本报将刊广告，在一出版的时候，我们就曾声明过，“我们第一期计划达到就添广告”。现在这时期已到，我们自然应当履行我们的话。再者，就是在过去五个多月中，曾有不少学校，要在本报刊广告，都被我们拒绝。我们知道有的正当的广告是和新闻差不多一样为读者所需要，故此我们才决定加添。

我们的添广告是有限制的。（一）不是正当的广告我们不登，像什么治性病的药广告和许多欺诈取财的骗人广告，我可以担保，不会由本报介绍到读者的眼里。（二）我们加添广告的原则是决不妨害本报的内容，所以我们刊广告的最大限度决不超过六栏，那就是搬去了《花果山》所腾出来的地位，而且限于第四版。至于现在的报头的左右地位，虽有时也刊广告，但是少飞先生的漫画，决不停刊，只是改排在版内。至于一些风云中要人的肖像，也将依事实是否需要而照样刊登。

所以读者大可放心，本报虽已刊登广告，但决不会叫读者感到什么内容不如过去，或且可更有精彩。

此外有的读者特别是外埠读者的来信中提到，他们看不见晚报，遂疑虑他们将有什么消息看不见，以为晚报登过的消息日报不再登。其实本报的编辑方针，并不是如此的，晚报已刊载的重要新闻，日报一样还要刊登。

最后我现在在此愿郑重的向读者保证，本报的刊登广告，绝不至影响到本报的精神，本报决不会变成迁就广告，而不顾纸面的报纸。至于奋斗的精神，当然是有加无减，请读者放心好了！

（原载《立报》1936 年 3 月 20 日第三版副刊《小茶馆》）

谈报纸的标题

张献九

有许多的人，因为时间的关系，在阅读报章时，往往用略读的方法，就是只注意它们的标题，而无暇仔细阅读记事的内容。为了节省时间，这个办法，固然不可厚非。但是，我们读标题时还须十分小心，不然就要上当了。譬如东非战争的消息，四月七日上海《××报》的标题为：《东非战局，胜负已判，义军进攻台西，亚兵纷纷南退，义机跟踪击中；亚皇否认将逊位说》。《立报》的标题为：《北路虽败，不甘屈服，阿王拼命抵抗强敌；国联将以压力加诸意国》。《××报》的标题是暗示我们不要轻易仿效阿比西尼亚的抵抗，我们先要建设国防，然后再说，不然，我们就得步阿比西尼亚打败仗的后尘了（参看同日《××报》的社论）。《立报》标题的含义，使看报的人觉得弱小民族需要抵抗，阿国虽败，还是拼命抗敌，不战而亡，不如战而亡痛快些，何况阿比西尼亚只北路打败，而鹿死谁手，在这个时候，谁能就下一个肯定的判断哩！这两种报纸关于东非消息的内容，相差有限，而其标题却相去如此之远，他们办报的精神与所收的效果也就因此悬殊了。

由这个例子，我们就知道普通只看标题的人，是有相当危险的。不过，我们没有时间去读全部新闻记事的人，应当怎样办呢？我想最要紧的是先要认识报纸的背景和主张，在读他们的标题之时，加以斟酌估量，遇有怀疑时，再去看他们的内容，从他们的字里行间找出新闻的真实性来。不然，马马虎虎的略读标题就信以为真，就不免要上当了。（寄自青岛）

（原载《立报》1936 年 5 月 4 日第二版副刊《1936 言林》）

由读者得来的教训

了　了

现在最叫我感到苦恼的事，就是没有充分的时间，答复我应当答复的读者们的信。我觉得每一读者写信给我肯告诉我住址，说叫我回信，一定都是很热心在等着我回信的人，我几几乎是叫每一个读者都失望了，因为我就没有收到一封信马上回复一封信的时间。

但是我自己却是一个喜欢和读者通信的人，我在北平的时候曾经因为通信而认识了不少的朋友，他们给我鼓励，给我希望，我到今天仍在过着这最苦的记者生涯，也就是为了这一些鼓励和希望。

我在这些年的记者生涯中，为了读者的信，叫我知道这个社会中的人群，都是在期待光明的降临，和为了光明的出现而努力。我只是因为有了一个地盘，比较着还敢说几句良心话（但是我不敢说的实在多于我已经说了的），于是读者们就来鼓励我，期待我，把我看成一个可以指引什么人的有能力的人，这种情形叫我自惭，也就叫我不敢固步自封。所以我过去十年的记者生涯，与其说是我在为社会服务，无宁说，我是在向社会上的群众学习。

也就为了这十年的学习，叫我认清了在这个社会中一个人如果能抱着一种合乎社会需要，可以给社会大众谋幸福的理想，且有不惜牺牲自己以求理想实现的决心的这个人，一定在社会上可以很容易的找到同志。我就是甘愿帮忙他的人。

所以有人说中国的民族是散沙一样的不能团结，或者说中国人都是自视太高，不肯拥护真理和领袖。我可以肯定的说，这全都是假话。

中国人的自谦和肯服从，实在不是其他民族所能及的，只是他们对于并无切合社会需要的主张，而又想以威力强人服从的人，却不能不表示反抗。

所以我主张凡不能为人信仰的人，与其责人无宁责己，因为我从我们的读者那里已经证明真正民众的对真理的认识，是比任何有知识者要清楚的！

（原载《立报》1936 年 5 月 6 日第三版副刊《小茶馆》）

移“山”文

一　非

《花果山》移回日刊了。七十七天的时光虽然不能说长，小别中却也有一些事情需要对读者报告一下。

我们带回的是两个长篇小说：一个就是曾作《王承恩》的穹先生写的《流亡》（这两天作者患病，续稿未到）。一个便是包天笑先生的《三舞女》。至于“李阿毛”徐卓呆先生的《老学生日记》也已无恙归来。

在其他方面，我们除了希望能对多方面的读者贡献一些比较有兴味的材料以外，还望读者们把自己所有的和需要的把这里做一个交易的场所，造成一个大众的乐园。文学、戏剧、影星、跳舞、学校生活、都市风光等的报导和素描，我们也都愿意尽量刊载！

（原载《立报》1936 年 6 月 1 日第二版副刊《花果山》）

本报特别启事

本报自一日起　加刊半张

晚刊改为号外　取消定（订）阅

《立报》从六月一日起，添加半张，共出一张半。除将《花果山》仍从晚刊移回外，并加辟专版，刊载文化体育各消息，同时对于各地电讯，及一切内容，都有更充实的表现。至于报价，照着我们“永远不增刊终年不休刊”的标语，仍是一文不加。

至于《立报·晚刊》，我们因为应事实的需要起见，从六月一日起，改为号外，发行时间，不限于“晚”，只要《立报》出版以后遇着特别重大消息，值得向读者紧急报告的，我们就可随时发行。或许是午刊，它可以每天出版几次；也或许一年半载，一次不出。因为这是一种不定期刊物，所以我们将晚刊名义取消，同时，并取消定（订）阅的办法。凡已经直接向我们定（订）阅晚刊，其尚未看完的报费，或退还现款，或定（订）阅《立报》，任凭选择，都可照办。我们已有专函，分别送达。特再公告。

（原载《立报》1936 年 6 月 2 日第二、三版中缝）

我们这一行

了　了

在中国作新闻记者，这个职业一般人谈起来，总觉得很可羡慕。我每看见了一个新朋友，一定照例要被恭维几句“舆论权威”，——可是我心里明白，他们也许是看见了现在的要人中，过去作记者的很多，因而想到将来我们也可以作大官；作大官在中国传统的是被认为最可羡慕，所以我们的职业也就成为可羡慕的了。

但是凡作了记者的人，特别是伏案编稿的内勤，却没有一个不叫苦连天。固然“吃那一行恨那一行”是人类的常情，可是作记者的恨“这一行”，却比较一般人恨他们的“本行”，理由来得充足。因睡眠的失常、工作的紧张与繁琐、整年没有休假，和中国这一行普遍的报酬不丰，都是其他职业所没有的。所以一个人对新闻事业如果没有兴趣，作这一行，一定不会长久。

我自己自信是一个对这一行最有兴趣的人，我丢下了说说话或签签字就可以使我一家安适生活下去的清闲职业，来肩起来这睡眠饮食全不上轨道的工作，就是为了我喜欢这职业，且有过将来永不离弃它的念头。

不过最近我这个思想有点动摇了，这不是因为我再忍耐不了这种苦的生涯，而是因为我有点忍耐不下去在这环境中精神上所给我的痛苦。

有一个读者在最近写了一封信来说，为什么你们报上时有空白，是不是你们特别不敢尽你们报道的责任？

我当然能原谅这位读者，他是因为不知道我们的痛苦，所以才这样来责备，可是我相信也许在这个社会上看报而能知道他们痛苦的并不多。倒是像这位读者的人很多，在这环境下叫我想起来，如何能不灰心？

我们是抱了想给同胞们报告一些消息，使他们明白他们的真实环境，所以才认命吃苦。但是我们现在知道有的时候我们简直不能，这我们工作还有什么兴趣？

“你们看看人家外国报纸比你们消息灵通多了。”其实那消息也许是假的，但是假的也有人肯信，这是谁造成的结果呢?

我灰心极了——虽然我是一个相信人力可以改造一切的人。我简直希望我能暂时离开这一行!

（原载《立报》1936年6月12日第三版副刊《小茶馆》）

我和我的读者

了 了

在我现在的生活中，没有一点余暇，没有一点娱乐，每天、每周、每月都是除了睡眠之外只有工作，甚至和朋友往来的时候都没有。这情形大约叫谁想起来，也一定以为是单调而枯寂了。不错，我的生活是单调而枯寂，可是我过这生活，也有我的报偿，那就是一些读者们给我的慰藉。

前几天我写了一篇《我们这一行》，述说一个读者指责我们报纸中的空白，接着我就收到了许多安慰我的信，说“我们都知道那空白的原因，你不要灰心”。这种关切，请问谁接受了能不感动?

此外还有许多许多的读者写信来问我的真姓名，问我的住址想来看我，他们把我当作了一个有益于他们的朋友。这些信自更叫我不敢不兢兢业业的在我的工作上加倍努力。

不过我对于这些问住址姓名的读者，我却都叫他们失望了。我没有一一回复他们，我十几年来作记者从不愿别人说我职业。写文章，换一个地方一定要换一个名字。这与其说是不好名，无宁说我对自己写的东西没有自信心，为规避人家对我的指摘，所以才这么作。

为了这习性，所以我遂决定不告诉我的读者我的姓名，并不愿意和他们会见（这当然也还因为我不愿动劳他们来，同时也为了我实在忙，希望能少用一些时间于和人晤面）。不过我对我的读者，自信在精神上隔离着并不远。他们给我的信我没有一封不仔细读过，我由他们得到的益处也很多。同时我天天需要写一段我每一天的最主要的思感，他们看后，一定可以知道我对一些事是如何想的，所以我说他们和我在精神上的距离也很近。

我常常为了这种情形而自己思索，由思索而断定——人类实在是最富于与同类合作精神的动物。我和一些读者并不相识，只是为了一些思想上的联系，竟能彼此如此互相鼓励、信任。如果是关系再深一点的，不是更可以不成问题的联合一致么？但是不幸，现在社会上的情形并不是这样。同隶一个派系的竟不但不合作，且要怒目相向。这是为什么呢？大约是因为他们并不能像我和我的读者，完全忘了“个人利益”的关系吧。

（原载《立报》1936年6月20日第三版副刊《小茶馆》）

我们需要的稿件

了　了

最近我收到许多寄来的稿件，都不能用。这样对于写稿子的人，当然是很扫兴，就是我这个看稿子的人，也感觉很失望，所以我决定在今天谈一谈我希望能够收到的稿件。

本报所有的三个副刊，性质是完全不同的。《言林》注重文艺，《花果山》偏重讲故事，《小茶馆》的本意呢，是想向读者介绍有益的知识，和使它成为读者发表意见的园地。

在过去因为办晚刊的关系，《花果山》搬了家，《小茶馆》为了调剂不看晚刊的读者，曾有一个时期也刊载一些讲故事的稿件。现在《花果山》既已迁回，为了界限划清，就又不再刊载讲故事之类的稿件了。可是写稿子的人，大约是对这种情形不大清楚，所以还有人把讲故事的稿件寄来。

此外还有过读者写信来，问我们到底欢迎哪一类稿件，又有人来建议开一栏《读者论坛》。

我以为这都是因为他们没有弄清楚本栏的性质。

本栏的第一目的，就是想叫它成为一个读者发表意见的地方。我相信在上海在内地一定有许多黑暗的情形为一般人所不知，我们希望舆论能有力量来打破这些黑暗情形，所以非常欢迎各地和本市的读者把他们所看到的认为不对的事、应当揭露的事，全都写给我们发表。这对中国也许可以说是一种建设工作呢！

此外我们还希望得到的稿件，是属于常识一方面的，科学的、历史的、各方面的都需要。不过最好是要时地相宜，比如在夏天谈冬天的常识，自然是不对。就是凭空来谈一种常识，也不免有点突如其来。比如有一条新闻说某要人得了一种病，这时候我们来介绍关于这种病的常识，自然可以叫一般人感到兴趣。以此为例，所以凡介绍常识务须注意到最好与新闻有关联。

不过因为《小茶馆》地位小，在最后我还应提出来一个要求，就是稿子最好写的短，包括的内容多。我希望在写了这篇东西后，不再看见我看了失望的稿子，而希望篇篇能用。

（原载《立报》1936 年 7 月 9 日第三版副刊《小茶馆》）

成功的捷径

——送成舍我先生

了　了

为本报创办人之一的成舍我先生，在本报筹备时期中，同人们因为他过去办报的经验丰富，就要推他负责主持一切，但是他因为在华北还办有报纸、学校，不能长住南方，并且他坚决主张，《立报》的总经理，应该能在上海久住，像他那样行踪不定的人，实不相宜。因此，几经磋商的结果，公推严谔声先生为总经理，而请他在最初创办的一年，代替严先生，执行总经理的职务。

到最近，一年的期限已届，他华北待理的事务很多，自七月一日起，已将总经理职务，交还严先生。

本报同人因为成先生这一去要有较长的时期才能再来，遂联合公饯了他一次。在这个宴会席上，他曾谈了一下他办报的感想。

他说：我办报这许多年，到现在，我自己办的报，还没有一张能叫我自己满意。就以《立报》而论，社会对我们期望，是那样殷切，虽然我没有一天，敢自暴自弃，但距我们理想的《立报》，还是很远。我每天看完以后，挑出来的错误，总不能完全没有。不过每一件事业，如果天天在那里自己不自满，求进步，那么，这件事业，将来总有成功的一天。

不过他又说：我所谓将来的成功，就报纸说，却很难有止境的。因为别种事业，经过相当时期的努力，不但他本人，从此可坐享其成，就连他的子孙，也毕生吃喝不尽。譬如市面上什么老牌的仙丹灵丸，只要初创的人，经过相当努力，名誉做出来了，以后就会永远被信任为神效无比。报纸则不然，尽管尽过极大的努力，享过最大的声誉，但若一朝懈怠，或是背叛读众，这个报纸，是立刻即可没落的。

所以别的事业，成功后就可享受，而报纸则天天在苦闷中。换一句话，也可说，报纸是永久没有坐享其成的一天。

他这一段话我以为很可以介绍给读者，所以也就不避“在幕内喝采”之嫌把它写了出来。

我很亲切的知道成先生他自己的确是一个能履行他“不断努力”的主张的人。他自己每天看《立报》的精神就不可及，每天从《立报》第一版的第一字看起，直看到第六版的最末一个字，比较消息，看错字，研究印刷是否有恶劣的地方，他能长年不断的这样作。此外他还管了许多营业方面的事。现在《立报》的基础已树立起来，许多职员工友在他的指示训练下已一切上了轨道，今后一定仍可以有进无退的努力。想起来过去树立这基础的困难，我们是不能不推崇他的。而严先生办事认真，和一切苦干的精神，比起成先生，更可说有过之无不及。这样看来，《立报》的前途，我们或许不致辜负一般读者的期望，也未可知。

我十二分的相信，如果每一个人作事都能努力有恒，天下可以说就没有失败的事。我所以不避嫌的推扬成先生也就是为了在事实上，他这精神确可作我们的楷模。

（原载《立报》1936 年 7 月 3 日第三版副刊《小茶馆》）

“揭发”工作有益于社会

了　了

昨天我收到了英商上海自来水公司的总经理来信一件，对上月廿四本栏所刊一位女主人到自来水公司去请求换户名，为该公司职员所怠慢的事，有所解释。

该信内容是告诉我：（一）他怕大众用户对该公司有所误会，所以希望我给他证明一下，他们的办公时间是早八时半到下午四时半，并不是到五点，所以该职员虽有不合，因办公时间已过，尚情有可原。（二）他们很不愿意怠慢用户，所以他希望如果用户再发现有这类情事，就立刻报告该公司的经理室，他们很愿意接受这种报告。

此外如我们刊登指责邮局的通讯，邮局也曾派人来查讯，说是整顿他们的内部，希望我们帮忙。

由此种种可以证明我们的揭发工作在社会上还有相当的效果，所以我遂决定继续下去这种工作。

因为有这个工作可以鼓励一些人努力督促一些机关进步，甚至使一些社会上的恶魔知道敛迹，对这个社会多少总有些好处。

不过我也曾收到了一两位读者的信，他们说，你的这个工作是太限于一隅了，这种零碎的希望改良，对这个社会是没有好处的。我们现在需要向更大处着眼，整个改造这个社会才是纯正的目标。

他们的话，我并不否认，不过我认为我现在做的这种工作，对他们的目标是相辅而相成的，决不会有害。

我也知道我们需要一个整个的改造，但这不是一个人的能力所能收效，要实现这大目标，我们就必须先形成一个有力的集团，形成一种改造社会的势力。

这个集团的出现，当然是由于一些前进的肯守纪律的青年的联合而形成，没有良好的个人自然不会有强固的集团，也就不会有伟大的成就了！

所以我希望因于揭发，可以叫堕落者觉悟，有志者知道自勉，并使社会上的黑暗有向人声诉的机会，这比空喊大口号的效力我想至少是（不）一样的，以我之决定继续下去揭发工作，这也是一个原因。

（原载《立报》1936年8月1日第三版副刊《小茶馆》）

版面变动的补充说明

了　了

从今天起，本报又有了一些新的变动。这变动，已在今日第一版中的启事中说明了，但是因为第一版地位有限，不能多说这变动的详情，所以在这里我再来补充几句。

我们所以要把五版的报头取消，一方是因为最近曾有读者告发，有人拿那半张版，在街上零卖；同时我们也感到那三栏地位可以省出来，多刊一些有益读者的东西。现在省出来的地位，是用于增加《经济》栏了，这样除了固定了《金融行市》地位之外，还使我们有了报告经济消息的确定处所。并为了使大众对中国经济现况有正确的认识起见，自今日起特请章乃器先生在这《经济》栏中，逐日为我们写一段《经济讲话》，就日常的现实题材，为大家解释经济真义。章先生是今日有名的中国经济学者，我想读者对添加这一栏当然要感到很大的兴趣。

此外关于本报的评论，在最近一个多月中，只刊登过一两次。有许多读者为此写了不少的信来，问我们为什么评论不逐日刊登，是不是因为有什么畏惧而取消了，这实在是一种误解。

过去评论之间断，完全是为了篇幅的关系。评论，我们极想把它刊在第一版第一栏，可是西南时局紧张后，国内消息太多，每每评论已经写好却被新闻挤掉。这种情形，我们编报的人所感到的难过，自信是并不下于读者的，所以我们无时不在想如何可使评论照旧能够逐日刊出。经过了多日的试验，我们知道希望在第一版固定这么一栏地位，的确是太难了，一定勉强，必须牺牲新闻报道，这在我们良心上也不许。所以我们终于决定了，把评论地位改刊于第二版，一面使我们对各方面所要说的话有发表的机会，一面也一点不牺牲我们应当报告给读者的新闻。我想读者一定也会很赞同！

至于五版上平常时时刊载的人像锌版，以及新闻铜版，以后则拟于必要时改刊文内。所以这一次变动，只是节省了不必需的地位，增加了新的努力，并没有减少什么。敬请读者注意！

（原载《立报》1936年9月1日第三版副刊《小茶馆》）

说明一点苦衷

了　了

昨天我收到了一位读者张乔生君的信，问我们为什么不刊载崇德女学粤籍女生吴凤岭被某国兵刺伤的消息。我收到这封信时，这个消息已在我们报上登载出来了。

为什么我们这个消息要迟到一两天，这当然是有原因的。在那天有这件事发生的消息传出后，我们就有记者去采访，凡是关系方面都曾去过，当然是有相当的收获。可是我们并没有把这结果发表，因为当局认为这件事应当先调查清楚了再发表。当局这种审慎态度我们是赞同的。

我们认为中国和某国现在的紧张情绪全是某国一部分有野心的人制造出来的，某国的人民并不见得个个都有侵略中国的野心，并且事实上也许他们还是因为强国要侵略中国而受牺牲的人，所以我极不主张挑拨中国和某国人民间的恶感。

像什么“成都事件”、“北海事件”，某国通讯社和一部分报纸所作的那种夸大、刺激民众感情的报道，我认为那是失掉了报人道德的一种行为。作这种恶意报道的就是作了黩武主义者的傀儡，挑拨战争。

某国报人的那种态度我们既然不满，当然我们不必去效法他们在一件事实未判明前就作恶意宣传。不过如果我们证实了有这种无理刺伤中国女生的事，我们也要据理力争。中国与某国的人民的身价当然相等，他们可以因为什么个人的问题而有分外要求，当然我们也可以作同样要求。所以我们对当局主张慎审调查后发表不但赞同且依从了。

但是可惜当局现在对一部分报没有能力过问，以致当局的所谓慎审变成了给一部分报造机会，因而引起来一些不详内情的读者对识大体的报纸反不能谅解。这叫我们可有什么话好说！

我们虽不敢说任何消息不落他报之后，但我们总是在抱了这个宗旨而努力。现在有这种我们顾大体不肯发表，而人家发表的事出现，那我们对像张君这样询问的读者，除了表明这点苦衷外，也可不说什么了吧。

（原载《立报》1936年9月12日第三版副刊《小茶馆》）

短短的一年

严谔声

《立报》出版正一年，历史很短，说不到什么对国家社会的贡献，即就我们创办的人来说，也觉得志愿未达百一，那末有什么话可说呢？

短短的一年，我们并没有什么贡献，可是社会给我们的同情、热望，和读者给我们的鼓励、指导，使我们非常感激、兴奋，使我们在万分困难的环境中，鼓起勇气，努力前进！

在目前的形态下，要想办一张“合乎理想的报”，本来是件难事。本报全体创办人，都是服务报业，经过相当时期的，难道不知道这种困难么？不，决不。正因为是件困难的事，我们所以才决心来做；我们觉得在困难中求成功，是一件很有价值的事，是一件精神很愉快的事。在我们以新闻事业为终身事业的同人，觉得我们所能为国家社会尽力的，也只有做这件事，所以敢“知其不可为而为之”。

我觉得：在目前要做个好人，一定是个八面不讨好的人，因为他不能做任何哪一面的奴才；一样的理由，在目前要办张好报，一定是张八面不讨好的报。但，只要胸襟纯洁，态度正确，报告忠实，对于读者尽了我们的确责，八面不讨好，又算得什么？

古圣有言：“天行健，君子以自强不息。”西哲亦谓：“人生应以挑战为目的，战至倒地而后已。”做人的态度，应该如此，办一桩事业的态度，也应该如此！我很恳切希望，读报诸君，随时予以最大的助力，使我们理想中目的能够终于到达。

（原载《立报》1936年9月20日第六版《〈立报〉一周年纪念增刊》）

《言林》一周年

谢六逸

最近有一位研究新闻学的凌君作了一篇《〈立报〉论》，从很远的地方将原稿寄来给我看，打算在杂志上发表。在他的文章里面，本报的优点和缺点，他都约略指出。他说这《言林》一年来所刊载的文章，多数是随着“新闻”走的，能够接近现实；在某一时期发表的文章，颇能尽责。凌君的话是否因偏爱之故说出来的，我可不敢骤下断定，还得请多数读者不吝指示。

有句俗语说：“杀猪宰羊，厨子先尝。”《言林》一年以来刊载的文章，将近一百万字。每篇文章的长度，在五六百字左右。编者每天看来看去，不外是这些短稿，真有点厌倦了。但在读者方面就不然，总希望《言林》的文章愈短愈好。在这个条件下，别的文章是不适宜的，唯有采用随笔杂文，然后才能符合读者的需要。又因为读者有限，愈觉得这一块手掌大小的地方，十分宝贵。时时刻刻，提心吊胆，总想好好的使用它。别人家的“地盘”广阔，随便怎样摆布都行，有时浪费一点也不在乎，但在《言林》怎么行呢？一年以来，向作家索稿时，我的第一句话就是“要短些！”友人答应如约。可是他寄来的稿子在我看来仍然是长稿，但在作者看，以为短至无可短了，这时我只好再要求他将稿子缩短一些。

有人说，短稿较长稿难写，其实也不一定，要看内容写的是什么东西。如果提起笔来，写一二则“身边杂事”，如“黄猫跳墙”、“吾妻赴南京路购物”之类，有短短的几百字也就够了。有何难哉！但这种短文，恐未必是读者乐于接受的。过去《言林》所刊的文章，不仅在量的方面求紧缩，即在质的方面也求简捷（洁）有力，所以摒弃易写的短稿而刊登难写的短稿。

编者希望《言林》每天能够刊登五六篇简短有力的文章，但就过去说，离我们的理想还远。一百万字的短稿已经呈献给读者了，但是将来的二百万字、三百万字呢？是则有待于作家的助力和读者的鞭策了。

一年以来，为《言林》写稿的作家，编者向他们行一个虔诚的敬礼。

（原载《立报》1936年9月20日第七版《〈立报〉一周年纪念增刊》）

今后的《花果山》

张聊公

本报不反对“工作”以外调剂精神的“娱乐”，所以在副刊中也就辟了一个注重兴味的《花果山》。

“花果山”，在《西游记》上本来是齐天大圣发祥之地，所以上月中旬，《花果山》曾登过一段“编者的话”，希望《花果山》能够像小说中孙悟空那样的变化，热闹，或活泼的精神。这件事，今后当然需要读者、作者、编者大家一致的努力。

不过《花果山》过去因为编者屡易，各人主张不同，使投稿人感觉到不知写哪一种稿子才合需要，所以现在我就藉此周年的机会说说。我对《花果山》投稿者今年的希望：

（一）希望《花果山》今后以兴趣为中心，所有谈戏剧、电影，以及大鼓、杂耍、滩簧、蹦蹦，皆无不可。

（二）不过不论什么最后都有点新闻性，且以简明为主。

（三）再者趣味并不是低级的趣味。虽是写趣文，但对社会上一切不良风俗，以及内容不大好的组织，仍应用冷嘲热讽的态度，旁敲侧击的笔法去写。在引起读者的兴趣中，间接透露社会的黑暗面。

（四）本报向来主张人人看得懂，所以新闻论评，都用极浅近的文字。《花果山》自也应求文字浅显，所以文章只限于用白话写就者。

以上只是信手写来，所以也许未能写尽。不过《花果山》和隔壁的《小茶馆》与《言林》，性质上是不同的。只要认清这个，写稿就很容易了。

“为政不在多言”，编稿也不在多说。只希望大家抱着把《花果山》造成同小说中的孙悟空那样多变化、热闹、活泼的精神去作吧！

（原载《立报》1936 年 9 月 20 日第七版《〈立报〉一周年纪念增刊》）

编《小茶馆》的感想

了 了

关于纪念本期的一周年，同人会议决定：只由本报各版的编辑人，老老实实地各写一篇工作感想，报告读者。所以我现在就也来写一写我编《小茶馆》的感想。

《小茶馆》虽然每日只有六栏，可是这个工作，实在相当的繁重。这并不是说因为我每天要写七百字的“点心”，而是因为我每天除了写稿编稿之外，要看几十封读者的来信并直接回答他们若干封信。这种工作是一般读者看不见的，报馆同人看不见的。不过这种额外的繁重工作我并不想它是苦事。

我因为编了《小茶馆》才知道社会的广大，群众的可爱。我读了他们的信，不由得不使我想把自己的一切献给劳苦大众，不由得不使我想为劳苦大众呼号。

每一张粗糙的纸和歪斜的字，带给我的感情，比那些整洁的字和秀丽的字要热烈真挚得多。读完了以后，使我感动得落下泪的事，都曾有过。所以凡是读者写信要求我做的事，只要我能力办得到，无不竭力去做。

就以最近有一位女读者写信给我报告我她的不幸遭遇事说吧。我把她的来信刊登了，于是有人写信来说愿意帮忙她，请我转达。有人同情她愿意和她做朋友。有人到馆里来找我说可以为她尽力。为她一件事，我转信复信见客整整忙了两个半天。我的忙碌由此就可想见。不过这种忙，使我感到快乐，因为我想只为了我做了一点牵线的工作，而能纠正社会的病态，增加人类的互爱，我为什么不做！

不过在这一年中我也有过一件不快的事，便是有一个工人写信给我说他住的豆腐店掌柜，只为缺了百十块而要将铺子关闭，使几个伙计失业，希望我设法替他们维持一下。经我转向本报的总经理严谔声先生商量，就设法借给他所需要的钱，说明了按月归还十元，结果只归还了两个月，店仍是关了，人也走了，使我为他失了信。使我失信没有关系，可是他这一举却断了我请人帮忙苦人的道路。我以为就是他没有钱还，他也应来声明一声他是搬到了哪里去，现在没有钱还，将来有钱再还，因为，这样使我就较好处一些了。

不过这种事，一年只有这一件，所以它并不能动摇我为劳苦大众服务的心。

至于今后，我当然是还要本着过去的宗旨继续着努力下去。

此外在这一年中，说起来，我虽是给读者写信写的很勤，可是因为太忙，也还有许多我未复的信。我虽是想尽量刊登各方的来稿，可是因为地位关系，也仍是有许多稿子未能付刊。未付刊的稿子也不是全丢掉了，如指责邮局的，我有的就直接寄给了那邮局，因为刊出来有时可以敲破人家的饭碗，这样寄给他们可以叫他知警，不也就够了么？其他如边区指责地方政府的我也多不敢登，因为我怕因为刊一稿而害写稿的人受许多困难，边区的当局的权威我是深知的。

但是，这种种说起来总还是我应对读者抱歉的事，就一总在这里致歉吧！

（原载《立报》1936 年 9 月 20 日第七版《〈立报〉一周年纪念增刊》）

希望读者报告新闻

了　了

昨天有一位陈鸿志先生写给我一封信，向我建议叫本报辟一栏专登产业大众的生活的消息。他这封信叫我很感兴趣，而想到一件我久已怀诸心中，要向读者报告的事。

那是什么？就是我希望我们的个个读者，都是我们的新闻报告者的问题了。

我们知道一个报如果要想报道社会上各个角落中的新闻，是非整个社会上的民众都是这个报的访员不可，否则不必说我们这个报资本不算大，就是再大的报，恐怕他们也不能自己去布置一个无处不及的新闻网。

关于读者报告我们新闻的利益，我们是深深知道的，例如过去，本报对于各工厂中的问题报道最详，这就是靠了读者报告而来。我们派了记者到工厂中去采访消息，工厂附近，及在厂中工作的本报读者，同情本报的注意工厂情形，就自动的供给我们消息，这种消息不但迅速，而且翔实。所以我久已就在心中产生了，公开向社会大众声述，我们希望读者供给我们消息的意念。

依我的理想是希望各阶层中的读者，都肯写信给我们，把他们切身的新闻供给我们，由我们来选择。凡是有刊登的价值，和能够刊出去的消息，我们也一定为他们刊载。

我以为必须是这样，报纸才真能以现社会的真象（相）报告读者，而成为反映出来这个社会的各个角落的一面镜子。

苏联的报纸如《真理报》等，他们就拥有不可计数的农村通讯员。我们现在的篇幅虽不能允许我们容纳太多的通讯稿件，可是我们很希望本埠各处和全国各地的读者，都能自己想他因为爱护本报而负有为本报报告消息的责任，遇到特别重要，认为应当叫社会上其他的人知道的事，就写给我们。

这当然只是一个理想，而且对读者是一个过奢的要求。可是我以我编《小茶馆》所认识的人类的互爱互助精神来看，也许有些读者肯肩起这责任来，不致叫我失望吧。

（原载《立报》1936 年 9 月 26 日第三版副刊《小茶馆》）

视察上海附近各地特刊弁言

我们为什么在现今出这个特刊，料想读者都可“心照”。读者在这个特刊中，大约总可以找出一些很关心的事实真象（相）吧。我们希望读者能够如此。

虽然本报的记者都被误认为汉奸，而且受到各种留难，但我们是很乐于接受这诬蔑与留难的，因为这足证中国已不复是“无人之境”。我们敬盼各地民众也都能像上海附近的民众一样，把国防责任放在自己的肩头上，——特别是华北以及沿海地带的民众！

（原载《立报》1936年10月11日第六版《视察上海附近各地特刊》）

关于编辑

了　了

今天下面我发刊了读者逸明君写来的一篇批评报人的文章（该文为《关于中国当选国联非常任理事　献给报人几句话》——笔者注），我所以要发表它，并不是对同业有什么恶意，而是要藉此反衬出来今日作报人的艰难。

今日编报因为读者求全过殷而工作一天比一天困难，于是报人的处境，也就一天比一天苦。

像编错了，当然应受指责，可是就报人的环境说，编错并不是他们愿意的。就以这位说“非常任理事中国竟落选了”的编者说，他也许正是为了求好而弄出来这么一个笑话。他国际常识不够，当然是他的弱点，但这并不完全是他的错。主要的错，在报纸就养不活一个国际常识丰富的编辑，而报纸所以养不活一个好编辑，有的固然是因为老板只顾自己赢取利润，不管报面好坏，不愿用好编辑，而采用以童工代成年工人的办法，雇佣知识不够的人作编辑；另外则是一个报纸为了受环境的压迫，使它不能自由发展，而成为一个定型的东西，不能有一点特别新闻，不能有一点特殊的言论，于是专靠营业生存的报，几几乎有不能存在的趋势，在这种环境下当然没有能力请好的编辑了。

所以我现在常常自己怀着一种杞忧，我不能想，中国民众现在天天所需要的精神粮食——报纸，将会退化到什么样子。

中国的事，常常是一到官办，就总弄不好。现在的新闻事业，已渐渐走上只有官办才可以存在的道路，所以我说中国的报纸，今后将要一天比一天退化，似不是妄言。

可是我不是完全反对“统制言论”的，而且是主张在合理的方式下，应当统制的。现在只是如何才算合理的问题而已。

我甚至有时想，只要能有真可以负起来教导民众责任的官报创立，我们情愿放下私人经营的念头，去为官办的报纸服务。在国家整个的新闻政策下，作一个工作者，只是什么时候才是这个时候呢？

我今天这些话好像是在为报人辩护，其实并不是。只是为了这错编事实，不禁叫我想起来一向对报业前途的忧虑，而倾吐出来罢了。

（原载《立报》1936年10月14日第三版副刊《小茶馆》）

《绥远专刊》编后

我们所以要出这个“绥远专刊”，是因为想像着国人知道绥远各地情形的，恐怕不多，特别是在南方各省居住的人们。

我们曾查过生活书店所出版的全国总书目，在其中竟没找到一本专谈绥远的书，因此更加强了我们出这个专刊的意念。

不过编就这一个专刊之后，重读一次，觉得只不过是介绍了一些关于绥远的地理常识，与几篇个人旅行绥远的印象，自算不了什么了不起的贡献。不过在整个出版界中，关于绥远的刊物既然十分贫乏，我们这点小贡献也许对于全不知道绥远而欲了解一些绥远的读者（本报的读者，多半是工人、店员、学徒，他们大都没有机会受到高等教育，当然更谈不到有机会去绥远游历，可是他们在现在却多半很关心绥远，由他们的踊跃捐款援绥就可以证明），不无相当的帮助吧。能够有这一点用处，我们也就满足了。

此外我们本拟刊载一篇民国十六年冬现任绥主席傅作义，在河北省涿县,死守孤城三月的经过,使民众知道他的英勇,并鼓励他拿出十倍于当时参与内战的勇气来剿灭匪伪。可惜因为限于篇幅未能刊出,这只好俟诸异日了!

只是由于这极简略的介绍,我们就可以知道绥远的土地肥沃,且多未开辟——是一片极可宝贵的国土。国民至少因此更可增强保守绥远的意识吧。我们是这样希望着!

(原载《立报》1936年11月20日第七版《绥远专刊》)

谈得罪人

了　了

现在我常常听见爱护我的朋友说,你这个人得罪的人太多了。我每逢听到这样的话以后,一定要很仔细的想一遍,我都得罪了些什么人。所得罪的人是为了自己而得罪的呢,还是为他人或许多人而得罪的。这样想过以后,自觉并未为自己而得罪人,所以得罪人都是为了另一些别人的利益,心里很觉得安适。

我相信世界上决没有一个能被人人称赞好的人;如果有这么一个人,那这个人,也许就是坏得要不得的人了。

我自己若干年来和苦人接近的机会比较多,我知道他们的苦处,而一般人却全忽略了。同是人类,为什么有许多人就应当生活得异常痛苦,受到种种的压迫,甚至没有人为他们申述而不能为一般人所知呢?

我觉得这是一种很不平的事,我愿意把这为他们申述苦处的责任,放在我的肩上。为了这个得罪人当然难免,他们不满意我是当然的,我也决不介意那些。

我知道这是很不聪明的事。一个朋友说的好,你得罪的人都是上层的人,你同情的都是下层的,这对你是很不利啊!这话可以说是很直爽,可(是)我愿意作一个不聪明的人。

我此外还有我不聪明的想头,像今天我发刊了一篇希望仁济医院的话，虽然是希望，也许会被人误解为对他们不好吧。然而在我一方，却仍在想，就是仁济医院能如了我们的希望，问题是否解决了呢？事实上还是没有。因为仁济医院越改善，苦人求治的一定更多，结果还是要有许多人等候，有许多人被挤得没有地方等候。

本来这不是局部可以解决的事，我们东面希望改善，西面希望改善，限于经济环境决不能都改善，一部分改善了有什么用？我以为这才是我的不聪明。

不过，我想这样辛勤的作去，一定有一天可以得到整个解决的时期到来，而我这辛勤的小工作，也许对那整个的解决有相当的裨益。为了这个得罪人，是有代价的呀！

（原载《立报》1936 年 12 月 11 日第六版副刊《小茶馆》）

元旦致辞

了　了

今天是民国廿六年的元旦了，在下面我只用了申君君的一篇空论（该文为《元旦的希望　明年要和东北同胞过大团年》——笔者注），并且也没有扩大篇幅出特刊。这我是有一点用意的。

《小茶馆》在过去一年中，差不多十分之八的力量，都用在揭露黑幕，和抨击黑势力上面了。以后，我还想继续着这样做下去。

不过在元旦，我以为这是含着新的希望的日子，所以我不想在今天还是不改作风，又找出一个什么对象来抨击。为此我才采用了申君君的这篇只含着希望的文章。

我愿大家都在这一个新年到来的日子想一想。

我记得有一句古人的词："总把浮生入醉乡，大都三万六千场。"这词的意思是劝人阔达，我当然不赞成那种含着出世思想的主张。不过人类一生的日子很短，由这词，都可以很明显的看出来。我想每一个人在元旦，想到自己又长了一岁，再想到就是自己能活到一百岁，也不过再过几十个元旦的时候，大约也不会没有一点感触吧。

大家感到了岁不与我和“生若早露”之后，你们应当怎样呢？

我曾自己问过自己，人类是为了什么而生活。我以为人类是为了一种希望而生活，不论是属于物质的或属于精神的希望，人人一定有一个。

这两种希望，一定是物质易于满足而在满足之后却觉得毫无意味。精神方面的希望则是较难达到，不过达到之后，一定有很浓的意味叫人沉醉。

那末在今天我们应当选定怎样的一个希望呢？我以为我们当然应当选定后面的一个。

为此申君君建议的明年到东北去和东北同胞过大团年，自是目前我们最好的精神上的希望了。

如果国民个个都能以这个精神上最大的希望为希望，那么自不会再有许多丑恶的事实，在这个社会上出现，那么《小茶馆》也未尝不可以改为只供献大家以常识而不攻击人的地方呢。我在今天最后欲视我这个希望能够实现。

（原载《立报》1937 年 1 月 1 日第五版副刊《小茶馆》）

我理想中的副刊

寿　田

我是《立报》的一个长期读者，趁新年征文的当儿，让我把我对副刊的一点意见吐出来。

凡是讲义式、课卷式的文章，最不适宜于登在副刊上，看去令人生厌。《立报》的三种副刊，都各有所长，颇近于我所理想的副刊。《言林》的文章有时间性、刺激性，能与“新闻”打成一片，文字生动活泼。《小茶馆》能大胆暴露现社会的弱点，对于生活，能积极指导。《花果山》提倡高尚娱乐，内容也比较从前丰富。这些都是优点，为目前的任何大型报纸的副刊所不及的。不过，缺点也未始没有。《言林》的文章，应该庄谐杂陈，不妨多登讽刺的文章。《小茶馆》应辟《社会服务》栏，长篇小说至少每年要换掉一次题目，或者不要它，免得不调和。《花果山》应增加“科学游戏”、“马路新闻”等材料。这三点如能补充，实行做到，我敢说，

这就是最理想的副刊了。（市国立商学院）

（原载《立报》1937 年 1 月 5 日第二版副刊《言林》“迎民国二十六年”征文）

编辑余墨

谢六逸

到了今天，《言林》已经生长了两年。就上海一地的报纸说，性质如《言林》一样的附刊，能够活到两岁，总算是长命的。因此编者约了几位作家，给我们写了几篇短文章。

当我约稿的时候，我并没有限定题目，可是收到的几篇文章，作者不约而同，都写出他们对于本报的印象，不但是期许殷切，而且过分地夸奖我们。我揣测这几位先生的意思，大约是鼓励我们，要我们再努力奋发，故此时暂不加以指摘，姑且夸奖几句，好让我们自己反省。

两年以来，大家都喜欢到这里来说话，而抢说在先，所说的又大多针对着现实，但仍不脱离文学的风格，因此才能撑持至今日。这是编者最为感激的。

今后的《言林》，永远是年青的，前进的，决不畏惧任何势力的残害。这一点我敢向爱护我们的先进和亲爱的读者报告。

（原载《立报》1937 年 9 月 20 日第二版副刊《〈言林〉二周年纪念特辑》）

两周年的话

了　了

在本报两周年纪念的时候，收到朱人熙等七位先生《论两年来的〈小茶馆〉》的捧场信（我推断他们是为了给我捧场才开的那个座谈会），我的高兴是大家可以想得到的。一个人的劳作得到旁人的赞许，心上自会感到无上的快慰，这一点我丝毫不想掩饰。掩饰是我不喜欢的那一套。不过我另外也要说几句良心话。那就是，如果《小茶馆》在这两年中，真曾对社会大众有过一些贡献，那功绩决不是我个人的，我顶多只能分居四分之一，其余的四分之三全是读者的功劳。

在我写这篇东西时，我的座右就堆着千封以上的读者来函。我想到大家给《小茶馆》的恭维，我不由自己的便想到“一将功成万骨枯”那句名言。

读者写给我的信只有百分之一可以刊出，可是读者并不灰心，信仍是不断的寄来。

有人称许《小茶馆》内容的进步，是我这个老板的功劳。殊不知那仍是读者的来信，推动我前进。我诚实的讲，我给大众的并不多，倒是读者的教导，使我得到了很多的好处。

《小茶馆》中讨论的问题，常常是当时社会中极需讨论的问题，那也是读者的贡献。我顶多不过是给了他们以讨论的便利，完全像茶馆对茶客一样，只是备了桌椅和茶水而已。

由于两年来编这个《小茶馆》的经验，我敢说如果中国言论能够彻底的自由，政府当局只像我这个老板一样的只负一些扶助的工作，叫老百姓能够对国是透彻的发表意见，对国是的推进一定会有极优越的成就。

就眼前的局势来看，“对外抗战”是已做到了，“对内民主”一点，似乎仍有未能放心之处。我愿我个人这两年来的经验，能供当局参考。

至对于读者，我除了感谢之外，无话可说。如一定要我说的话，那就是“希望大家继续推动我共谋前进，以求达到我们挽救危亡，复兴国族的最高目的”！

（原载《立报》1937 年 9 月 20 日第四版副刊《小茶馆》）

本报二周年纪念特刊弁言

本报诞生到今天恰满两年。在两年前发刊的一天，我们曾揭示出发刊的要旨“报纸大众化”，使“大多数国民了解本身与国家的关系”。在这短短的两年中，我们始终遵守这个原则，尽我们能力所及，宣达大多数民众的公意，指出我国应采取的路线。在言论上，在新闻的报道上，我们始终主张“对内和平，对外抗战”，无论环境如何，我们总是尽可能地提出这个主张来。我们同情世界上一切反抗侵略的民族，我们谴责世界上的任何侵略国家，我们对国内的经济兴革、文化建设等等，随时随地提出国防化大众化的要求。我们随时随地提出保障人民自由的要求，无一不是为了促成抗战的提早实现。当然，我们的能力是很微薄的，但我们始终未敢，也没有放松过任何一个机会——只要是环境允许的话。

“中国有一天真要是和外国比试一下时，一定可以得中国国民的热烈拥护。”——廿五年二月五日社论。

“我们只要有一个能战之王，替我们战争，恢复我们的光荣，我们是不辞一切的牺牲。”——廿五年二月廿五日评论引《旧约·撒母耳记》以色列人的呼声。

这都是在十八个月以前的我们态度的一斑，最近一年的固然不必举例，也举不胜举。

今天，我们所期望了两年的“对内和平，对外抗战”，已经由期望，号召而进于事实了。今后的问题，已经是如何“保障抗战的胜利”，和“抗战的过程中应该做些什么”的问题了。所以我们借两周纪念的机会，请许多文化界的朋友，各就专门研究的课题，提供各部门在抗战中应该做什么的意见，作为本报两周纪念对民族对读者的一点小贡献。

此外，我们在两年（前）创刊时所提出的“永久不涨价”的口号，现在物质成本虽比创刊时增加一倍，我们虽因广告减少而节缩三分之一的篇幅，依然谨守两年（前）的诺言。我们认为这也是“报纸大众化”的条件，非万不得已决不增加读者的负担。

我们的能力是极薄弱的，而读者对我们的希望和我们自己感到的责任要比我们的能力要大得多。在以往两年中，我们所以能够有这一点小小的成绩，完全靠读者及同情我们的人的协助，今后我们期待各方对我们作更大帮助！

（原载《立报》1937年9月20日第五版《〈立报〉二周年纪念特刊》）

战时读报感想

茅　盾

现在是第二次了，上海各大报一律减缩篇幅。第一次是在五年前的“一·二八”之战。

也曾问过中人，据说是因为广告少了。这当然是无可奈何的。但平日所有的地方通讯，现在也不见了。以我想来，在此全面抗战的时候，各地可记的事一定很多，可知地方通讯的不见未必是没有材料。

有人说，因为交通不便。但我觉得这不大成为理由的。交通不便，不过通讯迟到了几天而已，不会断绝。

又有一说，地方通讯之所以“不见”，也还是为了节省篇幅，好在地方的重要新闻已有电讯了。不过我也有说，电讯并不能代替通讯。通讯所记，是各地方的一般状况，是经过通讯记者的观察与组织的报道；好的通讯，越是只记些琐屑平凡的“人生”，然而见微可以知著。我们需要的，正是这个。

战事既作，上海和内地的呼吸就受了阻碍，这是不大好的。上海报纸一向是有全国性的；而今实做了“上海”的报纸，我为它这降格抱屈！这是感想之一。

说到节省篇幅，我以为有些“篇幅”是真应该节省的。现在一大张的报，倒有整半张登上海战事消息。然而仔细一看，其中重复处实在不少。例如记昨日罗店方面的战事，既有所谓“本报特讯”，又有“本市消息”，又有标明是“中央社”的消息。内容差不多，不经济，何不截取众长，编写一条呢？这是感想之二。

要说到节省篇幅，则当此时期，上海其实有一种报也够了。那不是人力物力都可以大大节省么？这是感想之三。

但是我也知道这个办法是难行的，因为有人事上的种种困难。然而我尤有浅见，我以为，减缩了篇幅的各报既经照常齐出，似乎可以各就其平日最大多数读者对象之各异而创造其各自的个性出来。我相信社会上各色人等对于此次抗战的认识在程度上是未必齐一的，又各色人等在此次抗战中所能贡献的能力也不是一样的。如果各报能认定某一阶层为其对象，在新闻之外多登些针对此一阶层的教育的和宣传的文字，似亦甚善。这样，虽十报齐出而并无“浪费”之讥了。也许这是纸上谈兵，倘付实行必多困难。但我姑以此为我的感想之四。

总之，我有一偏见，战时报纸，宣传和教育的任务重于报道刻板的新闻。

（原载《立报》1937 年 9 月 21 日第二版副刊《言林》）

爱读者的话

碧　泉

《立报》诞生了两年。它的优点，第一是言论正确，充分发挥了舆论的功能；第二是副刊文字的活泼精审，极丰富的提供了常言之所谓“精神的食粮”；第三是新闻版面的经济，与消息编配的准实。有此“三美”，它能经常的教育读者，也经常的被读者的爱好所鼓励。所以小小一张四开，可以胜过别报的五六大张。它的定价只有一分，而它号召华北抗战慰劳捐款，在三两天内，集合了零星的几角几分，便可成八千的巨数。这就是读者不浪费一分钱，记者不浪费一个字的结果！

（原载《立报》1937 年 9 月 21 日第二版副刊《言林》，有删节）

《国民对日经济绝交讨论专版》编者的话

本报征求读者表示关于国民对日经济绝交问题的意见，几天来收到的信多至数百通。因为本报曾另召开了一个座谈会，凡是意见与座谈会中所谈雷同的，为节省篇幅都割爱了。又凡是作具体建议的来信，如怎样处理存货，检货团体如何组织，需要督促政府颁布何种法令以利经济绝交等，因为上海各界抗敌后援会已设有小组会研究这些问题，所以我们就决定把那些信转给该会作为参考，这些信的不发表也许比发表还有益事实，我们相信读者大约是可以同意这办法的。在最后我们谨向写信来的每一个读者致谢。这一个专刊如能对国家社会有什么贡献时，那我们也要请其他读者注意这全是写信来的读者们的功绩。

（原载《立报》1937 年 10 月 10 日第五版《国民对日经济绝交讨论专版》）

本报告别上海读者

本报从民国二十四年九月二十日创刊，至今天已经两年又六十六天。在这两年又六十六天中，我们始终站在民族的前线！我们的能力固然很薄弱，但是我们没有一天放弃过自己的责任！从大上海沦陷于敌手之后，我们时时感觉到留在上海和上海读者见面已经很困难，但是我们不能不为二十余万的读者着想，我们抱着“见危授命”的精神，在重围中继续出版了十五天。到今天，我们已经不能不暂时和上海的二十余万读者忍痛告别！

我们虽然暂时在上海停刊，我们决不放弃我们的责任；我们也相信我们在上海的数十万读者，虽然暂时不能和我们相见，也决不会放弃他们对民族的责任的！

今天，我们乘告别时一刹那的机会，和读者再谈一谈我们对这次民族抗战的瞻望及信心，和留在上海的同胞今后应该做些什么，应抱什么态度。

（一）对抗战的瞻望与信念

这一次民族革命战争，是历史所赋给我们这一代的神圣任务。敌人的野心是很显然的，非并吞我全国，奴隶我们全民不止。我们不愿祖宗辛苦缔造开发的锦绣河山沦陷敌手，我们不愿意做敌人的奴隶，我们只有抗战到底，用我们的血洗去民族的污点，用我们的血写成新的光荣的历史新页。

这次民族革命战争，从开始到现在已有四个多月。在这四个多月中，我们的确失去了不少土地，牺牲了数十万军民，但是决不是我们失败，我们已经消耗了敌人无数的人力物力，使敌人不得不自陷于淖泥！我们只要看一看六年前敌人不费一弹，不折一兵就侵占辽宁、吉林、黑龙江三省的大部分，就可以知道这次抗战意义和收获的重大——虽然我们在表面上是暂时失利的。我们只要坚决抗战下去，战区愈大，战线愈长，敌人的力量愈分散，所遭遇的困难也愈多。我们必然能获得最后的胜利。

在抗战中我们的确发现了许多弱点，失去了多次可能的胜利，遭遇了不应有的困难，否则我们不会这样容易退却。但是我们不应因此失望，正唯这许多弱点在抗战一发动就暴露出来，所以我们还尽有时间来纠正这些弱点，补足这些缺陷，使真正自由平等的新中国，能在艰苦抗战中诞生起来，发皇起来！

以前，我们多年的准备工作，无容（庸）讳言的是太偏重于军事方面，而仅仅在军事方面准备是不能抵抗强敌，在四个多月的抗战中已经充分暴露出来；就是在军事方面的准备，也包含着不少的弱点和缺点，在这次也完全暴露出来了。在军事以外的各方面，最高当局未尝没有顾到，但负责执行的人未能切实做去，致不能和军事相配合。现在我们在继续抗战的过程中，正可以迅速纠正以前的错误。

在军事方面讲，我们更无庸悲观。欧战后的土耳其，曾退到沙漠地带，用临时招募起来组织起来的民众武装击败了有强力后援的希腊军队，建造了新的土耳其共和国，使列强不敢再正眼看这“近东病夫”。苏联十月革命之后，当时人民所组织的军队，真是所谓“乌合之众”，但是毕竟击败了十四国的干涉军，创造了光荣灿烂的社会主义共和国。西班牙共和政府所武装起来的五十万民众，甚至用博物馆里的陈旧枪械，和法西斯意国、德国及本国的正规军有犀利的新武器的陆军作战，马德里已经守了一年多，还没有被侵略者及叛徒所攻下。我们反观自己的力量，无疑是比战后的土耳其强，比革命初期的苏联强，比西班牙政府更强；而我们的敌人呢，无论在哪一点上，都比不上干涉土耳其，干涉苏联，干涉西班牙的国家。对照之下，我们当然极有胜利的把握的。

我们当然不是为看到土苏西三国的历史而无条件自信可操胜算，我们必须学习人家所以能战胜敌人的教训。我们必须迅速武装民众，广大地武装民众，使广大的人力组织在抗敌战争的最前线。我们必须在一年以内武装五百万的民众，使敌人到处遇到严重的打击！

在国际方面，正随着我们抗战而日益有利于我们。如英国的亟亟调整对德关系，用经济力量使意国就范，其目的都在抽出力量来对付远东；美国的孤立派（主要是和日本有贸易关系的南部棉花商人及军火商人）虽然很活跃，但罗斯福总统的态度是非常坚决的，只要英国能采取积极态度，美国决不会袖手旁观的；至于苏联，如欧陆能够稍趋安定，德国能和捷克缔结互不侵犯条约，对西陲无后顾之忧，则不会推辞其对远东的责任。我们抗战的时期愈长，友邦的援助也必日益具体化。

（二）留沪同胞的工作和责任

大上海是陷落了，但是上海及上海附近还有几百万不愿做亡国奴的同胞。我们相信这几百万同胞是无时无刻（不）会忘掉自己的国家自己的民族的。这几百万同胞，在过去已经为救国家救民族而尽过不少力，捐过不少钱，尤其是大多数的劳苦同胞，所受的苦最艰巨，而捐钱出力也最慷慨而使人感动奋发。

现在，这些热心爱国的同胞一定有许多人感到“惘然若有所失”，他们将不知道怎样贡献他们的力量，怎样尽他们对国家对民族的一颗血心。

果真留在上海及上海附近的同胞今后就没有献身民族献身国家的方法吗？当然不是的。留在沦陷区域以内的同胞，他们所可以贡献于国家民族的力量，实际比未沦陷的时候还要大，机会也更多，他们对于民族所负的责任也更重大，当然工作是格外艰苦。在以前我们可以照我们所要讲的话直率讲出，所要做的事直率做出，但今后就不得不沉住气，一点一点地一滴一滴地干去；以前我们最多只要注意避免内部的摩擦，今后则须时时提防敌人及奸徒的监视。

在整个的民族战争中，我们所以摧毁敌人的主力不是靠我们的武器比敌人好或和敌人相等，不是单靠军队在阵地上和敌人死拚，而是要使敌人作战时处处受到阻碍，使敌人疲于奔命。尤其是在敌人的后方，效力更显得巨大。东北的人民革命军、义勇军、华北的游击队，都曾发生极大的作用。

在沦陷的区域内，汉奸的活动定会日益猖獗的。因为少数的敌人决不能统治这许多的人民，也镇压不尽这许多不愿做亡国奴的人民，它必须用“以华制华”的毒辣手段，利用汉奸来做直接的刽子手。在上海四周，东北伪军的数量就超过日本军队，就是一个明显的例子。在这些汉奸中，大部分是为生活所迫，为权威所胁，他们并没有失去灵魂，只要经过相当说服工作，可以使他们自拨反正的。至于少数已经失去灵魂的人，是随着势力而转移的。如其大家都隐忍着退让，他们的声势就一天天嚣张；如其有群众的力量来对付他们，监视他们，就自然会销声匿迹。为什么大上海沦陷后半个月的现在，还没有傀儡组织出现，就是一个例子。

努力吧！留在上海和上海附近的同胞，每一时每一刻都记着我们的民族，记着我们的国家，每一时每一刻都有献身于民族献身于国家的工作可做！

（原载《立报》1937 年 11 月 24 日第一、二、四版）

《立报》在不同阶段的宣传标语

一、1935 年 9 月 20 日创刊时开始刊登的标语

第一版左侧：必每人都认识本身对于国家的责任　然后才可达到民族复兴的目的

第二版右侧：永远不增价　终年不休刊　凭良心说话　拿真凭实据报告新闻

第三版左侧：欢迎直接定（订）阅　三月只收报费一元　请电九六零八一　即可每早准时送到

第四版右侧：只要少吸一枝烟　你准看得起　只要略识几百字　你准看得懂

二、1936 年 3 月 16 日《立报·晚刊》创刊，自 17 日始刊登的标语

第一版左侧：要知出版以后的今天消息　请看今天下午的立报晚刊

第二版右侧：欢迎直接定（订）阅　三月只收费一元　请电九零八一

即可每早准时送到

第三版左侧：必每人皆认识本身对于国家的责任　然后才可达到民族复兴的目的

第四版右侧：永远不增价　终年不休刊　凭良心说话　拿真凭实据报告新闻

三、1936 年 6 月 1 日取消《立报·晚刊》，添加《立报·增刊》，重新刊登的标语

第一版左侧：天天读报最易增进本身对于国家的认识　故欲民族复兴　必先实行大众化

第二版右侧：报纸大众化是价钱便宜　人人买得起　文字浅显　人人看得懂

第三版左侧：欢迎直接定（订）阅　三月只收报费一元　请电九六零八一　即可每早准时送到

第四版右侧：永远不增价　终年不休刊　凭良心说话　拿真凭实据报告新闻

四、自 1937 年 1 月 1 日始刊登的标语

第一版左侧：天天读报最易增进本身对于国家的认识　故欲民族复兴　必先实行大众化

第二版右侧：报纸大众化是价钱便宜　人人买得起　文字浅显　人人看得懂

第三版左侧：欢迎直接定（订）阅　本市每三月只收报费一元　请电九六零八一　每早即可准时送到

第四版右侧：凭良心说话　拿真凭实据报告新闻　期为消息总汇　时代前驱

附录三：

《立报》重要评论、新闻报道和副刊文章

造潜艇

德国从欧战以后，埋头苦干，一年强盛似一年。就如建造军舰这件事，从前被协约国限制那么严，然而他能建造袖珍军舰。如今，国本已固，于是而有六条潜水艇行编队礼之盛。协约国只有装痴推聋，谁敢去干涉他？德国复兴的如此之速，原因只在德国国民，能吃苦，肯死斗。德国环境比中国更恶劣，而德国国民从死路中打出了活路。中国国民一半唉声叹气，一半嬉笑优游。除了出神赛会看得见纸扎潜水艇型的花灯而外，要想也有个真正的潜艇编队礼，怕不知要等到多少年以后了。

（原载《立报》1935 年 9 月 28 日第一版《评论》专栏）

黄包车夫生涯

沙　飞

虽然我们同是活在这一个世纪里，但我们却能看见人类，是被划分成两个世界的。我想我不必再解释什么理由，来说明这个世界，所以构成两个绝对不同生活状态的组织。现在只在我这极朴质的课题上，努力发掘一点劳动生活的真实的状态，贡献给大家，我想是不无意义的。

昨天早晨七点钟，在那晨雾濛濛静谧异常的马路上，我和一个海门籍的人力车夫王昌明谈了好一会。据他告诉我，他是去年冬天到上海来的，

已经拉了有十多个月的车子。他家里，还有几亩田地，爸爸妈妈还健在，还有一个哥哥。他自己的女人死了，丢下了一个孩子。

他自己在上海的生活情形，据说，住在一个阁楼上，每个月的房钱，只有八角钱。说起来，或者要使你好笑。但是，实际这出八角钱一月的阁楼，单那一层阁楼里，便要挤上十来个人。他们，都是些用血汗筋力赚饭吃的穷伙伴，——他们都是些推小车塌车，和拉黄包车的车夫。

“吃饭该怎么样呢?”

他说，他每天只吃两顿，因为是拉日班的，所以早晨九点钟下班，在家里先烧一点东西吃，到下午三点钟下班以后，再回去烧第二顿饭。伙食钱，每天大约要四角小洋。

问他租车的规矩，他说日班（上午五时至下午三时）是四角三十六个铜子。夜班是下午三时到天亮五时，车租是十二角。

他说他每天大约可以拉块把钱，每年大约总可以寄五六十块钱回去。在这样收入里，他居然能抽出钱寄回去，谁能说是容易事!

据他说，他每天大空余的时间，连出去都不出去，因为三点钟以后，吃了饭，便得睡觉了，否则，明天五点钟，就要爬不起来，自然也不能够连着跑十个钟头了!

（原载《立报》1935年11月1日第四版《小茶馆》之《血与汗》专栏）

望平街上的骚动!

“号外”声浪震全市

【本报特写】像一颗重磅的轰炸弹，投进了这一条“报纸之市”的望平街，虽然时间在上午十时十五分，但是望平街每一个角上都显露了一种特殊紧张的神气。

消息是用了最高的速度在传递，报馆的工作人员，都突然开始集中，然后用了散兵线战斗方法，向各方面去刺探消息。

几十分钟以后，排字房里紧张起来，再一会，报馆的门前，贴出了一张很鲜明触目的“号外”预告，那是：“号外　汪精卫今晨被刺”。

这一颗重磅炸弹使全街都震动起来，报馆门口的闲人，一时愈来愈多，都在伸头颈在注意这惊人的消息。

同时所有望平街上的报贩，都全体出动，轰上报馆里来了，他们都挤塞在报馆门口，站在沿街的马路上，等着号外报纸的出动。

下午三点时分，号外报纸的机器动了，三点十五分，像海水的怒潮，报贩们把号外抢到手，他们几乎用了疯狂的一样行动，用了飞奔急速的步调，把号外的报纸，举得高高地，由望平街上，朝北，由抛球场起，横扫过了一条南京路；向南，由河南路，麦家圈，直通爱多亚路。

他们都用了同一样嘶哑的沙喉咙，高声地嚷着，每句话都是那么激动地刺着你的耳朵：

“要看汪精卫被刺啰！”

街上，人更骚动，更兴奋了，谁都抢过一张报纸，非常激动紧张地看下去。

直到深夜，在静僻的街头，还可以听见“号外”、“号外”的声浪！

（原载《立报》1935 年 11 月 2 日第三版）

大家起来

昨天北平学生游行示威，反对伪自治，要求团结救亡。

同时埃及学生前日亦在埃及示威，反对英人的压迫。两个次殖民地国家中学生的行动，遥遥相应，使我们有许多的感慨。

我们昨天得到平学生示威报告时，立刻就想到五四的学生运动。五四时代的学生领袖，现已多半是政府中的要人了。他们今天对此，不知道有什么回忆没有。五四时代学生运动是成功的，我们相信这次学生的运动，必亦会有相当的结果。

埃及学生再接再厉决不屈服的例子，就很明白告诉我们了。帝国主义的武力只能征服想向他们献媚的无耻官吏，决不能征服爱国的民众，所以国家的命运如何，是只要看我们民众是否醒觉为断的。平市学生，都兴起了。我们愿全国的民众也都起来作他们的后盾！

（原载《立报》1935 年 12 月 10 日第一版《评论》专栏）

回首四年

——光荣的伤痕尚在

天 笑

四年前，全国学生的爱国运动，也在这个时候，也是那么阴沉沉的天光，也是那么冷冰冰的气候，也是那么烦闷忧郁的人心。

那时候，是在“九·一八”已过；那时候，是在“一·二八”未来；那时候，正是强邻日相煎迫；那时候，正是群情愤激欲死。于是学生们是站在群众的前头，发起请愿运动，男女青年，耐着饥寒，不顾生死，以与军警们相挣持。

这是为什么？为了东北的失地。而东北的地，终究是失了。忽忽四年，我们所得的几何？不要再说所得了，即如翁文灏先生所说的一个“守”字，试问我们能守得几何？东北事过去了，一步近一步，现在是华北问题了。

四年后的事，与四年前有些相像。“前事不忘，后事之师。”有几位学生，头上还留有四年前的伤痕。这些伤痕，当然是一种光荣的创痕，但到底是不幸的事迹。我们的历史，要到何年，方始消灭那种学生请愿的不幸事迹？

（原载《立报》1935 年 12 月 22 日第四版副刊《花果山》）

欢迎笑匠

这被称为含着泪的笑匠卓别麟（今译卓别林——笔者注），已于昨日初次来到上海了。不论老少，不问男女差不多谁都在银幕上见过他，见过这使人忘却一切忧愁的喜剧大明星。他会使你破涕为笑，会使你在苦难中获得安慰。那在银幕上穿着破鞋拿着手杖的“卓别麟”，就是一个人生的幻影。他是一个弱者，他常常被欺侮，被揶揄，被人当作取笑的资料。我们现在同样是弱者，被欺侮者。在这种万难交集的时期，笑匠来到，我们市就只好对他作一个含着泪的同情微笑，算是我们对他的欢迎吧。

（原载《立报》1936年3月10日第一版《评论》专栏）

抗 ×

小记者

以“少女打洋伞”作商标现在都犯了忌讳了，因为它含有抗×的意思。

这样说来，中国人将来造房子，戴帽子，等等的行动，不是也都将成为犯抗×的忌讳了么？

天津的环境，不错现在是已仅次于东北，可是他总还没有被人吞并，如今竟已有了这种事情出现！

将来中国亡了，中国人的头长在颈子上，不是也许要被指为抗×么？

（原载《立报》1936年5月24日第三版副刊《小茶馆》；另“小记者”即“严谔声”）

想到就写

玉 平

十几天以前报载天津北马路国货店售品所批发部，因为发售“少女张伞”商标汗衫，某方认为有抗×嫌疑，上月廿一日晚竟派员前往搜索，并架去职员赵楼萼、李俊杰二人。

看了这段消息，无端使我想到清初的文字狱上去。历史上因异族入主而发生的文字冤狱，如果勉强看为因知识分子发泄悲愤而闯来的祸亦未尝不可。但是以绝无用意的“少女张伞”商标，而认为与咏黑牡丹诗“夺朱非正色，异种亦称王”者同样待遇，则这花样只有在民国廿五年才看到，历史上无此先例。

新文字狱以杜重远先生开始，继之者则近有留东同学某君。听说某君参观了“国防纪念馆”，看到许多沪战“胜利品”，回来就写了一首诗，因为有“这是弱小民族的血”之类的句子，于是就尝到东洋文明监狱的滋味。“支那人”的生命无论在“帝国”或“××”，原来是一样的无保障呵！

从这些我又想到近来报纸上盛行的“某方”、“××”等花样，如以“少女张伞”商标为例，则“某方”或“××”之类的寿命也许不会长久的。将来的趋势，大概写文章的人连“太阳渐渐沉下去”或者“那横剖面的鸭蛋”这些句子都不能用了。“伞”这种东西也只许在雨天用，在有太阳的晴天则永远视为禁物。

到了这个地步，也许太平就能无事么？

（原载《立报》1936年6月10日第二版副刊《1936言林》）

这是第五次了

了　了

今天已又到了“九·一八”，我们纪念这个日子现在已经是第五次了。

说到这里，我想凡是中国国民，大约没有不痛心的。我们在过去第一次，纪念这个日子的一周年时，大家都希望明年我们就没有了这个纪念，可是不但第二年仍旧有，并且取消这个纪念的希望，是一年比一年小了起来。有心人谁能不难过？

这个纪念我们难道希望它永久存在么？我想我们的同胞，大约没有一个人肯。不过不要口里说不肯，必须事实上有计划有步骤定出来才行。

前几天有一个朋友由北方到上海来，他在“九·一八”前是在东北住过的。他和我说，我真在北方住不下去了，因为那里的情形，有许多是太像“九·一八”前的东北了，甚至有的地方或且不如。

一切都是人家的势力可以左右。东北在“九·一八”前，就像放在人面前的一个苹果，那个人如果想吃，随时都可以拿起来吃，结果是已被人吃下去了；现在，北方简直变成了第二个苹果。

在这种情形下我们谈到计划，当然是先保持这第二个苹果要紧。第二个苹果可以保持了，然后才能谈到叫已吃下去第一个苹果的人吐出它来的问题。

但怎样才能保持第二个苹果呢?

依我的意见，目前有一种现象对保持这第二个苹果很不利，非改善不可。那便是有许多有识的分子的想离开第二个苹果，希望可以免去人家吃它时不受影响。这种行为等于是精神上的退却，万万要不得。我们不但不应想离开，且应走上前去。有识的人走上前去，可以叫汉奸后退，可以叫想吃的人有所顾忌，这是对保全有极大关系的。

所以在今日我们纪念这个日子第一点是应当提出北进，反对南下。北进我们能够站稳，第二步的希望，就是进一步了！

今年已是第五次纪念“九·一八”了，我们竟输到要提倡北进，这当然是很可悲。但是只要北进成功，希望就未消灭，大家努力吧！

（原载《立报》1936年9月18日第三版副刊《小茶馆》）

一日贡献国家运动

五年以来的国难，到现在已成什么状况，大家都已明白；对方所怀抱的目的，必然使我们的整个民族，整个国家不能继续生存，大家也都已明白。

国家的存亡利害，就是全国人民的存亡利害；人民要保障自己的生活和安全，就必须群策群力，维护整个国家整个民族，使不受任何损害。在今天，全国的人民没有一个不愿一心一德共同负起挽救危亡的责任，为挽救危亡而牺牲。

两国外交当局的谈判，虽然继续在进行中间，但是，我们深深地明白：除非对方能根本改变态度，不是表面上的缓和或暂用较软的手段，我们就只有以全国的国力，不怕任何牺牲，保卫国家领土主权的完整。

本报发起“以一日贡献国家运动”，各人以一日薪给所得，资助国防，为外交作后盾。我们相信国人一定会诚意地赞助推行的。

在今天，我们相信政府一定能与全国国民一心一德，共同负起挽救危亡的责任，不避艰危，恢复领土主权的完整的。

我们还相信：在恢复领土主权完整的实行行动开展后，全国人民，不要说以一日薪给国家，就是一个月二个月也一定忠心悦服的。

（原载《立报》1936 年 10 月 22 日第二版《评论》专栏）

不要忘了绥远

恽逸群

自“西安事变”发生后，各地人心惶惶，好像发生了空前大祸一样，而将绥察抗敌战事，搁置一旁，反不再关心。我们认为当前的民族危机，仍在华北的得失，并非西北的事变。

第一，我们要知道“西安事变”的性质，并不十分严重。此次异动部队的标榜，以对外问题为中心，如果出于诚意，则中枢屡次昭示国人的外交方针——如蒋委员长于二中全会所报告，以事实昭示国人，则化异为同，决无人敢挟师自重。如果纯出假托，则陈济棠的覆辙，不难再见于今日。

第二，绥察战争关系民族存亡。在“西安事变”之前，前线国军得全国人民的援助、鼓励，屡次击败伪匪军队，乘胜逐北，屡复要区。但是敌人增援入寇，激烈的战事，正相继而来。倘我军不能摧败强敌，肃清察北伪匪，则前此各战役中我英勇将士所不惜牺牲生命以取得的胜利，无异虚掷。如万一不幸而前线受挫，则损失更不堪设想，黄河上下游各省，都有遍受敌骑蹂躏的危险了。

所以，现在我们认为当前唯一的急务，为继续不懈地积极援助绥远守土抗敌的将士，使他们在“西安事变”之后，绝不受到一些影响，能继续不懈的追击敌人，收复失土。至于“西安事变”的前途，全国军心民心，向背极为分明。我们相信不难迅速解决，无庸惶惶忧虑。

（原载《立报》1936 年 12 月 15 日第二版《评论》专栏）

中国决不会作西班牙

恽逸群

自“西安事变”发生后，一部分舆论颇有以将演西班牙内战惨剧为忧虑的。我们以为这种忧虑，实在过虑。我们从各方面的情形来观察，可以负责对国人说：中国决不会变成西班牙第二。

“西安事变”并不是什么严重问题，我们昨天已经讲过。根据昨晚所得消息，我们愈觉这个观察不错。

在中国，今天只有对外问题而没有对内问题。在对外问题上，全国军民已早有一致的认识与要求，如果有人违反这个要求，必然会引起全国军民的反对。如果有人要利用这个对外要求而掀起对内的争端，更必为全国军民所共弃。在对外一致（就是有人要不一致，在事实上决无此可能）的条件下，什么问题都可迅速解决，如西南事件中陈济棠的出走和广西的和平解决，就是最好的先例。

又此次“西安事变”，并无国际背景，可从苏联报纸一致斥责张学良破坏国府抗敌统一战线一点上，明白看出。

这两个最明白的例证，可以看出，与西班牙的完全为了对内问题，和叛军显受外国指使的情形不同。何况全国的军心民心，决不允许任何人在强敌入寇的时候掀起内战，又哪里会变成西班牙第二呢？

（原载《立报》1936年12月16日第二版《评论》专栏）

特赦与大赦

“西安事变”的主动者张学良，自到京待罪，经军事委员会高等军法会审判，处徒刑十年之后，蒋委员长即呈请国民政府特赦。大概在新年休假期满，后天国府召开会议，即可核准特赦，“以观后效”。

在国难严重万分的现在，我们正应集中国内的一切力量，以共同对付最主要的敌人。尤其是人才，只要他有一技之长，应该使他能充分应用到救国工作来。我们不仅对蒋委员长的呈请特赦张学良，表示无限钦佩，并愿竭诚向国府吁请，在讨论特赦张学良之余，能马上决定“大赦全国政治犯，及一般刑事犯的减刑、免刑”。

在庆祝蒋委员长寿辰的时候，我们听到有不少监狱里的犯人，绝食捐资以购机；在绥东战争发动之后，我们又听到全国有不少监狱里的犯人，绝食捐资，援助前敌的将士。可见那里身受国家刑法剥夺去自由的同胞，是如何地念念不忘国家，爱护国家！在这个国难严重的关头，国家最高机关如能采取极宽大的态度，使监狱里的同胞，也有机会参加共救危亡的工作，结果一定会收着“后效”的。

（原载《立报》1937年1月3日第一版《评论》专栏）

安定陕甘的第一着

关于“西安事变”的善后事宜，本月五日行政院已有决定，陕甘军政人员的调动，并见于前天的国府明令；今后陕甘军政，国人均以为当可从此恢复常轨。但近日道路传言，潼关以西，隐忧尚多。如所传果确，的确又是一个非常值得注意的一件事。

我们认为全国的军人，在今天应该已经认清自己是国家力量之一，历年受国民血汗的供养培植，应该在统一指挥之下，把任何一滴一点的力量，都用到保障领土主权的完整上面去。如其对这一点都没有觉悟，就是自绝于国人，无论他有多少实力，一定会“亡不旋踵”。

我们认为在这一个铁则之下，所谓潼关以西的隐忧，一定可以马上消散净尽。不过我们以为当前安定陕甘的先决条件，第一就是恢复陇海路西段的交通常轨。一面既可使滞积待运的陕棉，能够迅速运出，使关中经济可以稍苏；一面藉往返之便利，使关中军民尽喻中枢德意，而中枢也藉此可以尽明真相。一转移间，在全国人民督责之下，则“隐忧”自可烟消云散。而陕中军政人员，倘不愿自绝于国人，当必先使交通迅速恢复，以慰国人，以谢国人。

（原载《立报》1937年1月8日第二版《评论》专栏）

静安寺路跑马厅前

新华公司《夜半歌声》电影广告吓死女孩

邱金珠来自乡间看到就受惊

回家只三天药石无效离人间

市联会函请工部局取缔该广告

舒宗侨

【本报特写】自今年旧历元旦起，本埠静安寺路跑马厅前出现了一面高大而动人的广告板，那是新华公司恐怖影片《夜半歌声》的广告，广告上有绘着一个魔鬼式的巨人，伸着两只巨掌，披着黑衣，随风摇动。旁边是一个擎着蜡烛的老太太，挟着一个披发少女。这，的确是一个很动人的恐怖广告。凡是走那儿经过的人，都得化一两分钟驻足看它一下。

昨晚八点钟，记者走过那块广告，在夜雨淅沥之中，有几十个人站在那块广告前，对着它指手画脚。这块广告已弄了好久，为什么这会这样引动人的注意？记者正在奇怪，又看见一个中年妇人在凭着铁丝短栏失声地痛哭着。问问旁边的人，她为什么哭，说是她的孩子被这块广告吓死了！

广告会吓死人，这也只有上海有？记者为知道详情，便问起这事的经过。她哭诉着告诉记者，她有个女儿叫邱金珠，今年才十一岁，上星期四（四日）和她的父亲从静安寺坐电车来，在这儿下车，看了这块广告大吃一惊，回到家里，第二天就病了，第三天早晨送到普爱医院，上午十一点钟，死了！

那妇人边说边哭，一而又望着那块吓死她女儿的广告。她的丈夫许嘉梁，是第一特区市民联合会的委员，华美牙医钟表店的主人，住在东熙华德路邓脱路口八五五号。记者看她哭得伤心，就劝她回去。这时他的丈夫邱嘉梁也来了！邱君就告诉记者："那天是从忆定盘路来，本想在先施公司下电车，因为那孩子刚从乡下到上海两个月，我就带她在这儿下来，顺便一路好看看。她一下车，就看到这广告，大骇一跳。走到新世界前，她说：'爹啊！格面个人我吓来！'（他们是宁波人）当时我也没有留意，后来玩玩就回去。到第二天，她就昏昏欲睡，头上发热。家里的人，以为是通常发寒热，也不去注意。到下午热更厉害，嘴里不断地喊着'怕啊！怕啊！''那黑人又来了！''哎呀！我怕……'她喊的时候，手还不停的摇动，像广告上那人的动法一样。星期六早晨，我看看不对，就请个中医来看，医生说：'病是没有，不过脉快停了，要赶紧送医院。'于是一大早把她送到普爱医院，由秦医生慎重看过，当时还以为是害脑膜炎，就用针管在身后抽水，她还是未见转好，十一点钟就死了。"

邱君又告诉记者，他一共有三个男孩，两个女孩。金珠是大的一个。他说："我是否对新华及金城提出法律交涉，尚未决定；不过，这种广告实在做得太过火了！我不是为自己，为了避免其他同样事件发生，我已向市联会提出，向工部局交涉，把这广告撤了它。"这事市联会已决议函请工部局取缔。

（原载《立报》1937 年 2 月 11 日第三版）

纪念“上海节”

十年前的今天，是上海民众肃清直鲁军阀残余势力的一天，是国民革命军到达上海的一天。十年以前的上海，在北洋军阀孙传芳、张宗昌等的蹂躏之下，人权完全被剥夺，李宝章大刀队的威风，在十年后的今天，想起来还使人留着深刻的印象。所以民国十六年三月廿一日国民革命军到达上海的时候，沪上人民，无不欢呼鼓舞，以为从此可以出水火而登衽席了！

十年以来，上海的民众究竟得到些什么呢？最重要的一件事，自然要说到“一·二八”的淞沪战役。上海市民所受日本军队的屠杀蹂躏，不用说比十年以前北洋军阀所加于上海人民的增加千百万倍。北洋军阀统治上海时的陈迹，已经不容易看出，而闸北一带日军炮火下残垣瓦砾，到今天还触目皆是。同时上海人民也充分发挥其能力，对于抗日将士尽输所有，使绝无后援的十九路军、第五军，能够支持到三十余天。

其次，上海是全国的经济中心、产业中心、文化中心，作各种活动的人，都以上海为中心。所以十年来，在上海被杀的人也特别多。自政治家、事业家、著名学者、青年学生、工人、店员，以及贩夫走卒，或因反动被杀，或因正动被杀，甚或连自己也不知道是正动或反动而结果也被杀，数目多到没有人能计算得出。

今天，我们希望纪念“上海节”的人们，深刻地想一想十年前后的上海的重大变故，努力于团结御侮的工作。我们要知道上海人民将来所要担任的艰巨使命，必十百倍于淞沪战役。全上海的三百五十万人民，必须一心一德，立即准备负起十百倍于淞沪战役的艰巨工作！

（原载《立报》1937 年 3 月 21 日第二版《评论》专栏）

二十年来的国耻

“五九”是大家都认为是国耻的，因为袁世凯承认了日本帝国主义所提出的二十一条件。每年今日，终是大家把袁世凯骂一顿，认这件事为中国的奇耻大辱。其实，在现在看起来，二十一条件，至少已经算不得“奇耻”！因为“九·一八”以来我们所受的耻辱，已经比二十一条件的空条文要严重无数倍；而且二十一条件，虽然经袁世凯承认了，但除旅顺、大连的租借地被日方强延年限以外，并没有履行。比起虽没有经过承认手续的东四省等等的沦陷，和经过局部承诺的“淞沪”、“塘沽”、“何梅”、“秦土”等协定所受的损失，已经是“小巫”见“大巫”了。

所以我们今天要纪念国耻，不应仅仅着眼于二十一条件，而重视今天所亲身受到的耻辱。我们最低限度的要求和决心是马上废除屈辱的“淞沪”、“塘沽”、“何梅”、“秦土”等协定，进而迅速收复东北四省的失地。北京政府的外交部尚能于民国十二年三月十日声明废止二十一条件，我们相信我们的政府必然远非泄沓敷衍的北京政府所及！

其次，我们检讨民四中日间从一月到五月初交涉的经过，确实觉得当时外交的技术上，有若干点确未可厚非，但是结果呢，因为当局目的在保持自己政权，终于受了丧权辱国的条件。这也是值得体念的教训！

（原载《立报》1937 年 5 月 9 日第二版《评论》专栏）

中日关系好转的先决条件

日本驻华大使川越茂昨天到上海了，据他对新闻记者谈“中日调整国交，现在还不到时候”。这句话的确是不错的。但是川越茂所说的所以现在不能“调整”的原因和他期待着的可以调整的条件，不能不说是完全错误。

川越茂说日本需要重新认识中国，并不是为了以前的认识错误，而是现在中国的形势有一些变动；可见日本对我并没有根本的认识，也完全没有纠正以前的认识错误——以为中国可以服服帖帖地做它的殖民地的错误的决心和勇气。根据这种认识，所以川越茂会说出那种“要中国人认识东北华北为日本生存和发展的必要”的蔑视中国的失态的话来。

川越茂的谈话中有一句话是很准确的，就是“中日关系的好转，是两国国内问题”；但他所说办法也是根本错误的。中国的根本态度的确如中政会主席汪兆铭所说“是抗日而非排日”，而所以要“抗日”的主因就是为了日本侵占了我们的土地，蹂躏了我们的主权。我们在恢复了领土主权完整之后，当然就无需再“抗日”，日本人民能纠正国内实际统治者一贯侵略中国的胡干，使中国迅速恢复领土主权完整，自然中日关系就可以好转。

照中日两国的客观环境讲，本来应该合作，也有合作的充分可能，但合作的先决条件，必需在双方平等互惠的立场上。在中国的领土主权没有恢复完整的时候，当然无从“好转”，更谈不到什么“合作”。这是全中国人的基本认识和基本工作，全中国人也正为这求生存求解放的基本工作而努力，希望川越茂和一切日本人士认识清楚。

（原载《立报》1937年6月30日第二版《评论》专栏）

邹韬奋夫人含着眼泪的话

如果就那么随便的判罪
无非证明法律全失效用
小女孩病中要爸爸

【本报特写】昨天记者在七人家庭中，又继续访了一位邹韬奋夫人沈粹缜女士，当记者和她见面时，她还没有用早饭，是穿着晨衣，正在收拾屋子，而她的三个孩子，却早就到学校去了。

“这几天辛苦了吧？”记者开始问。

“还好！”她平淡地说。

“开审的结果究竟怎样？听说有保释的希望？”

“也很难说，我们现在一点消息也没有得到。”

“那么，难道孩子们不希望他们的爸爸快点回来么？”

“自然希望着，我讲一件事情，你就知道了。前几天，我的那个小女孩生病，她在床上，总是含着眼泪说：‘母亲！我要爸爸！’”

“后来怎样办呢？”

“我说，我等她病好了，带她到苏州去，她就快活一点。”

“是的。”记者感喟着。

“……”沈女士含着眼泪，半晌没有话说。

“胡子婴（章乃器夫人）回来没有？”记者暂时把话题拉开。

“昨晚大概回来了。前晚，她太疲倦，所以留在苏州。”

“听说，那天临时禁止旁听，你们都大闹？”

“是的，法院真是太不讲理，所以就像李太太（即李公朴夫人张曼筠——笔者注）那样的人，也禁不住放声哭起来了！”

“呵！这件事……”

“这件事，真是太不应该哪！”

“是的。”

“但是，如果就那么随便判罪，无非证明法律已完全失去了他的效用。”她根据赴苏的经验，在感伤之后，毕竟发生了一番有力的补充。

此外，再谈到邹先生的个人生活。她说：他在家固然不曾有过片刻的休息，在狱中，也还是不断地努力写作，已成的书有《经历》和《萍踪忆语》。不过，都须等他出狱，才能和读者们见面。

（原载《立报》1937年6月19日第二版《沈钧儒等案停审中七人家属访问记》之三）

“七君子”的态度

樵

“救国会案”中的“七君子”，自开始尝铁窗风味以来，大家在看守所在法院做了难兄难弟，大家碰到谈话总是哈哈大笑。

七位中以沈家长的年龄最大，是六十四岁。他们都以家长称呼他，但他并不以家长自居。最小的是史良，卅四岁。在被审判时，这几位的态度都很安详落落，没有一点以犯罪人自居的样子。沈家长到底是律师界的老前辈，讲起话来，不慌不忙，有条有理，一点没有火气。章乃器说话有学者兼政治家的风度。邹韬奋虽然是文人，而态度很倔强，他反驳检察官说：“这意见牛头不对马嘴，我莫名其妙。”真够凶的。王造时完全不脱大学教授的味儿，有时未免长而无当。李公朴说话声音很高，手总是摩着胡子。沙千里喜欢背着手，答话还稳健。史良常是面带笑容，可是厉害起来似乎比其余六人都要来得厉害。检察官说他们污辱检察官，她却说检察官污辱救国会。总之，这七位先生，虽各有千秋不同，但态度和平坚定是一样的。他们的供辞，有时像琴声，委婉动人，有时却像迫击炮弹，打在每个人的心上。

（原载《立报》1937年7月2日第三版《花果山》之《救国罪案花絮录》之四；另“樵”即“舒宗侨”）

韬奋有阔汽车了

樵

韬奋本来是上海出版界中一位埋头苦干，不大管闲事的文绉绉人物，这次他被押在苏州以后，却变得比在上海活泼天真的多。在看守所里，他是一个笑话很多的人。在上月廿五日开审的那天，他们正吃过午饭，站在刑事候审室门口向外闲望。李公朴发现院子内停了一部一九三八年的漂亮汽车，他就说："这部车子倒不错，恐怕是院长的吧？"

韬奋接上去："嘿嘿，我就是院长，刚才我就坐了这部车子来的。"说着还大拍其胸脯，显出得意的神气。

李公朴"哦？"了一声，也不说什么了。晚上开完庭，大家"归号子"（回看守所），韬奋又踏上那辆院长的汽车，李公朴狠狠的望了他一眼，好像是说："好，老兄又做院长了！"但是韬奋却装没有看见，"呜"的一声，汽车就窜出去了。

（原载《立报》1937年7月3日第三版《花果山》之《救国罪案花絮录》之五）

华北危机更深刻了！

廿九军在宛平的抗战，的确使全国人民万分感奋，我们从华北近半月来的现状观察，很可以看出"卢沟桥事件"决不是单纯的偶发事件，而是一贯的有计划的侵占整个华北的暴行的开端。最近因为冀察当局不肯签订建筑沧石路的丧权合同，日方就亟亟企图使冀察"冀东化"，从日本军部和外交官的口中已明白表示出来，而汉奸浪人的企图掠夺北平，尤为众所共知的事情。所以，七月七日夜间卢沟桥的炮声，实在是六年前"九·一八"沈阳北大营炮声的第二度的"演出"！

如其把"卢沟桥事件"看作地方问题，希望它"大事化小，小事化无"地委曲求全"和平"解决，完全忘记掉"九·一八"的教训，我们相信只有汉奸或准汉奸才会如此看法。只有汉奸，和接受汉奸理论的人们，才会把民族危机估计得很低，不愿人民知道真相，以便敌人在不知不觉间攫夺中国的领土主权；廿九军将士的守土抗战，就刺伤了这些汉奸的心！

现在"卢沟桥事件"是暂时解决了，报纸上显出"两军同时撤退"的字，是如何的痛心！两军怎样退出法？退在国境线上吗？同胞们：华北的危机更深刻了！我们应该继续努力，恢复冀察的主权！没有抗敌即抗的决心，就没有什么准备可说！

（原载《立报》1937年7月10日第二版《评论》专栏）

六年来的教训

恽逸群

从民国二十年九月十八日的沈阳事变到现在快要六年了。这六年来血的教训，只有丧心病狂者或白痴才会轻轻忘掉，也只有丧心病狂者或白痴才会受过这样血的教训而毫无觉悟。

“九·一八”事变之后，我们曾经迷信过国际援助，而自己放弃自卫的天职，一再向九国公约签字国哀求，向国际联盟哀求，结果是一省省领土的沦亡，东北三省之后继之以冀东，再继之以内蒙。可怜在外国人心目中的中国人，只有在淞沪抗战的时候还像一个人！在长城抗战的时候，在热河不战而陷之后，国际的反响就不如“一·二八”战役了。

在“九·一八”以后，据说我们是因为准备不够，所以不能奋起抗战。要准备多少时候呢？据说是二年，是三年，是四个月，是七个月。二年过去，三年过去了，四个月，七个月也早过去了，而卢沟桥战事一起，前线竟丝毫没有救伤的设备，这又是谁的责任？

据说不能抗战的原因之一，是国内没有统一。但是几年来努力的结果，全国的政治、军事，早在“完成抗战的准备”的大前提之下真正统一团结了！今天，全国人民对政府信赖拥护的热烈，在中国历史上是空前的。为什么？当然是因为相信政府能领导全国恢复领土主权的完整。

蒋委员长说，今天的北平，可以变成昔日的沈阳。则将来的南京，何难不变成今日的北平！如其敌人要平津，我们退永定河西；敌人要河北，我们就退黄河以南；敌人要长江流域，我们是不是退珠江流域，还是到云南、贵州、四川去呢？请记住：我们不能像南宋那样作偏安于小朝廷的梦想；日本帝国主义也不是女真，决不容我们如宋高宗、秦桧那样苟安半壁，日本军阀也不需要我们向他“称侄”、“称臣”！

（原载《立报》1937年7月27日第二版《评论》专栏）

抗战中市民之责

上海的大战开始了，这次我们已不再“挨打”而出以自主的战斗，当然胜利是非常有把握的！但是我们必须明白上海的战争的胜负对长江流域是有决定意义的，敌人决不会轻易放手。我们固然希望能在极短时间内廓清长江和黄浦江中三角洲内的敌军，但是我们不能不预备在长江黄浦三角洲上作持久的决斗！

在这种神圣的决斗中，主要的力量当然在军事方面。我们认为只要不再如“一·二八”时候的上当——我军一度胜利，即由领事团出来调停休战，等日本援军开到后，我们再等着挨打——我们是绝对有把握的。我们先讲民众应尽的责任。

第一，应该马上断绝和敌人的一切关系。在今天如还有人以物质资助敌人，或为敌人服务，不论他所持的理由如何，都是十足的汉奸。在“一·二八”的时候，敌军采办不到食粮，竟会有人采办好了送给他们。在今天我们固然相信决不会再有这样公然卖国事情做出来，但不为服务，断绝一切经济关系的行动，应该扩大到一切敌国人士！

第二，对汉奸要严密检举，严厉制裁。这个工作，应该迅速动员全市民众起来严密执行这个工作，如有人以物质供给敌国人士，应立即逮捕严惩；对于为敌人服务的，应限令马上退出。在平时，我们固然可以守“与其杀不辜，宁失不矜（经）”的原则，但在战时，我们就不妨反其道而行之，以对付汉奸！对一切物料食粮的运输，应立即施以严密统制，运输者应负责将往返地点报告指定机关，在起运时应由指定机关发给证明，始准运输。

（原载《立报》1937年8月14日第二版《评论》专栏）

应战的时候到了

恽逸群

在这两天的报纸中，我政府照会九国公约签字国及苏德声明立场，和英美将调停中日此次纠纷的消息，占去了不少地位，但我们希望这种消息，在全国上下的心中，却不要占去任何地位。“九·一八”后，我们依赖国联，信任公理正义在国际间存在的教训，是丢了四省。“一·二八”之役，我们接受列强调停，是给了我们的敌人以增援的机会，造成了淞沪停战协定的签订。国人如不善忘，自不应再信任这一套。

国家和个人一样，是要靠了自己的奋斗，才能生存的。列强的关心中国，决不是不愿意我们再失领土主权，而是怕损失了他们自己的所谓“权益”。所以中国今日要生存，决不能再徘徊因循，只有发动保卫领土主权的抗战之一途。

中国是酷爱和平的国家，决不“求”战，但遭受侵略则不惜“应”战，这种态度是很对的。不过说要“应”战，现在也已到了应该“应”的时候了。

如果日方有和平的诚意，廿九军撤退，日军为何不撤回丰台？何况日军不只不撤，援军且源源而来；此外如强占天津车站，丰台赶筑工事，拉民夫，掳骡马，建机场，运军火，显然是在准备大战。我们看着他们在我们的领土中备战，竟仍视若无睹，一定要等他们准备完成来打我们，我们才去“应”，天下宁有是理！

我们要高呼“应”战的时候已经到了，速停止一切委曲求全的交涉，发动神圣自卫的抗战！

（原载《立报》1937年7月19日第二版《评论》专栏）

在敌机轰炸下战地两日历险记

舒宗侨

【本报战地记者特写】在战云弥漫中，记者于十八日正午，离开闸北赴真如、南翔、昆山等地视察，目睹日寇以飞机炸弹虐杀我无辜民众的残暴情形，并轰炸战地病院，但各地民众尚能力持镇静，士气异常昂奋。兹将两日所见各情，分志如下：

真如东南医学院，“一·二八”曾被日军炮火轰毁，十八日晨五时许该院几全部被日机炸弹轰平。东南医学院于战事爆发后，改为伤兵医院，由东南师生担任救治工作。十八日轰击时，幸所有伤兵与救护人员、学生等事前已迁出，只死校役一人，轻伤三四人。记者到真如时，曾往凭吊遗迹，见所有建筑尽成灰烬。闻在日机轰炸时，院内曾发现汉奸一人，手持白旗，在飞机经过时频频摇旗，作为目标；事后即被捕，送警备司令部究办。当日下午一时，日机又往掷弹一枚。至暨南大学，未被波及。

在赴昆山途中与江南医学院最后一批学生同车。记者问一个宝东籍女生怕不怕，她说：“我不怕，飞机来时我正睡在梦中，有人喊我，我还叫她不要吵，直等到炸声响了，我们才出来。这有什么怕?”说时高兴极了。

经过南翔后，很快的就到昆山。记者首先去参观红十字会的伤兵医院，在那儿住了五六十位为保卫疆土而负伤的战士，他们都受的是轻伤，精神很好。和他们谈起前方作战状况，没有一个不是眉飞色舞，兴奋异常。他们恨医药的效力有时太慢，不能很快的给他们以再度杀敌的机会。他们需要立刻再回到前方!

在这医院中，每天有两个外国教士去慰劳他们，因为这两个教士家里有医药设备，纱布等等都拿到他那儿消毒，伤兵都到那儿去洗澡。

晚间，记者到街头巡视，见军警警戒很严，民众组织也很严密，外来人员较难寄迹。防空也有准备。

那天有日机多架，飞昆山掷弹，轰炸昆山站附近铁桥。那儿停了六只逃难的民船，结果有两只被炸翻，四个人的肚肠飞挂桥头，铁桥微受损伤。

最近两三日来，日军因为前方战事不利，拼命想用飞机扰乱后方，每天派了三架至十余架飞机沿京沪路一带去侦察，掷弹；掷弹，侦察。仅仅掷弹还不够，再用扫射，它们的目标尤注重破坏我们的铁路、公路、桥梁，以至于我们的伤兵医院。

记者于清晨三时在月光曦微中，离开医院向昆山进发，在途中遇着大队向前方迈进的健儿，他们带了新而精锐的武器，很雄壮的挺进。

距昆山五里有个小镇，依山靠水，风景怡人。和该处乡下人谈到这次战事，他们知道我们被迫和最大的敌人——日本拼命，无所用其疑虑惧怕，也不想到“逃难”。“逃难”有时就是“送死”，他还举了十八日敌机炸民船的事作例子。在这儿的乡下人，大家都很安闲，一大早就各自捧了碗在吃饭；飞机来时，为了好奇心的驱使，也出来看看热闹，看到了炸死难民的惨状，他们认为是太残忍了！

乡女早晨为记者预备了一顿稀饭、咸菜的早餐，静候光明的到来。有几个女学生正在水牛车棚中唱着救亡歌曲。

上午十时，记者由昆山回到南翔，那儿无处不是冷静静地。可是没有两分钟，天空情形忽地紧张，地面状况亦陡形严肃，有一架敌方侦察机在天空出现。记者当时很快的卧倒在潮湿的田地上，以绿叶遮住身体，一会儿敌机过去了，田里就爬出一个个的人来。

日机曾在昨晨在南翔投弹十余响炸毁伤兵医院。下午一时，侦察机去后，接着又来三架轰炸机，在南翔上空盘旋，后来愈飞愈低，几与瓦屋齐高。记者知道它一定要丢几个炸弹才肯走，在这危急万分之时不能不暂时躲进民房，蹲在方桌下。有的人是伏在地上，偷偷地望着天空。忽然机身愈逼愈紧，愈飞愈低，几至掠顶而过，接着是“轰”的一声，房顶上的木屑一起震掉下来，房屋好像摇动了一下。炸弹声后，又是一阵机关枪扫射响声，炸弹的爆发地点好像就在门前。几个人的脸都发白了，但是还是闭着气息，不发一声。可是不到一分钟又来了，先是震耳的一声，跟着又是“轰”的一声，爆发地点，也许更近。记者想假设再来一次，简直是没有生望了。正在想着，鬼东西又逼进地面，“轰”的一声，头上好像出了一阵冷汗。过了三分钟，机声渐渐远了。鬼东西走了，大家都从桌下爬出，吐出一口闷气。

出来以后，又两次遇到敌机，但未掷弹。记者旋由南翔回上海，无车可乘，步行廿里抵真如，再转车回到上海。

（原载《立报》1937年8月20日第二、三版）

野蛮的兽性全暴露了

日本帝国主义的狰狞面目，无耻勾当，在这次淞沪一带的战争中已经充分的暴露无遗，如屠杀红十字会救护人员，炮击美舰，扫射英大使，轰炸北新泾平民，经常轰炸遣送难民离沪的车辆船只。昨天又炸毁沪杭路列车，致死伤平民七八百人。一切非人道的举动都应有尽有地干出来了！在日本帝国主义的心目中，本来早就没有什么人道公理，所剩余的仅野蛮的兽性而已！灭亡全中国，屠杀尽不愿做奴隶的中国人，是日本帝国主义的一贯国策。它当然不管谁是战斗员谁非战斗员，可以屠杀能够屠杀，就决不放过。

这不是今天才发生的“偶发”事件，不过在今天更可以使一般幻想可与日帝国主义（不是日本人民）“和平相处”的人们，幻想受日本帝国主义“提携”的人们，幻想日帝国主义会“适然而止”的人们，醒一醒迷梦。

在另一方面，也可以看出日帝国主义在侵华战事上的毫无进展。就空军方面说，敌人最初企图破坏我们空军根据地，结果到处被还击得七零八落。现在时常袭击无抵抗的平民，足证它已无能为力。在淞沪一带的全线战事讲，敌人突破我阵线的企图，始终没有达到，到今天还局促在江边几个狭小的地点，毫无进展，所以它要以屠杀平民来泄愤。

以牙还牙，以血偿血，我们所放出血债，我们一定要向日本帝国主义如数取偿的！

（原载《立报》1937年9月9日第二版《评论》专栏）

恐日与汉奸

黎明即

亲日派所以亲日的原因，当然并非他们的祖先是日本人，或是他们与日本的皇室或军阀结下了什么姻娅关系：这是连三岁孩子也明白的事。那么是什么原因呢？他们亲日的政治理论不外是“中日亲善”、“相互提携”，以维东亚两大国的“共存共荣”。但这就是日帝国主义者蒙蔽它的大陆政策的一个面具。六年来铁一般的事实，这些亲日派的幻想应该随着这面具的揭穿而早早粉碎了罢！所以道地的亲日主义者早已不复存在，目前所存在的只是“冒牌货”，只是恐日病患者较好的代名字。

恐日病患者的理论是唯武器的，因此主张不抵抗，主张苟安，主张屈辱，也就是主张我们中国尽让日帝国主义者凌迟地灭亡。这是怎样的心理呢？乃是一种准亡国奴的心理！

汉奸的病源，毋论其为为利所诱与否，而其对于祖国的抗战力量没有信心，反而盲目地信任了对方的胜利则一。换句话说，恐日心理，便是产生汉奸的基本原因。

这样说来，可知目前的所谓亲日派即是恐日者，而恐日者即是汉奸或准汉奸。我们对付汉奸或准汉奸的方法，就是：不能自新，格杀勿论！

（原载《立报》1937 年 9 月 27 日第二版副刊《言林》）

自由平等的新中国生长在民族抗战中

恽逸群

今天，是我们二十六来第一次有资格纪念国庆的日子！今天，是我们二十六年来第一次对着缔造民国的先烈可以于心无愧的日子！先烈拼生命，洒热血，辛苦缔造了中华民国，结果因为一部分革命党的动摇分子，想和旧势力妥协，致造成多年军阀割据与依托外力的局面；国民革命北伐之后，也是因为没有廓清腐旧的势力，而革命阵营中又发生裂痕，又是十年内战，因此，我们丢掉了辽、吉、黑、热、察五省，冀、绥、晋三省也半陷于敌骑蹂躏之下！这些责任，我们后死者都应负担的！但是现在我们对内已经团结一致，对外也“像一个人样子的站起来反抗日本侵略者了”！从今天起，我们可以告慰于先烈，可以昭告全世界，我们正在努力建造自由平等的新中国，决不使这个神圣任务中途发生挫折！自由平等的新中国必然在民族抗战中生长起来！

（原载《立报》1937 年 10 月 10 日第二版《评论》专栏）

勿忘牺牲到底

口 柴

抗战以来，已经牺牲了多多少少英勇的为国舍身的将士，已经牺牲了多多少少老百姓的身家财产，已经牺牲多多少少文化、交通、生产各方面的建设。但这许多牺牲，为的就是对日帝国主义者抗战，为的就是争取中华民族的自由平等。因为这是有意义的，是为获取一笔大代价的牺牲，所以我们必须继续牺牲下去。即使牺牲到只剩一兵一卒，我们也还须牺牲！我们宁使不留一个不愿意做奴隶的中国人，却不能让千千万万引颈待宰的猪猡一般的同胞在太阳旗下面偷生。

然而妥协之门未曾下锁，敌人需要喘息一下了，绅士们又打算出来讲和了。倘使能够讲到“满州国”消灭——在那里飘扬我们国旗的话，那我们也不妨接受和事佬的好意。倘不，甚至至于仍望我们“屈膝”，那么，滚你的吧！我们不要！

我们抗战必须到底，最后才必然会获得胜利。中途妥协即是屈服，屈服便又是进一步的亡国过程。这个浅近的道理，就连小学生也明白的了。我想，全国上下决不至于因牺牲而消沉，而使敌人得遂其所欲吧！

（原载《立报》1937 年 10 月 21 日第二版副刊《言林》）

誓与闸北共存亡　我忠勇孤军壮烈义举

决死守最后阵地

拼最后一滴血作最后光荣牺牲

敌昨数度袭攻均被我军击退

四行仓库上国旗飘扬

曹聚仁

【本报特写】坚守闸北四行仓库的我孤军一营，昨天仍镇静守卫，准备流最后一滴血，作最后牺牲。他们这种英勇悲壮的作战精神和业绩，可与宝山、姚营先后媲美，已引起全市民众关怀，也已使举世震惊同情，将在我抗战史上，留着不磨不朽的最壮烈光荣的一页。

首入闸北

孤军一营属八八师×××旅×××团，“八·一三”的一天最先开入闸北，扼守天通庵阵地，但二十五日来该营始终坚守，未稍退却；到廿六晚上，奉令担任掩护右翼撤退，以最先到达阵地的部队，作最后的撤退。该营认为无上光荣，前晨四时右翼撤退完毕，该营以等候撤退命令，与全军失却连络，该营×百多人，乃以四行仓库为保卫闸北最后的依据，与敌作最后抗争。

仓库形势

四行仓库（四行信托部沪分部仓库）位置在西藏路西，乌镇路东，北接国庆路，南沿光复路，濒苏州河，楼高七层，前后两进，东西三开间，全系水泥钢骨筑成，三面厚墙，仅南面有窗门，亦皆铁制，决不致失火，也非千百炮弹所能毁坏。此刻我忠勇将士已在门窗前高堆沙包，以铁丝网围绕，凭楼头架枪坚守。堆栈内救火工具非常完备，所存货物多系未硝制之皮件，寄豆及小麦亦甚多。

痛击敌军

前晨六时后，仓库西北即被敌人包围，二日来，敌少数部队屡次企图攻击，终未得逞。记者昨天竟日踞西藏路高楼用望远镜瞻望，见堆栈五楼及楼顶我三五英勇战士尚从容上下，英姿爽然。此情此景，真使人肃然遥致民族解放的最敬礼。守卫的战士见楼下敌踪，即以手榴弹、步枪、机枪轰射，予敌以迎头痛击，使不敢迫近。昨天敌袭攻数次，均被我军击退。昨晨敌机曾飞至上空盘旋窥探。

再谢撤退

此×百忠勇壮士，虽处于烟火笼罩、敌兵四伏之危境中，不但抗战情绪，万分热烈，而意态亦至从容。昨晨驻防该处之英军，曾再度劝告我忠勇壮士，卸去武装，退入租界。壮士们对英军好意，虽极感激，但彼等已决定死守可宝贵之最后阵地，拼最后一滴血作最光荣之牺牲，故又坚决谢绝。

居高临下

据军事家观察，认该营如给养不断，必可守御相当时日，因在这种环境中间，敌军攻袭也很困难。如用飞机轰炸，则高飞投弹不准，必殃及租界英军防区，低飞必受我军机枪还击；如用重炮轰击也必不逞，用曲射炮或足摧毁仓库上层一部，但下层仍可无恙；用平射炮，则无论由北由西放射，若穿屋而过，均足危及租界，且仓库西面的仓库和后面公益里房屋已焚烧一空，敌人无法取得对峙地位。所以我军居高临下，颇占优势。

久战健儿

扼守四行仓库的五百士兵，多系八十八师久战健卒，一部也系最近补充的生力军，年龄均在廿岁左右，年青力壮，籍贯虽多不同但抗争意志极坚决一致。最高长官团附谢晋元，原为八十八师旅部参谋主任，年约三十二三，广东人，黄埔四期毕业生，“一·二八”时为十九路军营长，曾在淞沪战役杀敌；营长杨瑞符则系河北人，年三十三，黄埔六期毕业生。两人都是久历戎行，富具作战经验。二日来能坚守应付，实在是全营热烈抗战精神的最高表现。

最后遗嘱

该营士兵前夜有人爬行至×××××，交出信件一束，全为最后遗嘱，与父母妻子诀别，并嘱善自谋生。这种壮烈的牺牲，真可以惊天地而泣鬼神了！

各界慰劳

前晚六时半该营发出壮烈呼吁，向本市各界要求接济“糖、盐各五百磅，光饼五万个”并声明与敌死拼七天则死无可憾。所以昨晨起本市各公团及市民纷踊跃捐输；×××已收集大批食物，设法送往接济。北西藏路附近驻守英兵也多以罐头食物赠与。此外美侨、德侨多购办大批食料，转赠慰劳。

昨天下午二时××押慰劳品车驶经西藏路口，被路人拦阻，自动购水果食物投赠，将卡车装满，嘱转送浜北。现悉该尚需医药用品，盼速接济。

民众关怀

西藏路桥堍，昨终日集聚大批民众，远望浜北情景，对困守孤军备极关切，但愿我五百壮士与我闸北呈国土永存。昨晚市商会派女童军送赠青天白日国旗一面，他们已把它挂在窗口，半夜里又有人送去巨大国旗二面，今晨将飘扬于四行仓库顶上，表示我军尚坚守闸北，闸北还是我们的！

（原载《立报》1937年10月29日第一、二版）

粉碎汉奸的“和平”阴谋

我军挥泪退出闸北之后，八十八师的杨瑞符营，在团附谢晋元、营长杨瑞符领导之下，死守四行仓库，誓与闸北共存亡。这种忠勇、英武、壮烈的精神，鼓舞了全上海市民——不，全国人民的抗战勇气！感动了上海友邦人士——不，全世界的友邦人士！

但是，杨营死守闸北的意义，不仅是表现我们誓死卫国的精神，最主要的还是针对着当前若干汉奸利用我军自闸北撤退的时机，以进行所谓“和平”的妥协运动——实际就是投降运动的阴谋，予以严重的打击！

这些企图进行“和平运动”的人们，包括企图“死灰复燃”的老官僚旧政客，患得患失的官僚分子，把个人利益看得比民族利益还重的财主买办，他们正时时刻刻在找寻机会使抗战停止，最少是使上海战事停止，使我们数万、十数万将士在前线所流的血，我们数十百万同胞的牺牲和流亡，都变成毫无代价。

但是，我们的英勇将士已粉碎了这些汉奸的阴谋！宣示我们虽到最后一卒，最后一弹，还是死守上海，还是在上海进行神圣的民族抗战！全上海的人民，为援助英勇的将士继续抗战，不仅应予以物力的补充，更应该予以人力的补充，同时更应严厉监视汉奸的“和平”阴谋。

（原载《立报》1937年10月30日第二版《评论》专栏）

别　了

小记者

我们忍着痛，也请我们的读者忍着痛，我们间将有一个离别。

当然，这个离别，是悲痛的，但，也是光荣的！

我们愿意这离别要长久！我们要长期抗战，长期抗战的结果，我们必得最后胜利！我们下次与读者相见之期，就是在最后胜利之时。

我们永永忘不了读者两年来给予我们的鼓励；我相信，读者也许能永久记忆着我们两年来的小小贡献。

别了！后会有期，愿各努力！凭我们的努力，在那天日重现的时候再见！

（原载《立报》1937年11月24日第四版副刊《小茶馆》）

最后的希望

了　了

《立报》的出“最后一版”的决心，是早就决定了，不过在环境还允许我们尽一天责任的时候，我们决不逃避责任。到今天为止，上海这个环境是不允许我们再尽责任了，我们只好罢手；不过我们的奋斗精神，决不因此减掉分毫！我们当然希望很快的就能“卷土重来”，如果短期内这一点做不到，在其他可以叫我们努力的环境中，我们还是要去继续努力的。这一点自认很可以告慰读者们！

今天是最后一次向读者写我的意见了，我当然有千言万语，不知从何说起。经过仔细的寻想，我觉得最应当向大家说的，是我今后对上海同胞的希望。这个希望就是请所有的民众，都认识自己的责任，勿妥协，勿苟安，永久继续奋斗下去！

在今天本栏下方，我介绍了一篇曾作汉奸但醒觉过来了的同胞的自白，和一位女同胞受蹂躏而自杀的报告。这种文字也许大家今后在上海是不易看见了。盼大家不要因为再看不见真确的报道，就为虚伪的宣传所蒙蔽。如果你是把《立报》当作每天一定要见面的“良友”的，请你永永记着你和你这个朋友的不能再见的原因吧！愿这个记忆，能帮助你打破今后一切敌人的欺骗手段。

此后在上海，今后每一个同胞可做的事，仍然是很多的。愿大家全能像我们一样，抱定不惜作任何牺牲的决心，决不改变态度的努力下去，不到环境确不允许时，决不放弃自己的岗位。这样前仆后继的挺下去，我相信上海的光复，离我们一定不远。我们是还会见面的，请大家都树立起来这个坚定的信念！

曾作汉奸者的自白

劝同胞再勿上当

了了先生大鉴：

敬启者，我过去是杨树浦一商店里的职员，在平时我也每天要买一份贵报，因此对于国家大事，民众责任，我也比较知道一点。“八·一三”抗战以后我的店便关了门，老板早已回了家乡，我便失了业。我是一个身负一家三口责任的青年，“八·一三”以后，我由杨树浦搬到南市朋友那里去暂住。起初因为还有数十元解职金可以供我们过活，但因战时百物昂贵，生活程度日高，这数十元很快就用了，因之将所有的衣服饰物变卖度日，但不多数天，终变成了一个两手空空的难民。虽然在起初我也想到今后谋生的办法，曾经做过一二次小贩经营，可是每天非但没有钱赚，反而蚀了本，因此生活愈过愈窘，后来甚至就断了食。正当我这样困难的时候，我的一位新认识的朋友，他竟慨然肯帮助我，使我们一家感激不尽。因此，我便走上了汉奸的道路，加入所谓东亚同盟会。经过相当训练后，每天在南市街头打听消息，刺探军情，调查各重要机关地址，并且也帮助贩卖吗啡，白面等毒物。我们的生活费，就从这里来。到现在我算明白敌人的手段是太毒辣了，弄得我前也不是，后也不对，并有几个同伴，已被武装到前方去作枪垛了。我不能忍受，遂设法到了特区里来，我很谶悔我过去的错误，现在很直率地自白出来，希望借贵报一角，发表出来，使得同胞知道应宁可饿死，也不要上敌人的当，因为最后也是死。希望大家注意苦同胞的救济。

张自省（原名步青）　谨上

被蹂躏了的女同胞的遗书

了了先生：

我是一个受难的弱女子，自浦东沦陷后，敌人即于十日深晚开始搜索前进，可是我们无知的同胞，仍然毫无所晓，直至汉奸引导他们来挨户搜查，始发觉我们的浦东，已被敌人占驻。

他们一见了比较年青或貌美的女同胞，就起不良之心。我……我是一个才十……八岁的女子，已定明年出嫁，怎能……逃出他们的手呢？写到这里，我的泪已流尽了。

害我的汉奸，是地方上的土劣，他向来是贩售东洋棉花的，这次他是做起汉奸的领袖来了，家里还养着不少的汉奸哩！

我被他们已辱了三次，我晕过去了，醒来，家人们都已躺在血泊中了。我实无法可想，只得勉强乘深夜装了一筐菜逃出，天明到达高桥镇，搭轮渡过江，来沪逃生。但我想一想前途渺茫，顿起厌世之念。

我找旧同学借了笔作此最后遗书。永别了，我的了了先生。请当局设法救救我浦东的受难的同胞吧！

难女孙芸芳　谨叩

（以上原载《立报》1937年11月24日第四版副刊《小茶馆》）

附录四：

成舍我早期的两篇新闻学论文

舆论家底态度

舆论家是社会的向导，向导乱说一个“左”，社会就不免要“左乃陷大泽中”了，所以舆论家不可以不有道德。但说到道德，动辄就要修养；而说到修养，又动辄就要十年读书，十年养气。处在这个紊乱的社会里，我何敢苛求于我可敬可爱可怜的舆论家？那么我只得降格相从，求他们讲讲他们底态度。

那么大概要怎么样呢？

（一）舆论家既是社会底向导，自然应该走在社会底前面，而不应该跟在他底后面。至如（于）利用社会底弱点，专发投机而不负责任的言论，那竟是社会底蟊贼，不配伍于人群了。例如日货公卖底问题，赞成的和反对的都有很充分的理由；但要发言论，就要本诸良心而发，而且要想着就发。若舆论家在那里，尽管徘徊观望，侦察社会底心理，或施其他的作用，至发言论底时候，赞成的是要取商人底同情，反对的却是要博学生底喝彩，那么他底人格还在哪里？

（二）舆论是公的，不能渗入党见；就使的确是为的党见，也要根据很充分的理由，才能使人相信。例如反对拥护广东国会的是为要求承认北京政府，或者主张推翻北京政府的是为要拥护广东国会，那就望而知其为有党的作用，绝不会有人相信的。

（三）近来中国报章上，每每发见攻人隐私底新闻和言论，足见中国民族道德底堕落，说来不仅令人心痛而且令人心悸。我们既做舆论家，不仅要对于个人负道德上底责任，更要对于社会负道德上底责任。我们要听见人家有一桩不名誉的行为而须加以忠告，也只可想他“无则加勉”而不必想他“有则改之”。例如金钱和男女底事，除有物质的证据，谁能亲自看见他？轻信已经不对了，何况存心制造谣言的多着呢？

（四）主观的批评还算是批评底一种，但已经没有甚么价值了。我们固不应当以己度人，即使偶一为之，又宁可失之忠厚；我们更不应当以小人度君子，批评到个人身上去，已经是舆论家之羞了；何况更作无聊的推测呢？例如说谁居心怎么样，或者说谁要想藉甚么去怎么样，谁能知道人家底心？怕难免“仁者见之谓之仁，智者见之谓之智”罢。戴起蓝色眼镜看人，觉得人家甚么都是蓝的。我愿一个舆论家看人，至少要取下他底蓝色眼镜！

（五）有时而对于谁有所讽劝，推他底责备贤者之意，是很好的，但总不宜出于谩骂。因为为尊重舆论家自已底人格起见，要尊重人家底人格。例如因为彼此底意见不合，因而骂人家有甚么怪癖，因而再牵涉到别人底身上去，如果受的人是一个自好之士，我想一定不会和他计较的，然而他底话就不生效了。

总之，舆论家是要往前进的，不可以随后走的；他是要秉公理的，不可以存党见的；他是要顾道德的，不可以攻阴私的；他是要据事实的，不可以凭臆想的；他是要主知识的，不可以尚意气的。其余细目繁多，也就不必备载了。

一九二〇，四，九，北京

（原载《时事新报》1920年4月15日第四张第一版副刊《学灯》）

世界新闻事业的发达与中国报纸的前途

世界新闻事业的发达，可分三项来说：

一、发达的情形。我们若从物质方面去看，真是富丽堂皇，目迷五色。他们的资本，如英国最大的新闻公司，有七百五十万镑，合华币一万万五千万。他们的收入，英国最大的报馆，每年约收入四百五十万镑，合华币九千万。美国《纽约泰晤士报》[1]，一九二九年收入为三千二百万美金；一九三零年，因受世界经济恐慌的影响，收入为二千六百万美金，然合华币仍在一万万以上。他们每年的利益，平均总在华币千万以上。至于销路最多的，如英国《世界周报》，已将近三百万份。《每日邮报》[2]，日销一百九十万份。即巴黎之《小巴黎人报》[3]，亦已达一百五十万份。再说设备，印刷之出奇神速，及飞机送报，专用电缆等，真是家常便饭，毫不足奇。即举一最小的事，《纽约泰晤士报》，有电梯十余架，代职员上下，其规模宏大，盖可想见。

二、发达的原因。他们为什么会发达到现在这样，我们若详细分析，有五个原因。

第一，资本发达。新闻事业，是纯粹商业化，资本化。我们只知道有铜铁大王，煤油大王，实英国的罗赛梅[4]，美国的黑士特[5]，他们都是报纸大王。他们有巨额的资本，去经营新闻事业每一家公司，包含着几个或几十个大报馆。

第二，教育发达。欧美人不识字的很少，几乎无人不读报。每天早晨，一个工人的家庭，他妻子上街买东西，到回来时，他的篮子内除了有面包，有牛肉外，十分之九，总还有一份报。他们把看报和吃饭，看得一样重要。

第三，交通发达。穷乡僻壤，都可以看到当天的都会报纸。

第四，工商业发达。广告自然增加，如去年统计，美国全国报馆在一年中所收入的广告费，约二万万镑，合华币四十万万。英国在伦敦一处，全体报馆的广告收入，亦有一千三百万英镑，合华币二万万六千万。广告收入如此丰富，报纸发达，自不待言。

第五，政治安定。对于言论自由都有确实的保障，即使违法，亦不过

---

① 即《纽约时报》(*New York Times*)，1851 年创办，1896 年由阿道夫·奥克斯（A. S. Ochs）接办——笔者注。

② 即 *Daily Mail*，1896 年由北岩爵士（Lord Northcliffe）创办。1922 年北岩爵士去世后，其弟罗瑟米尔爵士取得所有权——笔者注。

③ 即 *Le Petit Parisien*，1876 年创办，1888 年转入让·迪皮之手，1919 年由其子保罗·迪皮接办——笔者注。

④ 即罗瑟米尔爵士（Lord Rothermere），他拥有罗瑟米尔报团——笔者注。

⑤ 即威廉·伦道夫·赫斯特（William Randolph Hearst），他于 1895 年创办《纽约新闻报》（又译《纽约日报》）(*New York Journal*)，后陆续购进多家报纸，组成赫斯特报团——笔者注。

受相当处罚。机关本身，不会如中国之可以随时随事宣告死罪。有此五大原因，欲欧美报纸始得尽情发达以至今日。

三、发达的结果。不过他们在物质上，诚然已发达到不可思议，究竟这样的发达，于一个国家或整个世界的道德或文化，是否绝对有利，这却很成疑问。当然，一方面有他的好处；一方面流弊，也确实不少。因为现在的报纸，完全成了资本主义下的产物，所以在主张方面，只顾到资产阶级的利益；所谓公众福利，实际上全是空话。又因为他们的目的，只在赚钱，他们对于一个新闻的记载，大部分只求怎样可以迎合社会病态的心理，诲淫诲盗的消息，尽可以长篇累牍，触目皆是。所以这种报纸，对于世界文化，或公共福利，多半是有损无益。这就是现代报纸发达的一种不幸的结果。

因为报纸，是商业化，是在资本主义者的掌握，所以一个没有资本的平民或学者，他们纵有好的主张，要想办一个报去宣传他的主张，无论如何在欧美已经是到了绝不可能的地步了。现在再谈谈中国报纸今后应该由何种途径。

中国报纸在物质上比欧美，诚然是望尘莫及，无论资本、销路、收入、设备，均是相差太远。我常常譬喻，中国大部分报馆，实际和开烟纸店相似，前面是柜台，后面是家眷，很小机器，用几个人，一天到晚的摇去，若叫欧美的记者来看，真是笑掉了他们的牙齿，但我们决不要因此自馁。我们新闻界，只要精神方面能够战胜他人，物质方面的进步，是比较容易。我相信中国的新闻事业，在最近时间，只要政治安定，一定会有极大极快的发展。但是我们发展的途径应该怎样？欧美报纸，受了资本主义的控制，生出许多流弊，我们是不能再去抄袭。我觉得新闻事业，固然要商业化，但是这种商业，决不能和普通商业一样。报纸的主张和言论，应该完全听“民意”的支配，不能由一二资本家，任意操纵。关于这一点，我拟有种种关于将来报馆组织和权力分配，即资本与主张分离的办法。

我觉得中国报纸，目前最重要一点，就是要求平民化。中国报纸之不能发达，固然有种种原因，但最重要一点，就是太不切合一般社会的需要。新闻多注重政治，文字则不能通俗，尤其报纸的篇幅太多，售价太昂。世界报纸，除英美因广告特别发达，篇幅特多外，其他如大陆各国则最大的报纸，通常亦不过日出两大张；中国则上海有日出六七张者。中国不能自己造纸，一切来自外国，成本既昂，办报者遂以多销为畏途，致最大报纸日销亦不过十万左右。至于报费，若以一般平民生活为标准，英国报纸，如《每日邮报》，每份每日七辨士（便士——笔者注）。以英国工作，平均每星期工资三磅（三磅共七百二十辨士）计算，阅报一份，仅占其收入百分之一。中国则每报月售大洋一元，以工人月薪十五元计算，即须占其十五分之一，相差至此。即使教育发达，一般人都能识字读报，在经济上，仍将无此能力。不但工人，即月入三十元的小学教员，对此每月一元的报费，也将认为无力负担。若新闻界不能从此点注意，中国报纸的前途，势必异常困难了。

（原载《民众周报》1931 年第 182 期）

后记

如果不读《立报》，只会人云亦云地觉得《立报》是一份风格独异的报纸；读过《立报》，才真真切切地觉得《立报》是一份很了不起的报纸。这不是研究者对研究对象的偏爱。《立报》的“了不起”表现在真诚拥护民众利益、热烈呼应时代浪潮以及将社会责任与商业原则完美结合。这是与整个上海报业比较得出的结论。上海的政党报纸素来偏重党派利益的宣传，而商业性报纸利润至上，在政治立场上多取投机。所谓传播的平等和真诚几乎无迹可寻，这是读者颇感无奈的事情。这也是上海报纸不时遭到新闻界自身和文化界批评的原因。上海报业其实是保守的、消极的：守业意识浓厚，创新意识淡薄；感觉刺痛就挪动一下，疼痛消失又恢复原状。《立报》以“报纸大众化”的姿态介入上海报业，多少造成了一些刺激，也让广大读者真实感受到人格的尊重。一张拥抱大众的报纸，大众必然回报以更火热的拥抱，这就是《立报》。在人类发展史上，只有两个词是最具价值的，即“大众”和“人格”。

读《余英时访谈录》，有一段话很受启发。余英时先生说：“研究历史虽必须从具体问题入手，但又不能陷于一个个的细节考证之中，随时随地都要保持和发展一种超于个别问题之上的整体把握。”新闻史研究也不例外。我在写《立报》史时，一方面要对《立报》一些由来已久的说法进行考究，如《立报》的销量情况、赢利时间、栏目和主持人的变动等；另一方面更要基于各个细节从整体上把握《立报》，探讨成舍我、萨空了、严谔声、谢六逸、恽逸群、曹聚仁等以及其他员工各自在《立报》发挥的作用，分析《立报》“报纸大众化”的内涵、实践和影响等等。只有这样，才能获得一个真实的《立报》。

张鸣教授在其专著《重说中国近代史》中说：“历史往往具有多棱视角。”只有从多个视角观察，才能获得对研究对象的通彻的了解。我想，其中其实也蕴含了历史的客观性和公正性问题，即对研究对象作出实事求是的评价，不隐恶，不虚美。比如，《立报》一方面获得了良好的经济效益，但另一方面在广告内容把关上被迫退让；《立报》一方面维护了大众利益，但另一方面又忽略了报馆中下层员工的权益。这也是《立报》不能忽视的另一个面相。

2010 年 9 月，我进入暨南大学新闻与传播学院博士后流动站从事研究工作，因为我的博士论文是研究小报《晶报》，且在前期已经搜集整理了另一种“小报”《立报》的部分资料，因此决定研究《立报》。2010 年 12 月，我赶赴上海图书馆再次查阅《立报》。像以往一样，我每晨从住地出发，穿过葱郁的华山绿地，拐上湖南路，经过一段蜿蜒悠长、掩映在梧桐树丛和西式建筑中的柏油马路，直奔图书馆；再在迟暮的天色和寂然的街灯中独自踏上光影斑驳的归途，此时总能望见遥远苍穹点缀的星星灯火，恍若天堂。我就这样每日行色匆匆，奔波两地，前后月余。春节前夕，我返回学校，开始转录、整理和阅读搜集的材料，逐步形成了《立报》史的论述框架。2011 年 7 月，我以此申报了“中国博士后科学基金资助项目”，并获得资助。春节过后即着手写作。2012 年 4 月我再赴上海图书馆，短暂停留，增补资料。由于涉及的内容较为繁杂，《立报》史的写作一直断断续续，有一段时间基本进入不了状态，只能搁笔，看些“闲书”。经过近一年的努力，终于成稿。如今展读那些文字，自感虽有新颖之处，但也有不少薄弱的部分，心有忐忑，恳请方家不吝赐教。

在此要感谢我的合作导师刘家林教授，先生对本书选题和资料搜集提供了诚足可贵的建议与帮助。平日，先生与我交谈颇多，先生严谨的治学态度、对新闻史料独特的观察视角令我获益良多。

从事新闻史学习和研究忽忽十年，不由得对我的两位导师湖北大学文学院的曾宪明教授和华中科技大学新闻与信息传播学院的张昆教授心存感激，我先后跟随两位先生攻读硕士和博士学位，先生的耳提面命，让我深受启迪；然我生性愚鲁，勤勉不够，至今一无所成，深感歉然。

感谢暨南大学新闻与传播学院良好的人文氛围和学习环境。感谢蔡铭泽教授、申启武教授、喻季欣教授、薛国林教授等老师的点拨和关爱。

感谢与王玉玮、夏宝君、王君玲、刘琨瑛、杨旦修等同窗相处的日子，我们攀谈，我们远足，这是一段闪耀亮色的日子。

感谢上海图书馆近代文献阅览室的老师，他们的平易态度和敬业精神令我记忆犹新。

感谢我的妻子李铭凤，她在工作之余还要操持家务，安排预算，辅导孩子功课，非常辛苦；而女儿苗苗的“冷笑话”常常让我苦索半天，在几次提示下终于笑出声来。

两年有余的时光倏然远去，四季常青的林荫道记录了多少往还的步履。回望往昔，不免感喟“逝者如斯”。谨以词句纪念这难忘的暨南岁月吧。

林风习习，湖柳依依。
夜雨未晞，浥我窗楹。
星汉遥遥，心波淼淼
西门过处，西门纪事①。

李时新

二○一二年十月于暨南大学羊城苑

① 暨南大学西门氤氲人气，此处有一石刻，曰“西门纪事”，追述西门的沧桑变迁。